西安交通大学
人口与发展研究所·学术文库

社会科学文献出版社
SOCIAL SCIENCES ACADEMIC PRESS (CHINA)

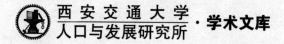

西安交通大学
人口与发展研究所·学术文库

当代农村家庭养老性别分工

宋璐　李树茁◎著

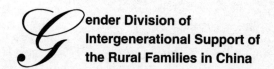

Gender Division of
Intergenerational Support of
the Rural Families in China

社会科学文献出版社
SOCIAL SCIENCES ACADEMIC PRESS（CHINA）

本书出版得到
国家社会科学基金项目（09CRK002）资助

总　序

　　西安交通大学人口与发展研究所以人口与社会系统工程方法为手段，以公共政策创新为导向，重点研究中国社会转型期的社会性别和社会弱势群体的保护与发展问题。研究所致力于跨学科、交叉性地研究中国人口与社会发展的重大问题；在国际学术界前沿领域，开展国际交流与合作，追踪前沿动态，开展重大课题研究；既进行理论研究和分析，又注重改善社会现实，建立实验区，进行社会干预和实践；强调与各级政府、社区、非政府组织和国际社会的紧密合作。研究所注重国内外的学术交流与合作，已承担并成功完成了多项国家级、省部级重大科研项目及国际合作项目，目前正在承担国家社会科学基金重大攻关项目。研究所在弱势群体保护与发展、人口与社会可持续发展、公共政策研究等领域积累了丰富的理论与实践经验，探索出一条寓理论研究、政策分析和创新、社会实践、政策传播和推广于一体的、用于解决重大人口与社会可持续发展问题的新型研究范式和路径。

　　在国际学术合作方面，研究所不断深化与拓展已有的国际合作网络，与美国斯坦福大学（人口与资源研究所、国际所、环境所、历史系、人类学系）、哈佛大学、加州大学尔湾分校、南加州大学、美国 Santa Fe 研究所、加拿大维多利亚大学、法国国立人口研究所等国际高水平大学和研究机构建立了长期的学术合作与交流关系，形成了研究人员互访和合作课题研究等机制；同时，研究所多次受到联合国人口基金、联合国儿童基金、联合国粮农组织、世界卫生组织、美国国家卫生研究院（NIH）基金、美国福特基金会、麦克阿瑟基金会、国际计划（Plan International）等国际组织的资助，合作研究了多项有关中国弱势群体问题的科研项目。国际合作使研究所拥有了相关学术领域的国际对话能力，扩大了国际影响力。

在政策研究与实践方面，研究所面向新时期国家社会发展领域的重大问题，不断拓展与不同层次政府部门在公共政策领域的合作网络，为研究的开展及研究成果的扩散与推广提供了有利条件和保障。研究所多次参与有关中国弱势群体、国家与省区人口与发展战略等重大社会问题的研究，在国家有关政府部门、国际机构的共同合作与支持下，在计划生育/生殖健康、女童生活环境、国家"关爱女孩行动"等领域系统地开展了有关弱势群体问题的研究，并将研究结果应用于实践，进行了社区干预与传播扩散和国家公共政策创新，1980年代以来建立了多个有影响的社会实验基地，如"全国39个县建设新型婚育文化社区实验网络"（1998～2000年，国家人口和计划生育委员会）、"巢湖改善女孩生活环境实验区"（2000～2003年，福特基金会、国家人口和计划生育委员会）、"社会性别引入生殖健康的实验和推广"（2003年～，福特基金会、联合国人口基金与国家人口和计划生育委员会）等。其中，研究所在安徽巢湖建立了世界上第一个改善女孩生存环境的实验区，在国内外产生了重要的影响，引起了国家和社会各界对男孩偏好问题的重视，直接推动了全国"关爱女孩行动"的开展。

近年来，研究所在教育部部长江学者和创新团队发展计划的支持下，围绕中国社会转型期社会发展和公共管理领域的重大问题，将与性别失衡相关的研究领域拓展到公共安全、危机管理、公共治理、政府绩效、教育公平和包括社会保障和医疗卫生在内的社会发展制度的研究中；同时，研究所开始致力于以系统工程、复杂性科学、管理科学与工程为方法平台，综合人口、社会、经济、公共管理等学科领域，跨学科研究中国社会转型期以性别失衡与公共安全为核心的社会发展领域的重大问题。相关研究方向包括：改善女孩生存环境的系统研究和社会干预，男孩偏好文化、婚姻形式及养老模式，农民工社会网络与社会融合，城乡人口流动的理论与政策创新，劳动力外流背景下的老年人生活福利，性别失衡的社会人口后果，大龄未婚男性的性与生殖健康和权利，性别失衡的公共治理，农户生计与环境变迁，人口数学及其应用，国家人口与社会可持续发展决策支持系统的研究与应用，公共健康与城乡社会保障制度，公共安全等。上述方向是中国目前人口与社会发展领域最亟须解决的重大战略和民生问题，体现了国家落实科学发展观、建设和谐社会的宗旨，也是公共政策创新与国家创新体系的基础和关键环节。

　　中国社会正处于人口与社会的急剧转型期，性别歧视、城乡社会发展不平衡、弱势群体等问题日益凸现，社会风险和潜在危机不断增大，影响并制约着人口与社会的可持续发展。研究所的研究成果有利于解决中国社会面临的以社会性别和弱势群体保护与发展为核心的人口与社会问题，本学术文库将陆续推出其学术研究成果，以飨读者。

目　录

第一章　绪论 …………………………………………………… / 1

第一节　研究背景 ……………………………………………… / 1

第二节　概念界定 ……………………………………………… / 5

第三节　研究目标 ……………………………………………… / 10

第四节　本书的框架、思路和结构 …………………………… / 12

第二章　国内外相关研究评述 ………………………………… / 17

第一节　西方代际支持模式研究 ……………………………… / 17

第二节　中国代际支持模式研究 ……………………………… / 23

第三节　代际支持的影响因素研究 …………………………… / 32

第四节　家庭性别分工模式研究 ……………………………… / 36

第五节　代际支持对老年人健康后果影响的相关研究 ……… / 48

第六节　小结 …………………………………………………… / 56

第三章　代际支持性别分工模式及分析框架 ………………… / 58

第一节　农村老年人家庭代际支持性别分工系统分析 ……… / 59

第二节　农村老年人家庭代际支持性别分工模式 …………… / 68

第三节　代际支持性别分工分析框架 ………………………… / 73

第四节　对代际支持性别分工模式和分析框架的验证思路 … / 80

第五节　小结 …………………………………………………… / 82

第四章　数据来源和研究方法 ………………………………… / 83

第一节　数据来源 ……………………………………………… / 83

第二节　研究方法 ··· / 89

第五章　老年父母代际支持的性别分工模式 ······················· / 95
　第一节　研究设计 ··· / 95
　第二节　老年父母代际支持性别分工及相关影响因素 ·········· / 106
　第三节　老年父母代际支持性别分工的支持量分析 ············· / 115
　第四节　老年父母代际支持性别分工的动态可能性分析 ········ / 126
　第五节　小结 ··· / 137

第六章　成年子女代际支持的性别分工模式 ······················· / 141
　第一节　研究设计 ··· / 141
　第二节　成年子女代际支持性别分工及相关影响因素 ·········· / 150
　第三节　子女代际支持性别分工的支持量分析 ··················· / 159
　第四节　子女代际支持性别分工的动态可能性分析 ············· / 171
　第五节　小结 ··· / 182

第七章　代际支持健康后果的性别差异研究 ······················· / 185
　第一节　研究设计 ··· / 185
　第二节　代际支持对老年父母生理健康影响的性别差异 ········ / 192
　第三节　代际支持对老年父母心理健康影响的性别差异 ········ / 197
　第四节　小结 ··· / 203

第八章　研究结论 ··· / 204
　第一节　代际支持性别分工模式的整合验证 ······················ / 204
　第二节　研究结论 ··· / 209
　第三节　研究展望 ··· / 211

参考文献 ·· / 213

附　录 ·· / 244

后　记 ·· / 258

CONTENTS

Chapter 1   Preface   / 1

1. 1   Backgroud   / 1

1. 2   Definitions   / 5

1. 3   Objectives   / 10

1. 4   Framework, Logic and Chapter Outlines   / 12

Chapter 2   Literature Review   / 17

2. 1   Researches on Intergenerational Support in the West   / 17

2. 2   Researches on Intergenerational Support in China   / 23

2. 3   Determinants of Intergenerational Support   / 32

2. 4   Theoretical Study of Gender Division in Family   / 36

2. 5   The Effects of Intergenerational Support on Health Status
       of the elderly   / 48

2. 6   Brief Summary   / 56

Chapter 3   Gender Division of Intergenerational Support And
            Framework   / 58

3. 1   A System Analysis on Gender Division of Intergenerational Support   / 59

3. 2   The Model of Gender Division of Intergenerational Support   / 68

3. 3   The Framework for Gender Division of Intergenerational Support / 73

3. 4   Validate Logic for the Model and the Framework   / 80

3. 5   Brief Summary   / 82

Chapter 4　Data and Methods　　　　　　　　　　　　　　　/ 83

4. 1　DATA　　　　　　　　　　　　　　　　　　　　　　/ 83

4. 2　Methods　　　　　　　　　　　　　　　　　　　　　/ 89

Chapter 5　Gender Division of Intergenerational Support

　　　　　　of Elderly Parents　　　　　　　　　　　　　/ 95

5. 1　Study Design　　　　　　　　　　　　　　　　　　/ 95

5. 2　Gender Division of Intergenerational Support of Elderly Parents

　　　and Its Factors　　　　　　　　　　　　　　　　　/ 106

5. 3　The Analyses for Amount of Gender Division of

　　　Intergenerational Support　　　　　　　　　　　　　/ 115

5. 4　The Analyses for Dynamics of Gender Division of

　　　Intergenerational Support　　　　　　　　　　　　　/ 126

5. 5　Brief Summary　　　　　　　　　　　　　　　　　/ 137

Chapter 6　Gender Division of Intergenerational Support

　　　　　　of Adult Children　　　　　　　　　　　　　/ 141

6. 1　Study Design　　　　　　　　　　　　　　　　　　/ 141

6. 2　Gender Division of Intergenerational Support of Adult Children

　　　and Its Factors　　　　　　　　　　　　　　　　　/ 150

6. 3　The Analyses for Amount of Gender Division of

　　　Intergenerational Support　　　　　　　　　　　　　/ 159

6. 4　The Analyses for Dynamics of Gender Division of

　　　Intergenerational Support　　　　　　　　　　　　　/ 171

6. 5　Brief Summary　　　　　　　　　　　　　　　　　/ 182

Chapter 7　Health Consequence of Gender Division of

　　　　　　Intergenerational Support　　　　　　　　　　/ 185

7. 1　Study Design　　　　　　　　　　　　　　　　　　/ 185

7. 2　Gender Differences in the Effect of Intergenerational

　　　Support on Physical Health　　　　　　　　　　　　/ 192

7. 3   Gender Differences in the Effect of Intergenerational Support

on Psychological Well-being   / 197

7. 4   Brief Summary   / 203

Chapter 8   Conclusions   / 204

8. 1   CombinationValidation for Gender Division of

Intergenerational Support   / 204

8. 2   Conclusions   / 209

8. 3   Future Researches   / 211

References   / 213

Appendix   / 244

Postscript   / 258

第一章 绪论

第一节 研究背景

由于现行的人口政策，在 20 多年的时间里，中国有效地控制了人口总量，实现了人口再生产类型的历史性转变，促进了社会经济的发展。但同时，也潜伏和积累了很多的社会矛盾，这些矛盾和冲突及其带来的社会问题，还有不断加剧的趋势，使中国人口和社会经济的可持续发展面临着前所未有的挑战。由于中国生育率和死亡率的持续降低，社会进入人口老龄化过程。一般而言，人口老龄化（Aging）是指总人口中年轻人口数量相对减少、年长人口数量相对增加而导致的老年人口比例相应增长的动态过程。按照国际上通行的确认标准，老年人指 60 周岁或 65 周岁以上个体。如果以 65 岁为标准，根据中国第五次人口普查数据，截至 2000 年 11 月 1 日零时，全国 65 岁以上人口占总人口比重为 6.96%（按 60 周岁计算为 10%），已基本达到国际公认的老龄化社会标准。（国际通行准则是将 65 岁及以上老年人口占总人口的 7% 作为是否进入老龄化社会的"分水岭"）这一人口结构的重大转变，与中国社会经济发展的矛盾主要表现在以下两个方面。

第一，人口老龄化与农村老年人养老保障缺乏之间的矛盾。从 1990 年到 2000 年，中国农村 60 岁及以上的老年人口从 7284 万人增加到 8557 万人，增长幅度为 17.48%，即约 66% 的中国老年人口居住在农村。所以说，中国老龄化研究的重点是农村老龄化问题。加之人口迁移和流动的影响，未来农村人口老龄化的速度远远快于城镇地区（李建民，2004），统计数据显示：中国农村 65 岁及以上的老年人占总人口的比重将从 1991 年的 5.69% 增长到 2020 年的 10.85%，2050 年的 20.43%。但是另一方面，由于长期存在的城乡二元经济结构，农村绝大多数农民基本处于国家的社会保障体系之外。现有的农村正规的老年保障计划只为特殊的人群提供了老年保障，这部分人群主要是农村"五保户"①。这种计划既是特定的，也是不确定的。更重要的是，农村社会保障从以前广为覆盖的合作医疗制度和公共教育计划转向部分的"付费服务"，使得农村大量人口尤其是老年人从根本上被现有的社会保障制度排除在外。

第二，家庭规模和结构变化与传统家庭养老模式之间的矛盾。由于绝大多数农村老年人没有任何形式的养老金计划，他们年轻时在农业和非正规部门工作，年老了也只能继续工作直到健康状况恶化直至丧失劳动能力为止（Randel，German et al.，1999）。中国农村的老年人养老多是建立在家庭基础上的，以子女对父母的支持为核心的家庭养老（Family support）仍然是农村老年保障的主要形式（Shi，1993；Xu & Yuan，1997）。无论是农村还是城市，基本上所有年老体弱的老年人都是依靠子女或其他亲属提供日常生活帮助和个人护理（Ikels，1997）；在一直采用家庭养老方式的中国农村，成年子女提供的代际支持（Intergenerational support）几乎构成了老年人社会支持（Social support）的全部内容（Shi，1994），超过2/3的老年人依靠子女提供的经济帮助应付日常开支（Yuan，1987；Shi，1993；Xu & Yuan，1997）。然而，工业化快速推进促使现代家庭规模与结构向小型化、核心化趋势转变。这种转变凸显了夫妻及与其未成年子女间的紧密关系，淡化了父母与儿子、儿媳之间的关系。虽然社会和文化规范仍然保持着家庭对老年人的赡养，但是，家庭赡养老年人的能力实质上已经受到削弱。这主要表现在家庭子女数量减少，以及发展中国家的现代化过程所导致的诸如年轻人迁出农村、妇女外出就业等。如何适应人口的老龄化进程和农村社会转型，为越来越多的农村老年人提供充足的物质和精神支持，使他们安度晚年，对于维护社会的稳定，促进市场经济的快速健康发展，提高人民生活水平具有重要意义。

已有的研究表明，在考察社会变化以及家庭结构对老年人状况的影响

---

① 国务院1994年发布的《农村五保供养工作条例》指出，五保供养是农村集体福利事业，指对无法定抚养义务人，或者虽有法定抚养义务人，但是抚养义务人无抚养能力的，无劳动能力的，无生活来源的，在吃、穿、住、医、葬方面给予的生活照顾和物质帮助。据统计，目前仅4%左右的农村老年人获得"五保"供养。

时，两种传统的家庭特征尤其值得注意（Mason，1992）。一种是家庭中的代际关系特征，这反映了老年一代对年青一代的控制以及依赖，因为这种控制可以保证自己老年赡养的问题；另一种是家庭中的性别角色特征，这反映了男性和女性在家庭中的相对权威和保障程度的差异。家庭内的这种性别特征和代际特征会因为社会文化背景以及地理区域差异而不同。比如，在中国传统的父系家族体系下，男性作为家庭成员的身份是一辈子的，从他们出生到死亡；而女性作为家庭成员却是分阶段的，婚前她们属于父亲家庭的成员，婚后则属于丈夫家庭的成员，到了老年阶段则可能属于儿子家庭的成员。这种男性和女性间家庭成员关系的不对称同样也包含家庭财产所有权和控制权以及家庭权威的不对称。性别的不对称也导致男性和女性家庭成员在社会保障方面的不对称——男性的家庭保障依赖于他们自己对家庭的权威以及对家庭财产控制的同时，女性的家庭保障却严重地依赖于父亲、丈夫以及儿子。因此，与西方家庭相比，以男性为中心的父系家族体系对中国社会的影响更为深远。在仍旧处于农业社会状态的中国农村，父系家庭体系千百年来一直是占据统治地位的传统模式，可能导致了家庭养老方式中代际支持行为和后果存在更为深刻的性别差异。

而伴随着社会的现代化进程农村劳动力外流改变了传统代际支持方式赖以生存的社会和文化背景，导致传统的代际支持模式发生变化。概括来说，农村劳动力的外流给农村家庭的代际关系带来了三方面的深刻变化。第一，工业和城市化所带来的劳动力外流加剧了农村家庭结构的变化，由于城镇的雇佣机会增加，年轻人大量从农村流动到离家乡距离较远的地方（Goldstein，Zhigang et al.，1997）。农村人口的减少使成年子女与其老年父母的分开增多，子女无法在家赡养老人，有些老人甚至没有亲属住在附近（Bass & Noelker，1997；Koyano，2000），造成家庭对其老年人持续的供养能力可能发生变化（Joseph & Phillips，1999）。其他发展中国家也同样关注到这一问题，例如印度尼西亚（Kreager，2006）和孟加拉国（Kabir，Szebehely et al.，2002）。因此，传统老年学理论认为，由于不可避免的家庭结构变化会为家庭中的老年成员带来负面的影响，社会的现代化进程不利于老年人（Cowgill，1974）。第二，原先控制家庭资源的父母失去了对外出子女的控制权。随着工业化的发展，父母对家庭内资源的控制权也受到削弱，这其中可能包括对子女婚姻控制力的下降（Mason，1992）。流动不仅提供了子女独立于父母的机会，而且使子女获得了经济上的自主权和对居住地的选择权。这种自由流动增强的个人主义显然是排斥以老为尊的传统家庭角色定位与分工的，传统的赡养父母的责任和义务逐渐淡化，老年父母的权威逐步弱化。随着越来越多的年青一代拥有高薪酬的工作，会接受更多的西方对待赡养老人的观念，父母与子女之间的关系也将越来越趋向平等（Yuan，1987；Lai，1995）。第三，工业化早期通常发展的都是劳动密集型产业，传统上作为照顾老人日常生活主力的女性外出就业机会增加，为老人提供照顾的时间就越来越少（Bass & Noelker，1997；Beiegel & Schulz，1999；Koyano，2000）。妇女在劳动力市场的参与既减少了家庭养老提供者的数量，又减少了家庭成员交流的机会，家庭的代际联系受到削弱。此外，社会化劳动的参与和对家庭经济贡献的增加也会提高妇女在家庭中的地位和权力。农村社会和经济的急剧变革使传统的父系家族体系和老年支持性别模式有了一定变化，进一步影响老年人的代际支持行为以及子女内部之间的代际支持分工模式，从而冲击着中国农村家庭养老，对老年人的福利不可避免地产生影响。了解农村劳动力外流背景下老年人与子女之间的代际支持模式变化及其对老年人福利影响的性别差异，对于中国在"未富先老"的状况下有针对性地逐步建立和完善农村社会养老保障体系，维持代际公平，加快农村剩余劳动力转移，缩小城乡差距，维护社会和谐稳定具有重要的现实意义。

另一方面，关于性别与老龄化的关系还缺乏明显的理论进展（McMullin，1995）。有关性别与老龄化的大多数理论观点都被归结为生命历程理论，即生命早期和晚期阶段的性别差异（Hatch，2000）。生命历程理论揭示了个人随着老化地位和角色有所变化，因此突出这种变动，例如从已婚到丧偶、从在职到退休，如何对女性和男性的老年阶段产生不同的影响。老年女性的劣势地位假定与男性和女性在生命早期经历的不同有关，包括不同的经济和照料角色，不同的报酬（Hooyman，1999）。根据 UN 老龄化公告的假定，由于女性遭受"终身的压迫和歧视"造成可利用的资源的缺乏，晚年贫困、患病率较高（Pratt，1997）。性别与老龄化的另一种观点是"双重危险"假定。这一假定虽与生命历程理论有所不同，但并无本质矛盾。由于"女性"和"老年"这两种不利地位的负向影响，老年女性面临"双重危险"而处于特别的劣势地位（Chappell & Havens，1980）。但是，也有类似

"年老校平"这样与之相反的观点，认为老年人不管性别如何都会面临健康恶化和其他负向影响，因此随着老龄化，性别不平等会减弱（Markides & Black，1995）。一些阿拉伯社会的人种学者甚至认为，女性在生命历程中产生的性别身份会增加妇女在社区的地位和在家庭中的权威和权力，这些性别身份的产生包括婚姻、生育以及儿子或女儿的婚姻（Yount & Sibai，2009）。事实上，不仅在阿拉伯世界，而且在很多有"从父居"传统的社会里，也存在老年女性在媳妇嫁入后在家庭中的权威提高的情况。这可能应该归因于相对于年轻阶段，老年期的性别差异有相对缩小的趋势。但也有很多研究者、非政府组织和包括联合国在内的国际组织的研究认为，正是由于这种持续终生的不平等的累积影响，老年女性比老年男性在社会经济、心理和健康方面更加脆弱，处于劣势地位（Mehta，1997；HelpAge International，2000；United Nations，2002）。但是，目前尚无学者将家庭养老与性别公平结合起来进行过系统研究。尤其有关农村家庭代际支持行为的性别差异及其对老年人福利的有利与不利影响的探讨大多只是作为一些较宽泛研究的其中一个组成部分而出现的；其结论也多来自推测或一般生活体验，而不是基于有针对性的资料收集和实证检验，因而其深度有限；同时实证研究数据的缺乏也使定性分析往往停留在尝试阶段。

总之，本书利用专项调查数据，首次对劳动力外流背景下农村家庭代际支持的性别分工模式进行系统的以定量为主的实证研究，其结论和研究方法对于进一步研究中国现代化进程中的老年人的养老福利状况具有一定的参考价值和指导意义。

第二节 概念界定

一 代际支持

在解释代际支持之前，我们首先要理解本研究中的代际支持是指在中国农村普遍的养老方式——家庭养老方式下的代际支持。目前学术界与官方对家庭养老这一概念尚没有统一的界定。有的学者认为，"所谓家庭养老，就是以家庭为责任单位，在尽可能的情况之下担负起对家庭老人赡养的责任和义务"（王红漫，1999）。也有学者在把养老模式分为家庭养老、社会养老、自我养老的基础上，把家庭养老理解为"子女供养或老伴供养或亲属供养"（穆光宗，1999）。而姚远（1998）则认为，就整体而言，"家庭养老是指由家庭承担养老责任的文化模式和动作方式的总称"，其包括家庭养老模式和家庭养老方式两个层次。总之，家庭养老具有血缘、家庭、亲情、养老、责任等一些含义，作为中国农村普遍的养老方式有其存在的深刻的社会文化背景。中国古代的《孝经》云："孝子之事亲也，居则致其敬，养则致其乐，病则致其忧，丧则致其哀，祭则致其严。""孝"是我国传统社会的一种道德观念，体现了家族社会的思想认同和责任认同，确立了古代子女养老的思想基础，也建立了传统家庭代际支持模式的舆论监督体系。而传统文化营造的社会舆论和国家的法律政策则进一步强化了家庭养老方式的地位。一些学者（杨国枢，1989；谢宝耿，2000）甚至视中国文化是以孝为根本的文化，中国社会是以孝为基础的社会。也正是因为如此，许多学者（Cho，2000；Hong & Liu，2000；Koyano，2000；Lee，Lee et al.，2000；Liu，2000）用孝道伦理来解释包括中国社会在内的东亚社会的老人家庭养老。

因此，传统的代际关系（Intergenerational relationship）以"孝"（Filial piety）为思想基础，子女孝敬老人，并且赡养老人，体现在经济上提供支持、生活上提供照料、精神上提供慰藉，这种子女对其老年人父母的支持被称为家庭养老（Family support）（穆光宗，1998）。因此，经济支持（Financial Support）、生活照料（Instrumental support）和情感支持（Emotional support）构成了家庭代际支持（Intergenerational support）的主要内容（王树新、马金，2002）。其中，经济支持指老年人与子女之间提供的现金、衣物、食品等实物帮助；生活照料包括子女与老年父母之间提供的洗衣、做饭、打扫卫生等家务帮助（Household chore help）和穿衣、喂饭、洗澡等日常生活起居照料（Personal care）；情感支持指老人通过倾诉、谈心等交流行为获得的感情慰藉，是子女与老年人之间相处的感情融洽（Emotional closeness）程度的重要标志。

但是，以往关于代际支持的大量研究大多集中在老年人作为支持的接受者这一方向上，忽视了老年人也对其子女提供一定的支持和帮助（Shi，1993；Ofstedal，Knodel et al.，1999）。姚远（2001）认为，中国传统家庭养老方式具有互动性，它不是单向的资源流动，而是双向的资源流动。子女在给父母提供经济支持、生活照料和精神慰藉的同时，父母也在不同程度地帮助子女。因此，农村劳动力外流带来的子女外出不仅影响到老年人可获得的代际支持的变化，同时也可能会对老人提供的各种帮助产生显著影响。为了完整地了解农村家庭的代际支持模式及其影响后果的变化趋势，本研究将代际支持界定为一种双向的代际交换（Intergenerational exchange），既包括子女为老年人提供的经济支持和生活照料，也包括老年人为子女提供的经济帮助和家务、照料未成年子女等日常生活帮助。本研究中的情感支持是指代际的感情融洽程度，是一种双向交互的情感交流，所以没有根据方向进一步划分。

二 社会性别

"社会性别"（gender）是相对于"生理性别"、"自然性别"而提出的概念，是指由社会形成的男性或女性的群体特征、角色、活动及责任，是社会对两性及两性关系的期待、要求和评价。这一性别的概念是建立在社会学中的社会角色理论基础之上的，即社会针对具有不同生物性别的人所制定的、足以确定其身份与地位的一整套权利、义务的规范与行为表现的模式（潘绥铭，2005）。为了区分一般意义上的"性别"（sex），我们称之为"社会性别"。

由于社会性别也被认为是"基于可见的性别差异之上的社会关系的构成要素，是表示权力关系的一种基本方式"（Scott，1985）所以，女性主义者在分析社会性别关系（Gender relationship）时，多数采用父权制这个概念，来说明为什么在社会性别关系中，男性和女性的权力关系不平等，以及它们造成的男性统治和妇女被压制的后果。作为女性主义者分析男性和女性之间权力关系的一个最重要的和最基本的概念，父权制（Patriarchy）来源于希腊语，从字面上理解是"父亲的统治"（Payne，1997）。父权制最早的含义指父权制家庭组织，直到20世纪70年代女性主义研究中才把父权制这个概念扩展为多层面的、关于压迫的概念。在妇女运动的第二次浪潮中，著名的女性主义者 Millet Kate（Millet，1999：37）在自己1961年写就的博士论文《性的政治》提出了所谓的"父权制理论纲要"，第一次将"父权制"这个概念引入女性主义理论，使父权制成为女性主义的标准词术语，成为女性主义分析两性关系的核心概念和基本工具。Millet 认为父权制通过强调男女在生理上的差异，来确保男性拥有的支配地位。同时两性之间这种支配与被支配的意识形态，通过"学习"和"社会化"的过程，内化于男性和女性，使他们/她们适合父权制意识所规定的有关角色、气质和地位的一系列观念，这样男性不仅可以因其经济地位而居于支配地位，而且获得了文化和意识形态上保证，获得了他们支配的对象表面上的同意；女性也自动地接受了这种男女有别的社会制度，接受了僵硬的性别角色规定。

而在中国，对中国人的生活影响最大的儒家学说更是为中国人的家庭生活提供了一个以严格的等级和性别原则为中心的范本，每个人在家庭秩序中的位置、角色、权利和义务，都是由其性别、年龄和辈分共同决定的。男性支配女性，年长的支配年轻的。最年长的男性担任家庭的家长，拥有对于所有成员和所有家庭财产的支配权和处分权。子女对父母，妻子对于丈夫，都要保持绝对的服从。而且这一套父权制学说通过社会化、通过意识形态的运作，被所有的社会成员接受，逐步在整个社会中取得了霸权的位置，整个社会秩序和家庭秩序都建立在男性统治的基础上。儒家学说对于中国父权制的生产和再生产，有着极为重要的作用，有些学者也把中国父权制称为"儒家父权制"（Stacey，1983）。但是，中国的父权制和西方的父权制的运作模式有很大的差别。西方父权制通过强调支配者的权力来运作，中国的父权制是通过强调被支配者的绝对顺从，通过强调"孝道"来运作。对于中国父权制体系来说，辈分关系和年龄关系非常重要，"孝"这种观念也非常重要。中国父权制体系下的性别关系和代际关系具有其特殊性。因此，在经济发展和社会变迁的历史潮流下，以性别视角从代际关系入手，研究中国农村传统家庭养老方式的变化就有着独特的现实意义。

三　健康

世界卫生组织（WHO）在其宪章中给健康下了定义，"健康不仅是没有疾病和虚弱，而且是一种在身体上、心理上和社会上的完好状态"（Organization，1995），从中可以看出健康内容的多维度特点，因此对健康状况的刻画是健康研究中的一个重点和难点。自 20 世纪 80 年代学术界逐渐开始对健康进行多维评价，将评价健康的内容拓展到日常自理、生理健康、心理健康和健康自评等方面。根据 Lawton（Lawton，1984）和 Ware 等（Ware，Kosinski et al.，1994）对健康定义的综合讨论，本研究将生理健康和心理健康作为健康的两个主要方面，其中，生理健康是最基本的、最主要的。根据我国现实情况和研究目的将健康自评（self-rated health）作为老年人生理健康（physical well-being）的测量指标，将抑郁（depression）作为老年人心理健康（psychological well-being）的测量指标。

"您认为您自己现在身体健康状况——很好，好，一般，差，很差"，即健康自评，常常被用来评价个人的整体健康状况。健康自评是一种建立在个人自述基础上，测量、检测和预测个人总体健康状况的方法。与其他复杂的健康测评指标不同，健康自评衡量的是主观健康状况，是生理、心理、行为、社会等一些难以测量因素的综合反映，被认为是一个既能反映现实健康水平，又对老年人未来的健康状况和死亡风险具有一定预测能力的综合维度（Idler & Benyamini, 1997；Benyamini, Leventhal et al. , 1999）。因此，健康自评逐渐成为最常用的健康状况测量指标之一。抑郁（或称作"抑郁症状"和"抑郁情绪"）是反映老年人生活质量的一项重要指标。研究指出心理健康是个体对自己身心各方面健康状况的感觉，常用抑郁症研究量表来测量（齐铱，1998）。目前，国内社会学角度对老年人个体抑郁的研究还比较少。

四 劳动力外流（Out-migration of labor force）

农业劳动力的非农化转移，1970 年代被称为"外流劳动力"，1980 年代被称为"盲流"，1990 年代被称为"农民工"，而现阶段的"移民流"被人们称为"民工潮"（宋林飞，1996）。本研究从农民工流出地的角度，研究农民工外出对农村老年人代际支持的影响，采用陈浩（1996）、白南生和宋洪远（2002）等对农村劳动力异地转移的称呼，将农民离开家乡外出打工称之为农村的"劳动力外流"。

由于农村人口是中国特有的社会现象，是由户籍标明的与城镇户口相对立的具有明显的中国特色，即出现了"人户分离"的现象。且农民工的职业声望普遍较低，属于城镇的下层劳动者（袁亚愚，1997；李强，1999），农民工家庭通常不随其本人进城。这些农村的主要劳力常年在外，留在家里的是老、弱、病、残、妇，对农村老年人的供养产生了很大的负面影响。另外，农村外出劳动力大多是青壮年劳动力，以男性占绝大多数。Rozelle 等（1999）在 1988 年和 1995 年的调查中发现，全国范围内农村男性比女性更经常地加入迁移劳工队伍。2000 年的统计数字也表明，出乡就业劳动力的男女比例为 70.11 : 29.89。

本研究将所有离开父母村子居住的子女称为"外出子女"。这种"外出"主要包括工作原因导致的外出和婚姻导致的外出。除去通过"升学—就业"途径获得正式工作而离开土地以外，大多数儿子因为外出打工而离开村子，而女儿外出以婚姻造成的永久性外出居多。劳动力迁移中的性别差异以及中国传统的"从夫居"的婚姻模式（Wolf & Soldo, 1988；Das Gupta & Li, 1999）造成了老年人子女外出原因上的性别差异。由于大部分流动民工的最终目的地不是其就业的城镇，而是流出前的原籍乡村（宋林飞，1996），所以通过打工方式离开的子女可能在外出一段时间以后又返回村子居住，该现象通常被学者称为农民工的"回流"（白南生、宋洪远，2002）。回流带来的代际支持变化也是劳动力外流对老年人家庭产生影响的途径之一。

农村劳动力向城市转移是社会的现代化进程中的必然现象，传统的社会老年学理论认为社会的现代化进程不利于老年人（Cog, 1974）。Goode（Goode, 1970）指出，社会的现代化进程伴随着经济的发展，要求越来越多的工业劳动力离开家庭和土地，老年人和子女的居住距离拉大，使得众多的农村老年人与子女分开，子女无法在家赡养老人。由于农村劳动力的外流造成的家庭规模和家庭结构的变化，核心家庭模式在社会中逐渐占据主导地位，主干家庭已经取代作为家庭养老方式基础的联合型大家庭（Yuan, 1987），成为现代社会中最常见的家庭结构，目前中国老年人独居的可能性大于以前的任何时期（Wu, 1991）。高速经济发展带来的劳动力迁移，削弱了家庭赡养老年人的能力，这将对缺乏固定收入保障和社区服务支持的农村老年人产生深远的影响。

第三节　研究目标

本书的研究目标是在中国社会经济转型时期，针对现代化和城市化转变过程中的农村劳动力外流对农村原有家庭养老体系的冲击，基于社会性别的视角，对中国农村家庭中老年人的代际支持性别分工模式进行系统研究。包括以下具体目标。

第一，对经济支持、生活照料以及情感支持等单项代际支持之间的相互关系以及具体影响因素的性别差异研究。通过对农村老年人家庭代际支持性别分工模式的系统分析，建立单项代际支持性别分工分析框架，并作为对中国农村老年人家庭代际支持性别分工模式进行实证研究的前提和基础。其中对代际支持相互关联的研究是从不同性别分析代际支持各维度中单项代际支持之间存在的直接和间接关系的研究；对其中单项支持内容的影响因素的分析包括不同性别的老年父母和子女的代际支持行为影响因素分析，以及性别角色的作用机制分析。

第二，对老年父母代际支持性别分工模式的研究。研究在中国现阶段特定的社会经济转型和劳动力外流的背景下，农村老年父母养老支持现状，确定不同性别老年父母的各项代际支持水平，分析不同性别的老年父母和子女获得和提供代际支持整体水平的影响因素，以确定劳动力外流对不同性别老年父母代际支持模式的影响。老年父母代际支持性别分工模式的研究对于有针对性地提高农村老年人尤其是老年女性的生活福利状况具有积极的借鉴意义。

第三，对子女代际支持性别分工模式的研究。着重研究不同性别的单个子女与老年父母代际支持水平的差异，结合劳动力外流对不同性别子女关键因素的影响，掌握家庭内部子女的代际支持性别分工模式，以及劳动力外流对子女代际支持性别分工变化的影响机制。通过子女代际支持性别分工模式的研究有助于进一步了解中国特定文化背景下家庭养老方式及其内部分工的潜在规则，对于分析劳动力外流下的家庭代际支持性别分工模式的变化趋势，增强家庭中成年子女养老的能力和意愿，强化家庭养老功能具有重要的指导意义。

第四，对不同性别老年父母代际支持健康后果的差异研究。分别从生理健康和心理健康两个方面，考察健康自评和抑郁在基期调查时的状况，三期以来的变动，以及代际支持对老年父母生理健康和心理健康影响的性别差异，探讨农村家庭代际支持对老年人健康状况的影响机制的性别模式，对改善家庭和社会养老功能，提高农村老年人的生活质量，完善农村养老保障体制具有重要的政策意义。

第四节　本书的框架、思路和结构

根据本书的研究目标和已有研究的基础，本研究提出中国农村老年人家庭代际支持性别分工的研究框架，如图 1 - 1 所示，从该研究框架可以看出本研究的思路如下。

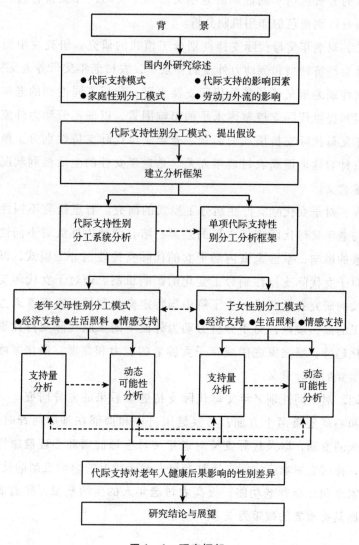

图 1 -1　研究框架

首先，引进西方代际支持的三种模型和中国学者提出的代际支持模式；介绍已经在国内外研究中得到证实的有关单项和多项代际支持的个体和家庭结构影响因素；总结和评述国内外代际支持研究进展，指出存在的不足和研究空间；介绍国内外关于代际支持的性别差异的研究结果和存在的争议；鉴于代际支持性别分工研究的不足，引入家务分工理论和解释模型，介绍国内外对家庭分工影响因素的研究，指出代际支持性别分工的研究空间，为后续的研究奠定研究基础。

其次，在评述现有研究、明确本书研究空间的基础上，结合中国独特的社会文化背景和家庭养老的现状，在已有的传统模型的基础上进一步深化，提出关于中国农村老年人家庭的代际支持性别分工模式。通过系统分析的方法，利用理论综述中介绍的代际支持性别差异模式，结合东西方原有模型中暗含的单项代际支持之间的关联，并根据已有的不同性别的代际支持行为影响因素，以及子女外出引起的影响因素变动，建立单项代际支持性别分工分析框架。

再次，根据分析框架建立回归模型对代际支持性别分工模式和分析框架中包含的关系进行验证，分别从老年父母和子女的角度分析其获得和提供代际支持的影响因素的性别差异。本研究根据代际支持的内容划分分别对代际支持进行分析。在对经济支持、生活照料和情感支持的分析中，前两项内容既包括了子女对老年父母的支持，也包括了老年父母为子女提供的帮助。代际支持的双向流动之间存在的相互关联可以印证本书的假设：不同性别的三项代际支持内容之间的相互影响，代际支持之间以及影响因素与各项代际支持内容之间的性别差异可以验证关于农村家庭代际支持性别分工模式的假设；单项代际支持之间关联的性别差异，以及影响因素对单项代际支持作用的显著性别差异可以验证建立的单项代际支持性别分工分析框架。从老年父母和子女角度分别进行的单项代际支持性别分工分析中包括支持量分析和动态可能性分析。其中，支持量分析主要研究代际支持水平的相关影响因素和单项代际支持之间的均衡；动态可能性分析是研究老年父母和子女影响因素变动对其经济支持、生活照料和情感支持增加可能性的贡献。

最后，对不同性别的老年父母代际支持的健康后果进行分析。对前述回归模型的分析进行总结，阐述本书有关代际支持性别分工模式以及子女外出引起的代际支持变化的性别差异，预测未来的家庭养老的发展趋势。通过不同性别的老年父母和成年子女的家庭养老的影响因素和影响后果的差异，结合中国农村家庭在社会经济转型中的变迁，将得到有价值的新观点。在结尾部分指出本书分析过程中存在的局限性和有待于进一步研究的地方。

本书使用的数据来自西安交通大学人口与经济研究所对安徽省巢湖市农村地区进行的"安徽省老年人生活福利状况"基期抽样调查和在此基础上的两次跟踪调查。本研究采取管理学、社会学与统计学研究相结合的方法，依据系统工程的理念和原则构建老年人家庭代际支持性别分工模式的分析框架以及分析过程，以统计分析方法验证假设。对假设的验证则在对跟踪调查形成的面板数据（Panel data）进行代际交换支持量分析的基础上，引入相关因素的状态迁移变量，通过动态可能性分析进行对比研究，进一步验证假设。在对支持量分析中主要采用多层线性模型（Multilevel Linear Model）分析老年父母的代际支持行为；在对动态可能性的分析中，主要采用逻辑斯蒂（Logistic）回归分层分析老年父母的代际支持变动。由于多个子女嵌套（Nest）于同一家庭，因此对子女的代际支持行为分析是针对三层的数据结构，采用多层线性回归模型分析子女的代际支持行为，对动态可能性分析也采用逻辑斯蒂（Logistic）回归多层分析单个子女的代际支持变动，确定各影响因素的净影响程度及其显著性，验证单项代际支持性别分工分析框架。

对应上述研究思路，本书的研究内容共分八章，其中第三、五、六、七章构成了本书的核心内容。具体的章节安排如下。

第一章为绪论。对全文的研究进行整体设计，主要指出选题的背景，明确本书的研究目标；在辨析相关概念的基础上，确定研究思路、方法和内容，并预估本研究的创新点。

第二章对本领域已有的国内外研究成果进行详细评述。介绍已有的三种代际支持模型，以及其中的区别、适用的局限性和国内相关的研究现状；评述中国学者根据中国文化背景提出的代际支持模式，并阐述中国独特的存在明显性别偏好和性别分工的家庭养老方式；详细介绍国内外有关家庭性别分工模式以及性别分工的影响因素；并阐述了劳动力外流对代际支持影响作用的研究结果。本章是本书创新的基础和起点，指出研究空间，也为代际支持性别分工模式及其分析框架的构建奠定基础。

第三章根据国内外有关代际支持性别分工影响因素的研究结果，结合中国家庭养老的社会文化背景和劳动力外流的现状，提出代际支持性别分工模式假设；根据代际支持研究考察的相关维度和代际支持之间的相互关联，以及家庭中性别分工和性别角色的差异，进行代际支持性别分工系统分析；最后结合代际支持的影响因素，并引入劳动力外流的影响机制，建立单项代际支持性别分工分析框架；指出利用分析框架验证代际支持性别分工模式的思路。

第四章为数据和研究方法。论述了调查地的选择和概况，介绍了在安徽省巢湖市进行三次大规模跟踪调查的情况，包括调查目标、内容、样本和数据质量的说明。介绍了研究所采用的统计分析方法及其选择依据，为下一步实证研究提供定量分析基础。

第五章利用面板数据以及三次调查数据之间代际支持行为及其影响因素变动的动态分析，研究老年父母代际支持性别分工模式，验证假设。研究不同性别的老年父母代际支持水平（支持量）的影响因素，分析不同性别的老年父母提供和获得的代际支持水平之间的相互关联；研究老年父母经济、身体健康状况以及子女外出状况的变动对其提供和获得的各种代际支持水平增加可能性的影响。

第六章利用面板数据以及三次调查数据之间代际支持行为及其影响因素变动的动态分析，验证有关子女性别分工模式的假设。研究子女提供和获得的各种代际支持水平（支持量）的影响因素，分析居住距离、社会经济状况以及婚姻、家庭等因素对子女之间代际支持性别分工的影响以及经济支持、生活照料和情感支持等单项代际支持内容之间的相互平衡；并分析子女的外出、职业以及与父母之间居住安排的变动对子女获得和提供各种代际支持水平增加的可能性的影响，进一步验证假设。

第七章利用三次调查数据之间老年健康后果、代际支持行为及其影响因素变动的动态分析，研究不同性别老年父母提供和获得代际支持对其健康状况影响的性别差异。一方面，研究老年父母婚姻、居住安排、社会经济状况，以及与子女的代际支持的变动对其健康自评变动可能性的影响；另一方面，研究老年父母婚姻、居住安排、社会经济状况，以及与子女的代际交换的变动对其心理福利变动可能性的影响。

第八章是本书的结论和展望。主要是对中国农村老年人家庭代际支持性别分工模式及其运作机制进行总结，概括本研究的主要创新和贡献，指出劳动力外流下中国家庭养老分工的变化趋势。最后指出未来的研究方向和有待于进一步分析的问题。

第二章 国内外相关研究评述

在西方的工业化过程中，传统家庭结构所受到的影响及其在老年支持的意义曾经是一个争论的焦点。传统上悲观的观点认为，城市化和工业化将导致传统的家庭的消亡，取而代之的是核心家族；成年子女与其父母多为分居，并且关系比较疏远（Mason，1992；Bengtson，2001）。但是，也有大量学者反对这种悲观的看法（Mancini & Blieszner，1989；Hareven，1994）。其后，随着第二次世界大战后广大发展中国家的传统家庭也程度不一地经历着工业化的冲击，源自西方社会背景的代际支持理论也自然成为理解和解释这些国家代际支持的选择之一。但同时，学者们也普遍注意到发展中国家与西方国家间存在着社会传统和文化上的差异，在借鉴西方理论时需要认真考察这些理论在发展中国家中的有效性和适用性。而在中国，这些差异也促使学者们提出了相应的理论假说用于解释中国家庭对老年人的代际支持。概括起来，目前中西方在代际支持研究中占有重要地位的理论假说有如下几种。

第一节 西方代际支持模式研究

对代际支持模式的研究最初源自西方国家中公共政策角度的社会资源再分配，他们从经济交换的角度提出不同的代际支持模式，用以解释代与代之间进行交换的动机和规则。不同的交换理论形成了代际交换（Intergenerational exchange）这个概念，即假设社会关系由一种互惠的范式所支配——"有债必还"（Molm & Cook，1995）。微观经济理论（Cox & Rank，1992）、人口统计学（Henretta，Hill et al.，1997；Silverstein，Conroy et al.，

2002）和社会心理学（Whitbeck, Simons et al., 1991）都以此从各自角度解释说明过家庭中老年一代和年青一代的资源交换机制。

一 西方代际支持模式

1. 主要代际支持模式

目前主要有以下几种关于家庭资源（包括家庭收入、家庭财富和家庭劳动力等）代际转移（包括货币性、劳务性转移）的理论。

其一，权力与协商模型（Power and bargaining model）（Goode, 1970）。该模型认为老年父母对家庭资源的控制程度及创收能力决定着从子女或家庭其他成员处获得支持的程度。在传统社会中，父母通常是土地和家庭财产的拥有者以及生产劳动技能的传授者，借助这些有形或无形的资产，父母对子女有着很强的控制权。但伴随着经济发展，子女所掌握先进科学技术知识方面的优势增强了他们获得家庭以外工作机会的能力，促使其社会经济地位的提升，进而削弱了老年人的家庭地位。老年父母逐渐失去了下一代人的绝对服从以及从下一代人得到资源的权力，其从子女或其他家庭成员处可获得的支持也因此减少；老人能否得到子女的支持依赖于他们是否能提供不同类型的帮助作为回报，而掌握较多资源的父母年老时能得到子女更多的关注和支持（Bernheim, Schleifer et al., 1985; Chen, 1996; Lillard & Willis, 1997）。或者，作为"权力—协商"的结果，子女选择用其他形式代替自己的某些义务。例如，Hermalin 等人（1996）发现，许多子女会通过提供更多的经济支持来避免与老人共同居住或者其他耗费时间的代际支持活动。

其二，互助模型（Mutual aid model）。基于互惠原则的互助模型的基本含义是家庭成员间各种形式的帮助是以互助为目的的。代与代之间的资源转移是根据每一代的需求，家庭功能类似于一种保险策略。互助模型最常见的类型是"时间—金钱"的交换，即财富的代际转移往往是收入较低的以劳务换取金钱或收入较高的以金钱换取劳务（Cox, 1987）。例如，老年父母向其子女提供家务劳动或孙子女照料等以时间为形式的帮助，并获得子女经济上的支持（Lee, Parish et al., 1994; Secondi, 1997; 陈皆明，1998; 熊跃根，1998; 张洪芹，1999; Frankenberg, Lillard et al., 2002）。

其三，合作群体模型（Altruism/Corporate group model）。该模型认为代

际存在的利益共同性和相互默认的契约是长期的、跨越时间的。在经济学中，利他模型为家庭如何作为一个合作的群体在现代世界持续存在提供了一个解释。Becker（1974）以及其他一些学者认为，家庭成员具有利他的情感取向。一个具有利他主义的家庭成员会在家庭资源的分配中追求家庭合成员的福利最大化，这里是指帕累托最优（即没有别的分配方式可以在不减少其他成员的福利的前提下改进任一成员的福利）。利他的家庭成员的决策可分为两个步骤：财富最大化和财富最优分配（Becker & Tomes，1979）。当家庭财富的控制权掌握在老年父母手中，这两个步骤保持着平衡。由于利他动机将代际转移归结于转移接受者的经济、社会和健康方面的需要（Altonji，Hayashi et al.，1992），家庭被视为一个照顾所有家庭成员福利、寻求家庭资源最优配置的紧密联系的网络（Lee，Parish et al.，1994），年轻的家庭成员会为老年人提供更多支持，保持家庭的整体性和成员的利他性行为准则。因此，无论是否提供回报，家庭内最需要帮助的人（通常是最年长者）得到的支持最多。

2. 模型比较与评述

从上述理论的阐述可以看出，成年子女为老年父母提供支持的动机是家庭代际交换研究的一个重要方面。由于早期代际支持模式研究主要用于对家庭内部财富再分配的分析，为国家制定社会财富再分配的福利政策提供参考。因此，关于家庭内部子女与父母之间物质性代际交换与分工的描述是从"经济人"的角度出发，未涉及价值观念、社会文化及情感支持等主观因素。与经济学区分支持提供者的动机不同，社会学更多地考虑代际支持如何影响家庭或社会关系。由于更关注小群体的构成，社会学者更关注代际家庭交换本身，包括代际支持的数量、方向，或其对支持提供者/接受者的后果。代际的资源转移并不只是简单地在家庭代际重新配置资源，也加强了提供者与接受者之间的社会联结，促进家庭凝聚，和增强代际权利义务关系。

经济学和社会学一般都接受的代际支持的微观分析框架包括三方面内容：（1）可能的接受者的需求；（2）家庭资源的流动，既有平行方向的，例如同辈的亲属和亲属之间，也有垂直双向的；（3）代际支持行为的互换性，例如照料时间、空间和经济支持以及一种替代另一种的可能性（Soldo & Freedman，1994）。当然这三方面并不是孤立的，在分析具体问题的时候是相互嵌套、彼此牵制的。

代际支持的经济学观点主要关注支持提供者的动机。在代际交换的基本经济模型中，支持提供者是单一的决策者，被认为是利己的，其提供的帮助只是相应"补偿"的部分（Bernheim, Schleifer et al., 1985；Cox, 1987；Altonji, Hayashi et al., 1992）。支持提供者在决定是否提供帮助以及提供多少帮助时，是基于其效用或福利的最大化，或出于其预算限制的考虑。这一理论认为支持提供者对特定接受者提供帮助的可能性与接受者的经济资源呈负向关系，但是，对得到帮助的数量和接受者自有资源之间的关系却没有进一步解释。结合"协商"的观点，提供者和接受者都是决策过程的参与者（Pezzin & Schone, 1999），交换要考虑双方的资源。但上述交换仍然是以接受者有回报支持提供者的意愿和能力为默认前提的。

群体合作模型和互助模型都是基于上述互惠原则，认为成年子女向其老年父母提供支持的能力依赖于父母早先提供给他们的资源。只不过不同的是，群体合作模型中，家庭对子女的人力投资行为是减少父母晚年养老不确定性的一种长期策略；而互助模型中，为成年子女提供家务帮助或照料孙子女也同样可以得到类似的回报，是达到同一结果的短期策略。而且，利他动机暗示提供者提供支持，不是因为其预期有回报，而是因为提供者关心接受者的福利。中国农村向上的经济转移事实上是由于老年父母的收入较低、健康状况较差（Lee & Xiao, 1998），完全支持了利他/合作群体模型。但是，如果所有的转移都是利他动机的话，只剩下双向支持可能反映了双方面的利他，即每一代都对另一方的需求给予了无条件的满足，而不是仅仅接受一方提供相应转移的互惠关系（Sloan, Zhang et al., 2002）。在实际中，则很难把互惠与双方的利他区分开来，因为两者在表面上都表现为双向的支持流动。Sun（2002）曾经将上述两种模型合并来解释中国城市家庭的代际支持行为，他将家庭视为一个密切联系的网络，网络内所有资源的分配达到效益最大化以提高家庭所有成员的福利。实质上，上述模式并非相互排斥，它们之间可能存在一定程度的交叉或是互补，人们经常发现几种模式同时在支配人们的行为。

从代际支持的具体内容上来看，早期的代际支持研究主要集中在对家庭内部的经济资源分配与财富转移方式的分析方面。但是，随着代际支持理论的发展和人们对劳动价值的关注，在后来的家庭研究中，生活照料作为经济支持的交换或者替代条件也进入了代际支持模型。如在权力与协商模型中，子女之间可以通过经济实力的较量决定生活照料的提供者，经济收入较高的子女付出资源诱使福利水平较低的其他子女为父母提供生活照料及共同居住安排（Hermalin，Ofstedal et al.，1996）。而在交换模型中，父母可以通过付出经济帮助来获得子女的生活照料帮助，通常交换的对象是经济收入者（Cox，1987）。因此，我们推断：生活照料与经济支持具有一定的排斥性，为了达到子女内部分工的公平性，通常由经济实力较强的子女提供经济支持，而由其他子女提供生活照料。而情感支持虽然与经济支持及生活照料共同作为代际支持的重要组成部分，但是在研究分析结果中它扮演着与经济支持和生活照料等实际物质性支持截然不同的角色。通常，情感支持是父母与子女之间感情亲密程度的标志。根据现有的理论我们无法推断情感支持是否与其他支持之间具有一定的排斥性，但是西方家庭的研究证明，情感支持意味着潜在的、满足未来需求的实际支持资源（Krause，Liang et al.，1990；Thompson & Krause，1998）。而随着经济支持与生活照料负担的增加，这种代际的感情亲近是受到削弱或得到巩固还尚未得到验证。

而从家庭代际支持的结构来看，以往的大多数研究只关注在一定时间点上单一提供者对特定接受者的一种代际交流，直到近年来双向交换的研究逐渐让位于解释在所有可能的接受者（提供者）中对特定接受者（提供者）的选择，其中，包括 HRS 在内的几项截面调查收集数据以检验这类模型。另外，还有一些更复杂更符合现实的模型，描述一个特定的提供者如何从可能的接受者中选择一个接受者或者一个特定帮助者如何从可能的提供者得到补偿。前者涉及多代资源分配问题（Kuo & Hauser，1996；McGarry & Schoeni，1997；Soldo，Wolf et al.，1999）；后者则是多个提供者之间的劳动分工问题（Stern，1995；Henretta，Hill et al.，1997；Wolf，Freedman et al.，1997）。

考虑到支持的提供者和接受者以及双方之间不同种类代际支持的双向交换，社会学和经济学关于代际支持的观点正愈加丰富起来。由于纵向数据的面板估计大大优于基于截面数据的分析，跟踪调查数据的深入分析也大大支持了这种理论上的发展。这是因为家庭内部观察到的婚姻、健康或经济状况的显著转变很可能引起代际支持事实上的变化，而家庭间差异则不会。代际支持模式的理论需要进一步解释为什么家庭内部在代际义务或家庭资源的分配方面存在差异。未来家庭代际支持的研究主要着眼于以下两个领域：（1）进一步发展和评估合作家庭中代际支持模式的假设（Cox & Soldo, 2004）；（2）结合个人和家庭整体的固定和随机效应因素，研究家庭代际转移的动态机制。

二 西方代际支持模式的性别差异

1. 老人角度

从老人角度来讲，为了描述在整个生命周期中社会支持的动态和保护功能，有研究者提出了 Convey 模型（Kahn & Antonucci, 1980; Antonucci & Akiyama, 1987）。这个模型通过网络成员进入和退出社会支持网络或在社会支持网络中的运动，来预测在整个生命期中社会支持的结构和功能的连续和变动（Levitt, 2000），且这种以性别为基础的趋势是贯穿始终的。根据自报的结果，成年期的女性比男性有更大的网络，获得更多的情感支持，对社会支持也更满意（Stokes & Wilson, 1984; Fowers, 1991）。这种倾向在农村老年女性中也同样如此（McCulloch & Kivett, 1998; McLaughlin, 1998）。

由于男性与女性的社会支持模式的差异源于终身的社会过程，其表现在晚年的非正式社会支持网络上，即老年女性比老年男性更多地扩展、保持和利用其拥有的社会资源（Stokes & Wilson, 1984; Levenson, Carstensen et al., 1993）。因此，老年女性在获得子女自愿提供的代际支持方面具有先天优势。女性在维系整个家庭中具有重要作用，她们是未成年子女的主要照料者，与子女的感情较她们的配偶更为紧密和融洽；女性是传统的家庭照料者（胡幼慧, 1995; 张友琴, 2001），女性与他人的关系存在终身照料的这种特征使老年女性比男性有更多的情感和生活照料支持的提供者（Barker, Morrow et al., 1998）。对西方社会的研究显示，老年女性较男性更愿意承认自己对外界帮助的需求，在排除其他因素的影响后，她们比男性更愿意与子女共同居住（Spitze & Logan, 1990）。对中国城市家庭的研究成果则表明，与其他老年人相比，丧偶的母亲更可能与已婚子女同住以获取代际支持（Logan, Fuqin et al., 1998）。

2. 子女角度

而从子女角度来讲，西方的研究表明，西方家庭的代际支持行为中存在性别差异。儿子和女儿向老年父母提供数量不等和类型不同的支持（Horowitz，1985；Montgomery & Kamo，1989；Rossi & Rossi，1990）。作为家庭中的传统照料者，女儿是老年父母支持的主要提供者（Brody，1985；Rossi & Rossi，1990），在代际支持中扮演着更为重要的角色（Stoller & Earl，1983；Coward & Dwyer，1990；Spitze & Logan，1990），Silverstein 等（1995）认为代际的感情因素在促使女儿提供上起直接作用，而对儿子来说，情感因素则是通过加强社会联系而起到间接作用。儿子似乎更基于义务和利己的原则提供代际支持，而不是出于感情因素。因此，从支持的动机上来看，女儿与父母之间反映了一种利他的倾向，而儿子与父亲则反映了一种利己倾向，虽然这两种倾向都加强了子女提供支持的意愿。如果从利他还是利己这个维度来分析的话，往往是以子女的性别为条件的；如果只对儿子来说，则是以父母的性别为条件的。例如，研究者发现，当母亲是支持接受者时，情感因素对代际支持的作用更强；而当父亲是接受者时，财产等物质资源对代际支持的影响更显著。这种模式反映了家庭中传统的性别分工，即情感因素促使对母亲的支持行为，而经济因素则诱使对父亲的支持。尤其是，母亲与女儿之间的交流最为密切（Rossi & Rossi，1990）；儿子对父亲的功利倾向则与男性对经济资源的一贯控制相一致（Silverstein，Parrott et al.，1995）。

根据上述分析，我们可以看出，代际支持的这种性别差异的模式与社会支持的传统劳动分工是相一致的。女儿提供代际支持时似乎受感情和利他动机的驱动，而儿子则更受标准原则、家庭关系以及对经济回报期望的影响。一些经济学者依据理性的利己主义的原则，解释对老年父母的支持；而社会学者则强调社会规范和感情对支持动机的重要性，这同样反映在代际支持的性别差异上。

第二节　中国代际支持模式研究

一　西方代际支持模式在中国的适用性及验证

从上述西方代际支持模式的理论阐述可以看出，现有代际支持模式中关于家庭内部子女与父母之间物质性代际交换与分工的描述是从"经济人"

的角度出发的，很少涉及价值观念、社会文化及情感支持等主观因素。老年父母与其成年子女可能相互提供支持，即使他们没有感情上的联系。关于代际联合的感情形式的研究在西方很常见（Silverstein & Bengtson，1997），但是在亚洲国家就很少，这是因为在亚洲国家习俗和规范起到最突出的作用（Ng，Phillips et al.，2002）。因此，有学者认为西方代际支持模式并不适于分析中国家庭的代际转移（刘爱玉、杨善华，2000）。

权力与协商模型认为由于子女害怕失去物质资源的转移和继承权，控制有价值的资源（例如工作、商业资产、股票和土地）的老年父母处于要求子女顺从的地位（Bernheim，Schleifer et al.，1985）。有研究者就发现，农村地区子女赡养老人的责任义务被认为是老人赠与土地所有权所应得的（Caffrey，1992；Stark，1995）。但是，在中国，传统社会中父母被赋予的至高权力（即"父权"）在一次次革命浪潮中从思想上和物质上被削弱，尤其是新中国成立后，公有化运动取消父权赖以生存的土地或其他资产私有制，中国老年人资产所有权的杠杆作用就不那么突出了。但即使如此，最近的研究仍然发现，家庭内部长辈权威的减弱并未导致中国现代家庭养老方式的重大变化（陈皆明，1998）。互助模型强调交换双方都拥有一定的资源并从对方换取好处，那么缺乏或没有回报能力的老年人将得不到或得不到足够的家庭支持，但这种情况实际上也并不多见。合作群体模型提出的投资与回报需要通过家庭责任和义务观念的建立为前提。虽然模型出于利他动机，而不是从"经济人"的视角解释家庭代际转移动机，但老年人与其家庭中其他成员的关系会因为不同社会的文化与伦理不同而有所差异。亚洲儒家文化国家的代际支持很大程度上是由传统的"责任伦理"中的社会习俗与文化传统来保障的，"孝道"就充分体现了这种社会规范（杨善华、吴愈晓，2002；陈树强，2003；杨善华、贺常梅，2004）。在中国，"孝"或者孝道成为调节家庭代际关系的最重要的行为规范（杨国枢，1989；谢宝耿，2000）。这种孝道规范通过社会化的作用，内化成人们的自觉意识，既是奉行崇老文化的国家和民族价值观的象征（Hennessy & John，1996；谢宝耿，2000），也是一种社会控制机制，是促进家庭和睦、社会和谐和团结延续的一种复杂而精致的文化设计（杨国枢，1989）。因此，广泛用来解释西方社会代际关系的"社会交换理论"或者"互惠"动机，应用于中国未必完全合适（Hong & Liu，2000）。

　　许多研究者沿用西方的代际支持模式来验证和分析中国家庭养老方式下的代际支持行为。Secondi（1997）对中国农村家庭内部的经济交换模式进行的实证研究表明，利他性（Altruism）和交换（Exchange）行为同时存在于家庭的经济交换中，代际的经济支持主要流向老年父母，而照料孙子女成为其获得经济支持的主要交换方式。Lee 和 Xiao（1998）研究了中国城市和农村家庭中子女为老年人提供经济支持的影响因素，他们认为，子女的经济支持是基于老年人的需求而产生的，合作群体理论能够更好地解释子女的上述支持行为。Lee 等（1994）对我国台湾家庭中夫妻双方对各自父母的经济支持进行深入研究后指出，合作群体模式更适合于解释台湾家庭的代际支持模式，但是家庭中夫妻双方对用于支持各自父母的资源的分配更接近于权力与协商模型。Sun（2002）分别从子女和父母的角度考察中国当代城市家庭中的经济交流、生活照料等活动，研究发现，合作群体模型能够更好地解释上述家庭内部的代际交换活动。张文娟（2004）从子女和父母两个角度对中国农村老年人代际支持进行的静态和动态的研究揭示，以道德约束代替资源控制权对子女约束的改进后的合作群体模式更符合中国现今农村家庭的代际支持模式。而 Silverstein 等（2007）对于中国农村有孙子女照料的老年家庭中的经济支持、劳务帮助和生活照料的研究则发现，现实中家庭代际转移是权力—协商、互惠动机和利他动机相互作用的结果。

　　从上述几项研究不难发现，以往对中国家庭代际支持模式的研究主要是针对家庭内部的经济支持行为，而生活照料和情感支持在研究中则少有涉及。作为代际支持的共同组成部分，情感支持和生活照料及经济支持之间具有密切关系，他们共同作用于老年人的生活健康状况。研究更多地关注了老年人自身社会、经济及健康因素的影响，而对于子女内部代际支持分工的研究还不多见，尤其对代际支持性别分工的研究就更少。总之，虽然有许多研究（Shi，1993；Lee，Parish et al.，1994；Chen，1996；Lee & Xiao，1998）表明，合作群体理论能够较好地解释中国家庭中的代际关系，但是，也有研究者认为西方学者提出的理论对中国家庭的代际支持并没有很强的解释力（刘爱玉、杨善华，2000；杨善华、贺常梅，2004）。

二 中国家庭养老方式下代际支持模式

随着社会经济发展和现代化进程，中国的传统家庭也不可避免地经历着冲击和挑战。源自西方社会背景的代际支持理论也自然成为理解和解释这种代际支持变化的选择之一。但同时，学者们也普遍注意到中国与西方国家间存在着社会传统和文化上的差异。非经济性的差异使人们认识到，在借鉴西方社会理论时，需要认真考察这些理论在中国背景（context）下的有效性和适用性。而这些差异也激发了中国学者们从事本土研究的热情，并提出相应的理论假说探讨中国家庭养老运行机制，解释和理解中国家庭代际关系及其变化趋势。

1. 交换论

经济学认为，代际关系本质上是一种经济关系或交换关系，因此无论是经济交换论还是社会交换论，实际上都在一定程度上反映了这种代际资源流动和交换的观点。

经济交换论认为（杜亚军，1990），不同年龄的人在经济、社会活动中占有不同的地位，占有的资源不同，所能创造的产品与提供的劳务不同，对社会产品及劳务服务的需求也不同。这样，代与代之间就产生了交换的必要性。在成年人对其子女及老人之间的供养关系就是人类为了自身的繁衍而发生在代际的产品和劳务的一种经济交换关系。在未成年人、成年人和老年人三者之间，成年人是主要生产者，通过财产流向未成年人养育了未成年人。但在成年人进入老年以后，未成年人长大成人，开始为老年人提供生存必需品。成年人（原来的未成年人）通过财产流向老年人（原来的成年人）而赡养老年人。由于家庭代际的交换并不严格遵循经济交换的原则，常常是更大范围的交换，所以在此基础上又形成了社会交换论。

社会交换理论（熊跃根，1998）认为，社会交换是一种基于社会道德、情感支持或公义维护的资源重新流动或分配。交换双方在一定程度上都是给予者或接受者，从而构成了互惠原则。互惠就是家庭内部成年子女与老年父母两代人之间在金钱、物质、时间、感情等有价值资源方面的双向支持和交换，具体表现为经济上的支持、家务上的帮助和情感上的支持或安慰，体现了养儿防老这样一种均衡互惠和代际递进的原则。

2. 反馈论

从中国传统文化出发，费孝通（1983）提出了解释中国家庭代际关系的"反馈论"。这种观点认为，亲子关系是整个社会结构中的基本关系，并规定了包括抚养和赡养的有关义务：在中国家庭中，甲代抚育乙代，乙代赡养甲代，乙代抚养丙代，丙代又赡养乙代，下一代对上一代都要反馈的模式，简称"反馈模式"。用公式表示就是 F1←→F2←→F3←→……←→Fn（F 代表世代，→代表抚养，←代表赡养）。而西方则是甲代抚育乙代，乙代抚育丙代，表现为一代一代接力的模式，简称"接力模式"。用公式表示就是 F1→F2→F3→……→Fn。显然，中西两种模式的主要差别就在于后者不存在子女赡养父母的义务。中国传统的亲子伦理体现了养老防老这样一种均衡互惠和代际递进的原则，成为维系家庭共同体延续的纽带。不过，在 20 世纪 80 年代中国城市实行经济改革以来也出现了一些新的抚养关系，有学者将老年父母在经济上支持子女总结为一种反向的抚育关系，即"逆反哺模式"（车茂娟，1990）。比如在城市中老年父母为未婚子女筹备结婚用品和费用，即是这种"逆反哺模式"的突出现象。

3. 责任内化论

责任内化论（张新梅，1999）在代际支持方面的观点是，由于几千年儒家文化对孝道的强调，赡养老人的义务已经变成了每一个中华儿女内在的责任要求和自主意识，成为其人格的一部分。责任内化的一个特点是差序格局（费孝通，1998）。也就是说，人与人的关系有亲疏远近之别。这就好像一个石子投入水中，形成了不同的涟漪，呈同心圆式分布。自己是圆心，不同的涟漪代表了不同的关系层，与自己这个圆心的来往越密切，道德感与责任感越重。费先生认为，中国传统乡土社会是一个社会关系构成的"差序格局"，是一个"一根根私人联系所构成的网络"，犹如水的波纹，"社会关系是逐渐从一个一个人推出去的"，"愈推愈远，也愈推愈薄"，由"家"到"小家族"再到"外人"。而在家庭内部，父子关系是主轴，夫妻关系是"配轴"。子女成为赡养老人的主要人选。

值得注意的是，虽然学者把中国文化中与家庭养老相关的孝道价值观细分为若干理论，但由于家庭代际关系依赖于历史、文化传统以及社会经济条件，这些分类实质上是刻画了代际支持的多个层面和侧面，而且对代际支持的解释也可能不是一种理论就足以阐述清楚的。比如，为什么子女一定会对老年人提供支持呢？因为在子女的社会化过程中，道德价值规范已经内化到子女的价值体系和行为模式中，而反馈论则从生命历程（convey）角度说明了，子女在年幼时得到父母的帮助和支持（包括教育、工作以及婚姻在内），当父母进入老年后，不仅由于逐步退出社会经济生活的主流领域而逐渐成为弱势群体，而且由于年老也会出现身体功能衰退、健康状况下降，这些都使老年人产生在经济、生活照料、健康医疗资源方面的需求。而这时子女已经是成年人，有能力向老人提供支持。所以，当把一代发生的父母到子女、子女到父母的代际支持置于一个家庭的生命周期（life cycle）进行考察时，就发现成年子女向老年父母提供代际支持确实具有反馈的特点。虽然近来一些西方学者也发现，西方的文化价值中也规定了子女向老年父母提供支持的义务（Blieszner & Hamon, 1992；Piercy, 1998），但是，西方社会背景下子女对父母的义务是以个人主义为基础的、遵循着个体之间的契约原则而得到规范。显然，这不同于中国孝道传统下子女对父母的义务，最重要的区别就在于，后者是以家庭为本位，因而从某种意义上说是超越了个体范畴的。因此，对中国父母与子女代际支持的研究应立足于中国的家庭体系和制度的独特性和社会文化特征。

三 中国代际支持模式的性别差异

与西方家庭相比，以男性为中心的父系家族体系对中国社会的影响更为深远。在仍旧处于农业社会状态的中国农村，父系家庭体系千百年来一直是占据统治地位的传统模式，因此可能导致了家庭养老方式中代际支持行为存在更为深刻的性别差异。

家族体系通常指一种习惯性和规范性的家庭结构和类型动态变化的过程，主要包括婚姻形式、继祖与传宗、财产继承、居住安排、以性别和年龄为中心的家庭权力结构等内容（Skinner, 1997）。中国经历了两千多年的封建社会，在漫长的历史时期，其传统的家庭模式几乎没有发生实质性的改变。在家庭中，以年龄和性别作为营造不可僭越的权威等级的基础。其中，老辈人或年长的同胞（主要是男性），享有控制晚辈或年幼者的权力和权威。这就形成了中国封建家庭关系的最大特色——家长制度。因此，虽然作为两大家庭关系轴心的夫妻关系早于亲子关系，但在传统的中国农村，后者却比前者显得更为重要。这是由于传统的家庭关系是以父系单亲世系为特征的，家庭要延续发展，传宗接代、"香火"延续便成为家庭和家族的重要任务，生儿育女尤其是生儿子的期望先于婚姻，亲子关系在传统家庭关系中处于核心地位。

父母与子女的关系可以被看做一系列的契约关系，或者被认为是物质和非物质的产品的流动（Ben-Porath，1980）。从习惯上的权利义务的角度进行分析的话，这些契约的内容就是不同家庭成员间权利和责任或者是义务和相对义务的交换（Cohen，1976；Wolf & Hunag，1980）。在以家长为中心的亲子关系中，子女出生时在家庭中没有任何权利，他们的父母对其有完全支配权。当孩子渐渐成熟时，他们的权利才逐渐得到认可，结婚后才成为法定成人，在其出生家庭（儿子）或婚姻家庭（女儿）中有相应的权利（Cohen，1976）。

在中国，家庭中最重要的交换是：父母给予女儿身体（生命的赠与），婚前抚养，找女婿，在结婚时以嫁妆形式给予小部分家庭财产；而对于儿子最重要的是生产的培养和训练（女儿是再生产，例如家务），分家以及财产的平均（大体上）分配。但是，只要父母在世，属于家庭的孩子（嫁出的女儿除外）就不能随意处置家庭的资源，不过可以在父母的允许下使用。父母也不能回避将资源对子女进行投资，但他们可以将这种投资视为负债，日后子女要以义务的实现来偿还。这些义务包括绝对的服从（孝顺）、对家庭经济的贡献。此外，儿子还有父母晚年养老的义务。

权利义务的视角揭示了父母与子女间资源流动的内容和交换的本质，但并没有告诉我们交换的"时间性"，也没有告诉我们不同家庭成员间准确的资源流动水平。为此，有研究者区分了三种（理想的）交换形式，均衡交换、一般交换和负向交换（Sahlins，1972）。均衡交换指一件东西没有延迟地与另外一件等价的东西相交换。一般交换是指表现为利他、在事实上产生相对义务的交换。在一般交换中，偿还不需要是等价的，也可能发生在以后的时间。很多学者认为一般交换体现了所有的家庭关系（Sahlins，1972；Ben-Porath，1980；Becker，1981），在家庭交换中，"交换一般没有完全精确的均衡，取而代之的是，只要双方都接受即达到均衡……而这些均衡何时及如何达成则还是未知的"（Ben-Porath，1980）。最后，负向交换严格意义上说并不是交换，因为其资源流动是单向的。

除了以上划分的标准，还有学者根据契约双方之间交换的家庭资源总数，将儿子和女儿与其父母的契约分为高流动和低流动的契约。在中国家庭中，契约并不是单一的，而是有系统性的性别差异。一般来说，父母与儿子的契约接近于一般交换模型的高流动契约，而父母与女儿的契约则是更适合均衡模型的低流动契约。不管对儿子还是女儿来说，"天下没有免费的午餐"。女儿接受小部分的家庭财产，在较短时间内回报给父母相对等价的数目。儿子接受较大份额的家庭资源，在相对长的时期内回报给父母不确定的数目。因此，被认为体现了所有的家庭内部关系的相对利他一般交换模型。

以上所述的儿子和女儿契约的差异产生于男性和女性在基本家庭单元（如上所述）中身份地位和功能的差异。不同的地位导致不同成员在家庭中的持续期，以及父母—子女契约的持续时间的差异。从父母角度来说，儿子是家庭的长期成员，与儿子的契约持续终身。女儿则是家庭中暂时的成员，契约只持续到她们出嫁，一般 15～20 年。两种契约持续时间的不同决定了父母长期的福利绝对地依赖于儿子，父母尽可能地投资于儿子的抚养、教育、学徒训练等。对父母来说，对儿子投资有双重目的，一是增加儿子未来支持帮助他们的能力，二是通过增加儿子的负债以保证日后契约的实现。父母并不要求儿子直接地和等价地回报对其教育和婚姻的花费，但是儿子有几十年去回报父母。特别是当其他地方的经济机会更好时，父母可能允许儿子离家去寻求更有前途的工作，虽然这意味着家庭暂时性的劳动或收入的损失。这种策略从长远上讲还是为父母服务的，因为如果儿子成功了，他们会扩大家庭资产、提高未来赡养父母的能力。而父母对女儿则有完全不同的打算。作为家庭的短期成员，女儿不可能对家庭经济有多大贡献。家庭也不会"浪费"资源去教育她们，她们的教育只限于女性化的工作的训练，比方家务、子女照料及家庭生产活动。由于女儿回报父母养育和嫁妆的时间非常有限，女儿被要求在早期回报家庭。因此，女孩在 5 岁或 6 岁就开始承担起家庭杂务，从早到晚地忙碌直到结婚出嫁；而其兄弟直到 16 岁左右都有玩耍的空闲时间。但是，即使有这种贡献，女儿也不被认为足够回报了父母在生活和嫁妆的花费。从经济角度来说，女儿是"赔钱货"。

由此，在中国农村的社会现实中，性别在决定子女是否为父母提供老年支持中起着关键作用。家庭中往往是儿子，而不是女儿，为父母提供根本性的老年支持（Yang，1996）。这种性别差异也导致子女在提供代际支持时表现出不同的行为模式。许多有关中国大陆和台湾地区老年支持的研究证明，儿子在实际性的代际支持（包括经济支持和生活照料）中发挥了重要作用（Lee，Parish et al.，1994；Yang，1996）。而女儿则更多地为父母提供感情沟通和日常生活照料等辅助性的老年支持（Freedman，Moots et al.，1978；Lee，Parish et al.，1994；Yang，1996；Sun，2002）。但是，也有学者对大陆和台湾家庭的研究表明，儿子为父母提供的经济支持和生活照料的数量都超过女儿（徐勤，1996），老年人与儿子的接触频率也明显地超过女儿（Hermalin，Ofstedal et al.，1992）。但最近的研究也发现，基于性别的明显的劳动分工也使女儿更可能为其父母提供生活照料和经济支持（Goldenstein & Ku，1993；Zhan & Montgomery，2003）。Wang（1999）在中国东北关于家庭关系的研究显示，老年父母感觉女儿更贴心、更周到，而儿子则对父母的需要不那么敏感。因此，基于文化传统和性别角色的期望，家庭养老支持性别分工有待进一步研究。

四　劳动力外流对家庭养老的影响

从子女方面来说，根据文化适应（acculturation）与同化（assimilation）的观点，城市文化对核心家庭和个人价值的关注可能会淡化城乡迁移者"孝"的观念（Whyte，2003；Whyte & Xu，2003）。外出务工的子女生活方式以及价值观的改变加大了他（她）们与父母之间的差异，进而影响到他（她）们对父母的养老支持（Du & Tu，2000）。在城市生活越久的外来务工者更关注独立和平等（Lai，1995），从而可能导致"孝"的观念的弱化，最终影响到他（她）们对老年父母的经济支持。但也有研究不支持城乡迁移过程中文化适应与同化对养老支持的负面影响：一是1970年代晚期开始的经济改革导致的城乡迁移大大增加了外出务工者给父母的经济支持量；二是城乡迁移者更倾向于保持农村的文化传统，从而可能增加给父母的实际经济支持量。

另一方面，从留守老人的角度进行的研究发现，成年子女由农村向城镇的迁移给农村老年人带来双重的后果，既有好处，也有不利。例如，子女外出有可能增强家庭养老的经济支持力度（姚远，2001），但是，成年子女外出减少了老年父母与子女同住的机会，不利于老年父母的生活照料和情感支持（Goldstein & Beall，1981；张文娟、李树苗，2004；张文娟、李树苗，2004）。对其他亚洲国家的研究指出，距离阻碍了儿女与父母之间的情感交流，许多在村中的老人虽然能够得到孩子们的经济供养，却仍然感到孤独（Pramualratana，1990）。但也有研究者认为，农村老年父母往往以外出子女的职场或社会成功为荣（Knodel & Saengtienchai，2005），得到的情感上的慰藉更多。

因此，虽然有研究认为，经济增长、工业化、城镇化等社会结构的变化会削弱老年人的地位，使家庭的保障功能弱化（Benjamin，Brandt et al.，2000），如 Mason（1992）认为迁移会削弱父母对子女的控制能力、提高妇女就业率、减少成年子女数量，造成代际分离和减少多代家庭，并侵蚀家庭养老的功能，但与以往此种悲观的看法不同，近期针对发展中国家乡城迁移的研究，不管是理论探讨还是经验研究却持有积极的观点，认为成年子女外出是一种家庭分散风险的策略，不管是外出的还是留守的家庭成员都能从中获益，当然也包括留守在农村的老年父母（Cai，2003；Vanwey，2004）。但是，其中的大部分研究都以城市为基础、从外出者的角度进行研究，即使考虑到留守的家庭成员，也很少会明确提出并解释迁出地的老年父母的影响及带来的后果。虽然也有在发展中国家的研究是针对留守的老年父母（Coles，2001；杜鹃、杜夏，2002；Knodel & Saengtienchai，2005），但其往往更关注于外出子女对老年父母的支持帮助（例如汇款），并未将外出子女与未外出子女进行比较研究。

第三节　代际支持的影响因素研究

代际支持模式是对于代际支持行为的整体描述，但实际上对于模式的判断，来源于具体影响因素对代际支持的作用方向，以及其中隐含的潜在关联。目前对中国家庭代际支持的研究中考虑的影响因素仍旧沿用了西方社会养老方式下老年人的代际支持影响因素分析框架，主要归纳为影响老人代际支持行为的个体因素和家庭因素。

一　西方家庭代际支持的影响因素

1. 老人特征因素

以往对西方家庭的代际支持研究发现，父母与子女的一些重要特征

（如社会、经济和人口），资源、机会和对代际帮助的需求等都会影响代际的交流（Eggebeen & Hogan，1990；Rossi & Rossi，1990）。比如，有研究指出，配偶是老年人在子女以外的另一重要社会支持来源，丧偶往往意味着老年人代际支持的需求增加（Hermalin，Ofstedal et al.，1996）；个人的社会经济资源，如较高的收入或受教育程度会促进代际的交换，而贫困和不健康的身体状况会减少对代际支持的提供（Eggebeen & Hogan，1990）。

2. 子女特征因素

西方家庭的代际支持一个极为重要的特点是，子女的需要占据重要地位，老年人往往为发生危机的子女提供各种帮助（边馥琴、约翰·罗根，2001）。比如，子女的婚姻危机也会导致父母对其帮助的增加（Spitze & Logan，1990）。社会经济地位与子女向其父母提供支持有着很强的相关性。代际支持的程度取决于家庭及个人的社会经济地位，地位越低，家庭外可利用资源也相对缺乏，而家庭成员间的相互支持也就显得尤其重要，因此，社会经济地位较低的家庭，其成员间相互支持的程度越高。

西方学者对代际支持模式的验证是根据子代和父代的社会经济地位以及身体健康状况来进行分析的。子女和父母的社会经济地位以及身体健康状况等决定了其在家庭代际支持中的相对地位。

3. 家庭结构因素

除此以外，子女的数量、与子女的亲近程度以及与子女来往的便利程度决定了父母与子女间进行面对面接触的可能性以及接触的次数，而这种接触又是进行代际支持的有效方式（Crimmins & Ingegneri，1990）。因此，父母与子女之间的居住距离也是影响代际支持的重要变量（Eggebeen & Hogan，1990；Hoyert，1991；Montgomery & Hirshorn，1991）。对西方家庭的研究显示，代与代之间居住距离的增加阻碍了各种代际交流的进行（Rossi & Rossi，1990）。但是也有学者认为，空间距离对三类代际支持的阻碍作用存在差异。地理居住空间的接近不仅有利于代际支持特别是生活照料的交流，而且也会促进两代间的交往和感情上的亲近（Crimmins & Ingegneri，1990），而 Litwark 和 Kulis（1987）认为，空间距离对经济支持和情感交流的作用较小。

另外，影响代际支持的还包括子女数量、子女性别结构以及未成年孙子女的状况等家庭结构因素。西方学者的研究表明，子女的性别（Rossi & Rossi，1990；Eggebeen，1992）和数量（Hagestad，1986）会对老年人的代际支持产生显著影响。而 Eggebeen 和 Hogan（1990）还发现，在以子女为中心的西方家庭中，未成年孙子女的存在也会导致老年父母对成年子女的帮助增加。

总之，针对西方家庭的实证研究证明，居住安排和家庭结构是影响老年人代际支持资源的规模和可获得性的重要因素。家庭结构很大程度上决定了为老年父母提供和接受代际支持的子女的数量和可能性，以及家庭内部各子女之间的可替代程度；居住安排及子女的空间距离表明了子女与老人之间进行代际交换的便利程度，成为子女内部进行代际支持分工的重要考虑因素。

二 中国家庭养老方式下代际支持的影响因素

1. 老人特征因素

在中国城乡广泛存在着子女对老人的家庭支持，这些家庭支持与父母的年龄、性别、婚姻状况以及生活自给自理能力等都有相当密切的联系（杜鹏、武超，1998；Li & Tracy，1999；梁鸿，1999；庞江倩，2000）。而且，许多对东亚国家地区包括中国台湾在内的家庭养老方式下的老年人代际支持研究证明，子女对老年父母的代际支持会随着老人因丧偶、经济状况下降、健康状况恶化、死亡风险上升等原因而导致的对外界帮助需求的增加而上升（Hermalin，Ofstedal et al.，1996；Rogers，1996）。由此说明，老年人的社会经济以及身体健康状况等因素是影响其代际支持获得的重要变量。

2. 子女特征因素

以往的研究发现，中国家庭代际支持与子女的数量、性别、婚姻状况、经济状况、与父母居住地近邻程度等因素有关（Lin，1995；郭志刚，1996；徐莉、约翰逊，1999；Chen，Short et al.，2000）。尤其，在中国这样强调"多子多福"的文化传统下，子女数对于老年人家庭供养存在显著作用（郭志刚，1996）。但是，随着经济的不断发展，在家庭支持中子女质量的作用已经开始凸显，父母对子女的投资有效地提高了子女为父母提供赡养的几率（陈皆明，1998）。另一项研究发现，在有收入积累的前提下，家庭规模缩小不仅不会弱化家庭保障能力，而且会强化家庭保障能力，暗示在子女数量下降的背景下，子女质量对数量的替代效应（彭希哲、梁鸿，2002）。

3. 家庭结构因素

老年人与其成年子女的居住安排对家庭支持有着重要的影响。有研究表明，居住安排对子女在三个方面提供支持的可能性有着显著的影响，即料理家务等日常活动、经济支持和情感体贴。其中，子女与父母同住的居住安排使子女提供这三方面赡养的可能性最大，其次是住在父母附近的子女，可能性最小的是住在离父母较远处的子女（鄔盛明等，2001；李树茁等，2003）。由于老年人会向同住的子女提供生活照料支持（Agree, Biddlecom et al. , 2002；Yan, Chen et al. , 2003），因此空间距离会阻碍家务以及日常生活起居照料等生活照料帮助的进行，但是对经济支持并无显著影响（Zimmer & Kwong, 2003）。由于目前缺乏对中国老年人情感支持的实证研究，空间距离对代际感情交流的影响还无法证实。

家庭成员作为老年人代际支持的主要来源，其组成结构也会对老人的代际支持产生影响（贺寨平，2004）。中国农村传统的"从夫居"婚姻制度以及较低的人口流动规模造成了众多已婚成年儿子与父母就近居住的事实，从而形成了众多的社区网络家庭。网络家庭提供了代与代之间远近适中的空间距离以及相对独立的生活空间，因此可能会导致网络家庭中的成年子女与其他子女之间存在代际支持行为方面的差异。但是尚未有研究证明，农村社会的网络家庭结构在代际支持方面的独特性。另外，对未成年孙子女的抚养会降低子女为老人提供经济帮助的能力，引起老年人提供经济支持的可能性增加，但是中国目前的计划生育政策大大降低了子女间的上述差异。

三　代际支持影响因素中的性别差异

从生命周期的角度进行考察，长期以来对男孩的偏好使得男性获得更多受教育的机会，特别是在家庭资源有限的情况下。因此，农村中男性的受教育程度普遍高于女性，他们有更多从事非农业工作的机会，在退休以后获得固定的退休金收入（朱楚珠、蒋正华，1991）。从人口学的角度上考虑，女性的期望寿命超过男性，许多女性在配偶死亡以后仍旧要单独存活很长时间，而老年人在家庭资源分配和收入方面存在的性别差异使得老年女性特别是丧偶的女性老年人处于不利地位。女性在经济资源方面的相对匮乏使得老年女性对经济支持的需求高于男性老年人。Harris（1975）对西方社会的研究表明，女性比男性更需要帮助特别是经济帮助。陈功（2003）指出，无论是城镇还是农村地区，女性老年人得到供养的比例均超过男性老年人，但是城市女性得到的平均供养金额大于男性，而农村却刚好相反。上述事实说明，农村女性老年人的经济状况较其他老年人更为恶劣。

同样，老年男性和女性在社会文化体系中的不同定位和社会经济地位的差异也表现在与子女同住所得到的受益上。基于需要的老人与后代同住的情况在西方国家很少见；而在大多数亚洲国家，老年人与成年后代特别是儿子一起居住是一种文化传统（Hashimota，1991；Mason，1992；Cooney & Shi，1999），而无论其健康状况或有无需要（Martin，1989）。因此，老年人的健康状况既可能是居住安排的原因，也可能是结果，也可能两者皆非。已有的研究表明，由于男女之间教育和职业的差异，以及女性依存丈夫和儿子的文化传统，与儿子同住与女性老人生存有正向关系，与男性老人则没有（Rahman，1999）。

对中国的研究表明，农村老年女性的生活自理能力普遍低于同龄的男性老年人（张文娟、李树茁，2003）。虽然女性的平均期望寿命高于男性，但是，女性以基本生活自理能力丧失为标志的健康期望寿命低于男性（汤哲、项曼君，2001；王树新、曾宪新，2001），这说明女性有更长的时间需要他人帮助，因此其对子女提供生活照料的需求要超过男性。另一方面，根据性别角色的社会化理论，女性在早期所扮演着更为社会化的角色，其对周围人际关系以及环境的敏感程度较高，因此需要给予相对较多的情感支持（Miller & Cafasso，1992）。

第四节　家庭性别分工模式研究

一　中西方家庭的性别制度

1. 西方家庭的性别制度

在西方的哲学体系中，公与私是两个可以截然分开的领域，公领域是指公共事务领域，私领域是指私人事务领域。公私领域的划分本身没有什么问题，但当公领域和男人、理性联系起来，私领域和女人、感性联系起来，并且赋予它们不同的价值的时候，等级就产生了，不平等就产生了（马基雅维利语）。性别分工将男女割裂开来，使其在两个不同领域里活动。男性在公众领域里的劳动价值被社会承认，而女性在家庭领域里的劳动却不被承认（鲍晓兰，1995）。公私领域的划分和性别分工，使得女性被禁锢在家庭之内，而即使家庭成为女性的主要活动场所，在家庭中占据主导地位、支配地位的依然是男性。这一点从家庭模式和女性母亲的角色就得到了充分表现。

（1）女性的妻子角色

妇女在家庭中处于从属地位的表现很多（沈奕斐，2005），认为从妻子的角色可以归纳为三个方面。

首先，是"男主外、女主内"的传统。主外和主内最大的危害是把丈夫看做养家者，把妻子看做被养者。被养者不得不接受养家者的命令和意志。此外，对外的事务往往被看做更重要的事务，或者重要的事务被看做对外的事务，从而导致女性在家庭中的主导权进一步丧失。

其次，女性是执行者而不是决策者。由于重大的决定往往都是和外部相关的，因此，女性往往成为决策的执行者，或者被动接受者，女性想要对家庭发展提出自己的设想相对变得比较困难。而即使女性是决策者，女性往往也会更多地考虑男性及孩子的利益。

最后，女性的利益往往在家庭中最容易被忽视和牺牲。妻子长期以来一直是个牺牲者的角色：为了丈夫的发展、儿女的成长、老人的安康。女性的这种牺牲虽然受到了赞扬，但被认为是理所当然的，女性的利益被赞美的言辞不断地"牺牲"掉。

（2）女性的母亲角色

社会往往把养育儿童角色完全和母亲、和女性等同起来，把母亲的身份看做女性必然要承担的义务，是义不容辞的责任。这样的观点导致女性无法逃脱母亲的角色，女人的价值被紧密地和母亲的身份结合起来，使得女性本身的独立性价值受到损害。同时也使得男性远离了养育孩子的角色，不能很好地享受养育孩子所带来的快乐。但是，实际上，把养育儿童和母亲联系起来，和女性联系起来，对两性来说都是不必要的规范和束缚，使得两性的不同利益受到了损害，对两性来说都是需要破除的。

2. 中国家庭的性别制度

中国的性别分工作为制度确定下来始于西周初周礼的制定。周礼第一次用条文的形式对两性的活动空间和工作范围进行了规范，将社会与家庭工作范围分为"公"与"私"、"内"与"外"四个领域。国家为公、家庭为私，在家庭（婚姻）的分工上分为"内"和"外"（杜芳琴，1998）。男性和公领域发生关系，而女性完全可以足不出户。女人由于被封闭在私领域之内，使得女性失去了可以从公领域中获得权力、金钱、知识、资源等的可能性，使得女性必须依赖丈夫或者其他的家庭男性成员才能和外界发生联系。

但与西方社会不同的是，中国的公私界限是相当模糊的，可以说仅仅是一种相对意义，是一种差序格局的界限模式（洪建设、林修果，2005）。费孝通在讨论中国的差序格局的时候提出中国的公私内外等观念是和西方不同的。中国是以家族为中心，个人通过家这个中心以涟漪的方式和外界发生联系，在这个过程中，无法清晰地辨明什么是公、什么是私，什么是内、什么是外。所以，中国有"修身、齐家、治国、平天下"之类的话，把身、家、国、天下紧密地结合起来，把内和外、公和私紧密地联系在一起，很难像西方一样进行清晰的划分。

因此，即使在中国传统的家本位思想中，"家"也是个有弹性的概念，其所指是可变化的，既可指家庭，也可指家族，皆依具体情境而定却不失其要旨（陈其南，1992）。中国传统社会的基本单位是家族或者说宗族（费孝通，1998），中国的传统社会被称为"家族本位"的社会（陈独秀，1915）。随着土地改革、合作化运动、人民公社一系列社会主义革命和社会主义实践，中国农村家族活动的寺庙、祠堂、族田等财产被没收，家族活动被禁止，与家族文化有联系的有形物的残余在"文化大革命"中也被扫除干净。到改革前，家族活动赖以生存的物质、仪式基础已经被摧毁（王沪宁，2002）。对于中国大多数农村来说，家族的父权制文化已经转变成了家庭的父权制文化。"家族本位"成了"家庭本位"。而随着经济发展和社会变革，核心家庭逐渐成为农村主要的家庭模式，很大程度上，"家庭本位"转变为"核心家庭本位"。家族、大家庭观念已然淡化，小家庭的利益则尤为重要；而男性家长权威，也更多的是指丈夫权威。女性"核心家庭本位"体现在她们所扮演的两类家庭角色——妻子角色和媳妇角色的关系中（石艳，2004）。妻子角色已成为其所认同的家庭角色的核心，媳妇角色则有被淡化处理的趋势；而在家庭利益分配中，主要考虑的是处于儿媳与老年父母之间的核心角色伴侣——儿子的利益。

由以上分析可知，中国农村的传统家庭仍是以父权制家庭为主，"父主子从"、"男主女从"是这种家庭的两个最基本特征。由于本研究的研究对象是农村老年人，我们将家庭成员操作化为：父母和子女，对家庭代与代之间的性别关系进行考察。

二 西方性别分工理论研究评述

由于关于性别角色的性别分工文献过于含糊，迄今为止尚没有提供性别分工差异的完全解释。我们发现代际支持和帮助也是一种劳务（花费时间或花费金钱）的类型，因此研究代际支持的性别差异与研究其他类型劳动（如家务）的性别分工相似，现有的劳动性别分工理论可能同样适用于代际支持。劳动的性别分工是指建立在社会性别基础上为完成人类有关物质产品的生产劳动和人类自身生产劳动的制度安排。以劳动性别分工的角度审视女性劳动，劳动的概念不再是仅与工作和职业相关的概念，而是一个更加宽泛的概念。劳动是指一切围绕着食品、衣服、住所及其各种日常生活必需品的生产而进行多样化的活动，是人类最基本的活动，贯穿于人类日常生活的方方面面。有必要强调，人和人的生命的生产劳动（生育、养育孩子，侍养与照顾病人和老人）和物品的生产劳动同样重要，但现实生活中的劳动性别分工是等级化的。围绕家庭内部劳动（家务劳动）的性别分工，不同理论给予了不同的解释方法。以下我们将对家务性别分工理论发展的重要脉络进行梳理和评述。

1. 马克思主义/社会主义女权理论

社会主义女权理论是强调劳动性别分工的重要性的理论之一（Hartmann，1981）。这个理论与其他理论最大的不同之处在于其对资本主义和父权制二元体系的强调（Wright，Shire et al.，1992；Agger & Shelton，1993），其他特点则包括政治上的激进主义，以及关注导致工人阶级妇女受压迫情况的历史原因（Calasanti & Bailey，1991；Jackson，1992；Baxter，1993；Kynaston，1996）。在对家务劳动以及女性在其中所承担的责任的分析中，社会主义女权者认为父权制是造成家务分工、男性受益、直接或间接控制女性劳动的原因（Sokoloff, 1980; Folbre & Hartmann, 1989）。另外, Delphy（1977）认为家庭中女性与男性的关系不仅决定他们参与劳动市场的种类, 而且也同时决定了他们的社会地位。

但是, 大部分马克思主义者和社会主义女权者对家务劳动分工的解释并没有经验检验来证明其有效性, 虽然也有几个例外。例如, Hardesty 和 Bokemeier（1989）以及 Calasanti 和 Bailey（1991）试图验证社会主义女权者对家务劳动的解释方法。基于社会主义女权理论对家务分工的研究一般反映了结构性因素（例如女性的有酬工作的影响）, 但检验这些因素影响的方法却不一致。

2. 外部资源、时间可及性和意识观念

对家务劳动的经验研究一般是应用一个或多个解释变量的定量研究, 以往研究中主要涉及以下三个解释变量, 外部资源、时间可及性以及社会化/性别角色意识。

（1）外部资源（External-resources hypothesis）

外部资源这一解释建立在 Blood 和 Wolfe（1960）的工作基础上, 将家务分工概念化为反映男性和女性在相互关系中所有的资源上, 认为从外部获得的资源, 例如收入和教育, 决定了家庭的权力机制, 从而决定了劳动分工（Farkas, 1976; Condran & Bode, 1982; Ross, 1987）。一般认为, 教育程度越高、职业声望越好、收入越多的一方协商能力越强, 会以提供其他资源的形式避免参与家务。但也有研究者发现不支持外部资源解释的例子（Coverman, 1985）。

在代际支持方面, 外部资源解释认为拥有外部资源的子女将其资源转化成为家庭中的谈判能力, 避免耗费时间的代际支持。如果这个假设是正确的, 有个人收入或其他资源的个人会做较少的耗费时间的家务或照料子女的工作。但是, 也有关于老人照料的研究挑战了这个假设。Brody 和 Schoonover（1986）发现有工作的女儿与没工作的一样向老人提供了同等数量的诸如购物、乘车、家务、理财及情感支持方面的帮助, 但是, 她们提供的个人照料和做饭方面的帮助较少。

（2）时间可及性（Time-available hypothesis）

时间可及性（Hiller, 1984）, 需求/责任能力（Coverman, 1985）以及情境观点（England & Farkas, 1986）都涉及对性别分工的另外一种解释,即家务是女性和男性时间约束的结果。男性和女性从事家务和子女照料在一定程度上取决于需要他/她做，以及他/她是否有时间做，因此当缺乏可及性时，也即时间和精力有限或时间成本较高时，就会减少对家庭事务的承担。一般来说，大多数研究应用的时间约束的指标是工作和/或劳动时间，有无子女或子女数量。

应用于代际支持方面，时间可及性解释女性成年子女相对男性成年子女往往拥有更多及较弹性的空余时间，因此就更多地满足老年父母的需要。而在家庭外工作的女性或有其他角色的女性就可能较少参与照料活动。但也有研究结果与之不一致。Stoller（1983）发现雇佣工作减少了男性的照料时间，却没有减少女性的照料时间；孩子的数量影响了男性照料所花费的时间，却没有影响女性的照料时间。如果有强烈的传统性别角色观念的话，有时间的男性家庭成员也未必做家务（Greenstein，2000）。

（3）社会化/性别角色意识（Socialization/ideology hypothesis）

社会化/性别角色意识认为在社会化过程中性别角色的形成影响了劳动分工（Condran & Bode，1982；Coverman，1985；Berardo，Shehan et al.，1987；Ross，1987）。性别分工与其说是协商的结果，不如说是性别角色社会化的结果。男孩和女孩在社会化过程中，按照约定俗成的文化传统，生成各自性别角色的观念，最终影响其在家庭中分工。一些研究者已经发现性别意识决定了对家务的参与（Bird，Bird et al.，1984；Barnett & Baruch，1987；Ross，1987），特别是，传统性别角色意识的男性会花更少的时间做家务（Huber & Spitze，1983），而女性则相反（Brayfield，1992）。虽然大部分研究表明男性的意识比女性的意识与家务分工的关系更强，但是也有研究者发现性别角色意识和家务分工没有关系（Geerken & Gove，1983；Coverman，1985）。

但是，性别角色观念比较抽象，难以准确度量，人们常常使用间接数据（教育）作为代理变量，假定教育程度与性别观念呈正相关：教育程度越高，传统观念越弱，性别分工越平等。由于女性被固化为家庭的照料者（Yu & Chau，1997；McDowell，1999），是家中情感交流的主要提供者（胡幼慧，1992；Liu，2000），因此性别观念越弱，参与家庭事务、与老人的交流越多，关系也越亲密。

通过以上分析，我们看出在家务和子女照料的分析中，每个解释都引起了相当多研究的关注。每个解释都产生了复杂矛盾的结果。例如，虽然时间可及性非常典型地说明了家务分工最大的多样性，但这种解释存在的一个主要问题在于无法解释对女性和男性影响的差异。同样的问题也存在于子女的需要方面。虽然子女都影响女性和男性的家务时间，但是这种需要对女性的影响更大。而且，这三种解释有时也是矛盾的，性别角色意识的作用就与外部资源的作用相悖。但可能是由于两者的侧重点不同：外部资源因素侧重于结构性资源，比较家庭成员之间资源的多寡，因此资源是相对的；性别角色意识因素则强调个人的绝对教育程度。即使女性更少的有酬劳动时间可以充分解释其更多的家务时间，这种方法仍然无法说明为什么女性会在有酬劳动上的时间更少，特别是外部资源和时间可及性的解释之间有因果关系可能存在方法论问题，因为家庭成员可能基于其他因素（例如外部资源），共同决定家内劳动的时间分配。因此需要其他的理论来补充解释劳动性别分工。

3. 家庭生命周期

进入 90 年代以来，由于家庭环境可能影响对家务的需求和供给，出现了越来越多的关于年龄、工作经历、居住安排、家庭结构、婚姻、子女以及其他生命周期因素对家务影响的中观假设。家务劳动也因家庭成员的年龄和性别而异。婚姻和生育被认为更增加了女性的家务劳动，而不是男性的（Blair & Lichter, 1991; South & Spitze, 1994）。没有孩子的夫妇和单身、离婚或丧偶的人则会少做家务，因为家庭中的工作量减轻了。而子女出生前、过程中、出生后对家务劳动具有不同需求（Rexroat & Shehan, 1987）。但是，家庭生命周期的解释往往是松散的假设群而不是一体化的研究或理论。这些不同假设的概念化常常也不够明确，需要依靠角色理论、家庭生态学以及各种社会化理论为经验研究的解释提供背景。在未来的家庭生命周期研究中应当包括更多的人口和生命周期变量，在各种重叠的假设中找到清楚有力的理论关系。

4. 性别建构

近期，研究家务分工的学者开始研究家务的象征性内容以解释为什么女性仍然承担大部分家务（Ferree, 1990; Pestello & Voydanoff, 1991; Brines, 1994）。性别建构认为性别是在与他人相互关系中创造及再造产生的（West & Zimmerman, 1987; Potuchek, 1992）。这种解释方法通过将家务概念化为女性和男性显示性别（Brines, 1994）或产生性别的一种资源，为理解为什么性别是决定家庭劳动时间中最重要的因素提供了一个途径。将性别视为社会建构的学者认为家务不仅产生了家务产品和服务，也产生了性别。由于性别是这种劳务分工的产品之一，因此一种非理性的安排（如果只产生家庭产品的话）就成为理性的"制度"，即女性从事家务，而男性避免从事家务（Coltrane，1989；Hochschild，1989；DeVault，1991；West & Fenstermaker，1993）。Hochschild（1989）的研究提示了女性和男性如何将家务作为一种性别的表现，DeVault（1991）更进一步说明女性将家务视为养育和爱，而非工作。因此，社会建构的方法不仅提供了家务分工的理论框架，而且也对解释家庭分工的其他基本假设提出了挑战。其实性别建构理论的大部分与前述的社会化/性别角色意识的假设相似，但不同之处在于性别建构否认人社会化为呆板的性别角色，或者发展成相对固定的性别意识（或性别化的个性）。

总之，以上每一种理论解释的重要概念都给研究者提供了理论工具去探索家务如何和为什么会分工，以及这种家务分工会如何影响个人和家务。各个理论有时是重叠的，有时是互相排斥的，且各个类型理论明显是相互影响的。家务劳动理论分类的这种模糊界限说明这一领域并不是详尽无遗的，也不是互相排斥的。20世纪90年代以来，大量学者发表其成果提出更多的解释不断或认可或挑战三个基本的对家务劳动性别分工的解释（外部资源、时间可及性以及社会化/性别角色意识），更细节化更多面地探究这三个常见影响因素。我们认为应在文化和经济作用下的更复杂的制度背景来理解这一问题。

三 西方性别分工模式在中国的适用性

应该注意的是，西方社会学家常常习惯于用公共领域和私人领域的概念来描述劳动的性别分工，但对于中国来说，在中国人的日常生活中公私领域间没有明显分割的界限，中国人以"家"为核心建构着方方面面的生活。无论农村还是城市，一方面妇女的收入是家庭收入中不可缺少的一部分；另一方面她们也是家务劳动的主要承担者。无论是家庭角色还是社会角色，妇女都是社会中不可被忽视的另一半。性别分工是深深地嵌入在传统的劳动分工与社会角色的互动之中，只有对这种互动过程与互动关系的进行细致考察才能真正窥视中国性别分工的内核。几乎所有的社会学家都承认，中国传统社会结构是以家庭关系为核心的，家庭实现着基本的劳动分工的职能。然而随着工业化的变迁，传统的家庭关系和传统都无法立足，中国家庭关系日渐变质，已难以担当起社会劳动分工的基本职能。社会从"身份取向性"向"契约取向性"转变的过程中，原有的分配社会资源的重要单位——家庭作用减弱，但仍然起着一定作用；同时，计划经济体制下的国家和市场经济体制下的市场都在积极地行使着分配社会资源的作用。因此性别分工在家庭、国家和市场的多元作用下发生变化。

在针对中国性别分工的已有研究中，家务劳动分工一直作为大多数科学研究中衡量妻子家庭地位高低的主要变量或指标。与之相关的主要有两种解释性理论：一是资源交换理论，认为妻子因为收入、职业地位往往低于丈夫，以及经济上的依赖性，在与丈夫的"谈判"中处于劣势，所以不得不多承担家务；丈夫因在家中较重要的"抚养"地位，和较强的社会交往能力，因而被赋予较大的家庭决策权。另一种是文化决定论，又被认为是女性主义的父权制理论，强调男权文化对家务分工和夫妻权力分配的影响。其认为，传统性别分工造成了男主女从的意识，一些就业妇女即使有经济收入也无法自由支配，家事多由丈夫决定。同时传统的性别分工赋予男女就业不同的意义。男人就业往往被视为养家，而女人就业则被认为部分为自己，因而阻碍就业妇女将其经济资源有效地转化为权力（左际平，2002；徐安琪，2003；郑丹丹、杨善华，2003）。但是近年来，这两种主要理论及其在中国的适用性以及相应的评价指标受到中国学者的严重挑战。不少学者在实证研究基础上的发现和形成的观点，不断对上述理论和指标提出质疑和"西方理论本土化"的修正。其中最具代表性的是，徐安琪和郑丹丹。前者将"相对资源论"、"文化规范论"、"婚姻需求和依赖论"，以及"权力实施过程"操作化为多侧面的影响变量，建构妇女家庭地位的解释框架（2001；2003；2005）；后者则提出家庭中两性关系定式是在互动过程中，在权宜性运动中由夫妻双方的权力运作被形塑的（郑丹丹、杨善华，2003）。

关于妇女在家庭中的权力和地位状况，则一直以来都存在着两种不同的观点。一种观点认为，女性在家庭中的地位提高（沈崇麟、杨善华等，1999；王跃生，2006），虽然有大规模的调查表明，农村家庭中家务分工模式仍带有一定的"男主外，女主内"的传统模式，但对于家务劳动和日常开支支配权等方面的性别差异，应该从互补理论和家庭发展策略理论中获得更多的解释（杨善华、沈崇麟，2000）。但是，另一方面，也有女性主义研究研究者提出尖锐的反驳，认为"要看到表面的平等背后隐藏的不平等结构"（王金玲，2002）。例如，徐安琪从市场的角度指出了存在于家庭策略和理性选择背后的不平等结构：现有的家庭性别分工与"市场本能地排斥劳动力成本较高（生儿育女、家庭负担重）的女性（主要是中老年女性），以致她们只能把更多的时间投入家务"有关（徐安琪，2003）。杨菊华（2006）则通过探讨已婚女性和男性家务分工的决定因素，认为随着市场经济的深入，男性和女性的绝对和相对资源进一步分化，家内劳动的性别差异不可能淡化。而对流动人口家务分工的研究表明，人口流动在促进农村已婚妇女进城就业的同时，还有利于家务分工的性别平等（叶苏、叶文振，2005）。但是在农村大量劳动力外流下，农村家庭内部的性别分工又有怎样的变化呢？具体到代际关系中，老年人与其子女之间的性别分工又是怎样的机制，发生了怎样的变化呢？我们认为家庭内部实现的劳动分工主要是依靠性别和年龄的，在中国现有的生产力条件下和资源条件下家庭依然是资源配置有效单位。西方性别分工模式是否适用于中国农村还有待在理论与经验研究中进一步证实。

　　总起来看，与家庭关系从纵向的亲子轴心转向横向的夫妻轴心的过程相一致，研究者对家庭权力关系的关注重点也渐渐转向两性权力关系，且这一研究大多与探讨妇女的家庭地位相关联。有关研究者多年来一直致力于使用和推广科学、严谨的分析方法，测量并解释中国的家庭行为，并由此匡正由不科学的分析方式造成的认识误区；另一方面，在评价指标方面不断实践、探讨和反思，力图作出"西方理论本土化"的修正，在吸取其他理论的基础上，形成自己的研究设想和指标体系。但是，除了传统的"男主外，女主内"的性别关系模式，中国的研究并未提出系统的模式或理论框架。在工业化和现代化所导致的个人主体意识增强和家庭中下代权益扩展的背景下，迫切需要研究者提出新的理论和分析框架，加强微观家庭行为和领域的研究。

四　劳动力外流对家庭性别分工的影响

1. 劳动力外流的性别差异及其影响

已有研究表明，流动人口中男性与女性仍存在明显的差异，主要表现在：（1）年龄构成轻；（2）文化程度低于男性；（3）职业构成偏低，收入不同；（4）是婚姻迁移的主体；（5）退出流动的比例高于男性，女性回流主要与婚姻状况有关，已婚女性回流的主要原因则解决处于学龄期孩子的教育和照顾问题（谭深，1997）。但是，长期以来，性别因素在劳动力流动与人口迁移中的作用被忽视，尽管拉文斯坦早在 19 世纪就已经注意到男女在迁移中的差异，提出女性主导着近距离迁移。但后来的迁移理论并没有在这方面继续发展，只是将其作为迁移选择性的一种表现进行笼统的描述。有关劳动力流动和人口迁移理论中默认的一个基本假定，就是男女具有同样的价值判断标准或行为方式，女性在迁移中的作用，主要是处于一种从属的地位，与其所赋予的再生产、家务及抚养儿童等社会角色相联系（Pedraza，1991；UN，1998）。直到 20 世纪下半叶，女性在人口迁移和劳动力市场中所扮演的角色日益突出，社会性别进入迁移和就业分析，才开始系统形成女性主义迁移理论（gendered migration theory）和劳动力流动的研究框架。归纳起来，主要有以下几种。

第一种是性别选择理论。迁移选择性（selectivity of migration）是迁移过程中表现出来的一种普遍的人口特征。在所有的迁移选择性中，在年龄方面的选择性最为普遍。一般情况是，青年人有着较强的迁移倾向，所以一般迁移人口的年龄明显集中于 15～35 岁年龄区间内。究其原因，可以从生命周期和成本—收益的角度来分析，青年人迁移的机会成本较小，而其预期收益则最大，因为他们比年长者可有更多的发展机会，由此决定了迁移中的年龄高度集中特征。传统的性别选择理论，正是从社会传统对性别角色的安排及生命周期中的重要事件，来总结或解释传统社会女性迁移水平相对低下的现象。

而对迁移决策过程的研究，发现迁移的决策过程并非如一般新古典经济学理论所假设的、由个人单独进行的，相反，迁移往往是家庭集体决策的结果，是一种"家庭策略"。该理论将劳动力流动中的性别差异解释为一种家庭分工或投资策略，家庭是一个基本决策单位，家庭根据利益最大化原则，在家庭成员中决定谁迁移获得的收益最大，这种收益主要通过外流劳动力向家中汇款（remittance）等形式来实现。

基于结构主义的分析方法认为，由于社会角色中对女性作用的安排，如需要照顾家庭等，以及女性自身受教育程度等因素的制约，使得女性在劳动力流动与就业过程中，处于不利地位，她们通常在非正规部门中就业，或是在以家庭为基础的生产单位中从事非付酬的劳动，这样一方面具有较大的就业灵活性，能够兼顾家庭，另一方面也更可能在劳动条件、待遇等多方面受到歧视。

另外，基于制度分析学派的理论则从家庭关系以外的社会制度（如社会分层等）所造成的影响进行了广泛分析，其中有关性别分化的观点对解释生育中的性别选择具有参考价值：在一个男性占据主要决策地位并在资源占用方面处于支配地位的社会，女性只能通过丈夫和儿子间接地实现对资源的使用，迁移中的性别差异也就难免了。

综合上述观点，我们可以看出，由于女性的社会角色定位，以及自身的资源（包括教育等因素）限制，女性流动和迁移不具有优势，因此存在着迁移流动的性别差异。但是，在女性越来越加入到流动人口中时，其社会角色和自有资源会有哪些变化呢？会给自身和家庭带来什么影响呢？

在中国，随着城市地区经济的迅速发展，轻工业对大量廉价女性劳动力的需求吸引了数百万的农村女性离开家乡到大城市务工。尽管在外出务工者中，男性的比例要远远高于女性，但外出女性的比例也在不断上升。例如，包括浙江在内的中国东部的一些地区，男性外出务工人者仅比女性高 1%（Rozelle, Guo et al., 1999），在珠江三角洲，外来女性务工者已超过了 60%（Tan, 2000）。农村女性在城市就业势必对她们的家庭内部劳动分工及社会经济地位产生直接影响。受父系家族制度的影响，农村妇女主要承担无收入的家务劳动，社会经济地位低下。女性外出务工提高妇女进入劳动力市场的机会、增加妇女的收入、提高妇女的社会经济地位，进而对代际经济支持产生影响。与外出务工的男性相比，外出务工女性更有可能增加给父母经济支持并增大实际的经济支持量。

2. 劳动力外流对家庭性别分工的影响

父系家族制度中，男人是一家之主，妇女极少参与社会活动，只能从属于家庭中的男性成员。评价一个妇女价值的主要标准是看她生育子女（尤其是生儿子）的能力（Khan & Khanum, 2000；Leone, Matthews et al., 2003）。中国农村传统的劳动分工存在着明显的社会性别差异，即男性参与收入和地位高的工作，是家庭的经济支柱，妇女则从事一些无收入的劳动，如照料子女和家务劳动，妇女对家庭经济收入的贡献不大（Gaetano,

2004）。外出务工为农村女性提供了一个摆脱不公平的社会性别劳动分工的良机。经济上的独立和社会参与，对改变她们传统的角色定位产生了极大影响。来自四川省一个乡村的调查发现，传统的社会性别分工会因为妇女的外出而改变。妻子外出后丈夫开始承担部分甚至是全部的家务劳动。由此得出，随着女性就业率的增加，劳动中的社会性别分工差异将会越来越小。对不同国家已婚迁移者的研究发现，妇女的社会地位和在家庭中的决策权随着她们参加有报酬的工作以及其他社会活动的增多而得以改善（Willis & Yeoh，2000）。在中国，女性外出务工提高了她们的决策能力，并促使家庭中的性别角色更加公平（Gaetano，2004）。随着女性外出务工人员的增多，妇女的社会经济地位有望得到进一步提高。

女性外出务工带来的社会经济地位的提高和传统劳动分工的社会性别差异的缩小，可能会改变中国农村传统的主要依靠儿子的养老模式。但另一方面，由于工业化早期通常发展的都是劳动密集产业，传统上作为照顾老人日常生活主力的女性外出就业机会增加，为老人提供照顾的时间就越来越少（Bass & Noelker，1997；Beiegel & Schulz，1999；Koyano，2000）。妇女户外劳动的参与既减少了家庭养老提供者的数量，又减少了家庭成员交流的机会，家庭的代际联系可能受到削弱。总之，劳动力外流使传统的父系家族体系和老年支持的性别模式发生一定变化，进而可能导致传统的代际支持模式发生改变。

第五节　代际支持对老年人健康后果影响的相关研究

健康状况（health status）是指个体在某一时点上的健康情况。自 20 世纪 80 年代 Katz 提出了健康预期寿命的概念，研究者逐渐将评价健康的内容拓展到日常自理、身体健康、心理福利和健康自评等方面。由于健康内容的多维度特点，研究中通常根据调查研究的需要，把健康的个别维度作为考察对象。一般来说，生理健康和心理健康是健康的两个主要方面，其中，生理健康是最基本的、最主要的。本研究将抑郁作为老年人心理福利（psychological well-being）的测量指标，生理健康（physical well-being）的测量维度则确定为健康自评，进行中国农村家庭代际支持对老年人健康后果的研究。

西方学者从身体机能、主观完好（subjective well-being）及死亡风险等方面已经进行了大量研究，并发现在家庭与社会支持网络中的老年人更易于保持心理和生理上的良好状况，更多的研究表明和睦的家庭关系和良好的代际支持与家庭老年成员较好的健康状况相关（Silverstein & Bengston，1994；Bosworth & Schaie，1997；Cong & Silverstein，2008）。而对于中国的研究更多集中于代际支持与老年人健康的关系。这是由于在西方国家，子女或更广泛的后代、朋友或邻居、社区以及国家都是老年人社会支持的主要提供者，但在中国以及一些受儒家思想影响的亚洲国家，家庭是提供社会支持的重要社会单位（Frankenberg，Lillard et al.，2002），尤其中国农村老年人没有任何养老保险、缺乏社区支援，正式支持满足不了养老的需要，来自成年子女的代际支持就成为对老年人支持的主要来源。事实上，人们已经越来越广泛意识到子女在改善老年人健康和福利方面所起的重要作用。但到目前为止，针对中国农村家庭养老中代际支持对老年人健康状况影响的研究还比较缺乏。

一 代际支持对老年人健康自评的影响研究

1. 老年人健康自评的相关研究

从 20 世纪 80 年代初开始，国际上关于老年人健康状况主观评价的应用研究越来越广泛而深入。与其他复杂的健康测评指标不同，健康自评衡量的是主观健康状况，是生理、心理、行为、社会等一些难以测量因素的综合反映，健康自评不仅可以反映个体机能的健康状态，也可以很好地概括主、客观层面的健康状况（Idler & Benyamini，1997）。因此，健康自评逐渐成为最常用的健康状况测量指标之一。

根据健康自评的文献回顾，被调查对象在作出自我健康评价时常常会考虑多种因素，包括家庭史、目前病患的严重性、未确诊疾病的症状、一贯的健康状况、外部支持（例如社会支持）和内部资源（例如感知控制）等，这些因素均会对老年人的自我健康评价有影响作用（Idler & Benyamini，1997；Helweg-Larsen，Kjoller et al.，2003）。年龄是老年人健康自评的关键因素。老年人的衰弱和患病率会随老龄化明显增加，年龄常作为测量老年人主观健康状况的一个代理变量。但有时在一定健康水平下，老年人随着年龄的增大对健康状况的自我评价反而会相对更好（Idler，1993）。同时，老年女性比男性更容易受到功能障碍的困扰，对自我健康的评价也更低（Idler，2003）。已婚的老年人的客观健康和主观健康状况往往相对更好（Angel & Thoits，1987）。由于老年人的居住安排在结构上与代际支持的形式和途径相关，在中国特殊的文化背景下，老年人的健康状况既可能是居住安排的原因，也可能是结果，也可能两者皆非。

大量研究证明社会经济地位和健康状况存在强的正向关系，但这种关系的确切作用机制却没有定论（Adler，Boyce et al.，1993；Smith，1999）。一般认为教育能使老年人拥有的社会资源更有效地促进健康（Smith，1999；Hayward，Crimmins et al.，2000）。例如，受过教育的人在身体不适时，会立即寻求医疗帮助，有助于及时治疗、防止病情进一步恶化。老年人的经济状况往往决定了其生活和健康状况以及子女对老年人的经济支持。健康自评也取决于个人实际的躯体健康状况，老年人在经历了严重疾病或者长期被慢性疾病困扰之后会降低对健康自评，下降的日常生活自理能力、消极的心理状态和情绪以及不良的生活习惯对健康自评产生负面影响（Idler & Benyamini，1997）。

另外，社会支持对健康自评有直接影响作用（Krause，1987；Idler & Kasl，1991；Liu，Liang et al.，1995）。许多涉及社会支持与健康状况之间关系的研究证实，在一般情况下，获得较好社会支持的人有较好的健康状况；社会支持的缺乏则会导致死亡率的增加（House，Landis et al.，1988；Sugisawa，Liang et al.，1994；Liang，Bennett et al.，1999）和健康状况的恶化（Krause，Liang et al.，1998；Litwin，1998）。

2. 代际支持对老年人健康自评的影响

以往研究表明各项代际支持对老年人健康状况的影响结果并不一致。国外研究多将经济支持与生活照料合称为器械支持，专门分类研究经济支持与老年人健康状况关系的比较少。但在中国农村，养老的突出问题仍是"老有所养"，即对基本生活需要的满足，超过 2/3 的农村老年人依靠子女的经济帮助应付日常开支（Shi，1993；Xu & Yuan，1997）。随着 20 世纪 80 年代农村合作医疗制度的解体，大约 7 亿农村人口失去了预付式的医疗保障而必须现付健康医疗费用，农村老年人不仅日常生活，而且医疗费用也主要依靠子女为其支付。因此，子女的经济供养水平往往直接决定了农村老年人的医疗水平和健康状况。研究也发现中国家庭代际支持是基于老人健康和经济上的需求，健康较差的老人更可能在经济需要上未能得到足够支持（Li & Tracy，1999）。换言之，不能维持日常生活开支的经济状况会使老年人的生活自理能力恶化，而对子女提供的经济支持的过度依赖也会对老年人的生理健康带来负面影响（张文娟、李树茁，2004）。另一方面，随着社会经济的发展，经济支持在家庭养老中也不再是单纯的自下而上的流动，而更多地表现为双向流动（郭志刚、陈功，1998；王树新、马金，2002）。老年人对子女的经济支持，尤其像婚嫁、住房等方面的较大开支，传统上就被认为是父母对子女的义务，往往会造成老年人的经济负担，进而对老年人的生活和健康状况产生一定影响。

一般在老年人身体健康，或者是他们自己认为身体健康的情况下，基本上是不需要子女或其他人给予生活照料和帮助；反而会在他们可支配的闲暇时间较多和身体状况允许的条件下，帮助其子女料理家务、照看孙子女。Liu 等（1995）认为老人对子女较多的器械支持可能恶化其健康状况，但这一假设并没有得到经验上的验证。而老年人能否得到子女的生活照料则往往决定于老年人的健康状况（Shi，1993；熊跃根，1998）。美国的研究者也证明老年父母会尽可能保持独立，只有在自理困难的时候子女的支持才变得重要，但同住和器械支持似乎有害于老年夫妇的健康（Silverstein & Bengston，1994）。进一步的研究发现，在同样身体状况条件下，得到较多器械支持的身体健康的老年人比得到支持较少的老年人面临更大的健康风险。这可能是因为子女的生活照料破坏了老年人个人对自己实际健康状况和自我效用的评价，导致了过分的依赖（Seeman，Bruce et al.，1996）。

在以往社会支持与老年人健康状况的关系的研究中，情感支持被认为是至关重要的影响因素（House & Kahn，1985；Sugisawa，Liang et al.，1994）。在中国，虽然过去有研究认为情感支持与老年人的健康状况存在反向关系（王金玲，1990），基于中国武汉的调查数据却发现，不管是子女对老年人的情感支持还是老年人对子女的情感支持都与老年人的健康自评状况有正向关系，但其检验结果没有统计上的意义（Liu，Liang et al.，1995）。本研究认为情感上的交流是互动的，老年人对子女的诉说、关心、子女对老年人的倾听、尊重，都有助于老年人排解寂寞孤独、缓和心理压力，对主观健康状况有利。

二 代际支持对老年人心理福利的影响研究

1. 老年人心理福利的相关研究

心理福利（psychological well-being）是个体对自己身心各方面健康状况的感觉，常用抑郁研究量表来测量（Thompson & Krause，1998）。抑郁是老年人较为常见的负面情绪，国内外研究表明年龄、性别、婚姻状况、经济收入、健康状况和社会支持系统等是抑郁的影响因素。

首先，社会人口学变量如年龄、性别、婚姻状况和社会经济状况的影响。有研究证明抑郁情绪的发病率随老年人的年龄增长而增加（陈米生、潘建雄等，1994）；但也有学者认为，这是躯体性症状带来的假象，而不是老龄化的作用（McCallum，Mackinnon et al.，1995）。其他研究则指出性别和居住地对老年人的抑郁症状影响较大（孟琛、项曼君，1997）。国内研究还显示务农、城市空巢、女性、离婚或丧偶、代际关系差，以及收入减少都是抑郁的影响因素（贾守梅、时玉沽等，2007）。但是受教育程度与抑郁的关系并不明确（Abolfotouh，Daffallah et al.，2001）。

健康状况（如日常生活自理能力和健康自评）也决定了老年人的心理健康。一些功能障碍能引起老年人自理能力下降，从而导致抑郁情绪（Williamson & Schulz，1992）。有些老年人的健康状况并不一定好，但由于其性格乐观，自我评价往往较好，较少有负性情绪；相反，有些老年人虽然健康状况不错，但由于过分担心、焦虑及对恐惧死亡等而导致健康自评较差，并容易消极地对待生活，从而易发生抑郁情绪，影响其心理健康。国内研究也发现中国老人由于受东方文化的影响，多以躯体不适来表达精神不振、情绪低落，更容易出现并非真正的抑郁情绪所造成的量表得分高于正常（孟琛，1995；杨本付、刘东光等，1999）。

另外，社会支持也对老年人的心理健康有显著影响。有关支持系统的研究显示与朋友缺乏联系、交际圈子变窄、人际互动减少、缺乏家庭和社会的情感支持不仅会导致老年人抑郁情绪的产生，而且在老年抑郁情绪的维持上起着重要作用（吴文源、俞勤奋等，1992）。尤其是当老年人面对负性生活事件（如家庭纠纷、丧偶、经济收入降低以及身体健康状况欠佳等）时，负性生活事件和社会支持系统与抑郁情绪密切相关。负性生活事件多、社会支持系统较差的老年人，抑郁情绪较重（杨本付、刘东光等，1999）。

同时，Lee 等（2004）也发现应激（stress）和抑郁呈正相关，而社会支持状况和抑郁呈负相关。

2. 代际支持对老年人心理健康的影响

已有研究广泛研究了代际支持对老年心理健康的影响，指出适度的代际支持或被期望的代际支持才能有益于老年人的心理健康（Stoller，1985；Silverstein，Xuan et al.，1996；Li，Seltzer et al.，1997；Cong & Silverstein，2008）。从经济支持来看，对中国武汉的研究发现，从非正式资源获得的经济支持对老人的心理福利是有害的，这大概是因为稀有资源的再次分配在支持关系中引起紧张（Krause，Liang et al.，1998）。在孝习俗更强烈、坚持传统家庭养老体系的农村，向子女提供经济支持则不利于老年人的心理福利（Chen & Silverstein，2000）。这或许是因为中国农村老年人在很大程度上已将其财产转移给其子女，所以任何持续的经济帮助都会加大前者的经济和精神上的压力。近期的研究则发现，来自子女的经济支持能够降低中国老年人的抑郁症状，而且由于老年人提供孙子女照料而获得来自子女的经济支持，对老年人的心理福利更有利（Silverstein，Cong et al.，2006；Cong & Silverstein，2008）。但是，在美国的研究则发现，照料孙子女的美国老人因要承担过多的父母责任而带来的压力，导致他们的抑郁症状上升（Caldwell，Antonucci et al.，1998），这或许抵消了由此而获得较多经济回报的益处。

同样，对日常照料影响的研究结果也不尽一致。例如，西方老年人在代际关系中表现出强烈的独立和自主意识，一般认为过多的代际支持行为可能会侵犯个人隐私、伤害自尊以及带来精神损害（Silverstein，Xuan et al.，1996）。因此，接受或提供过量的支持可能会因侵蚀老年人的能力或强加过量的需求于老人，导致老人的依赖感或代际互惠能力的丧失，影响老人的心理健康（Stoller，1985；Silverstein，Xuan et al.，1996）。而对北京（Chen & Silverstein，2000）和上海（崔丽娟、李虹，1997）老人的研究也发现日常照料可能增强了老年人的依赖性使其心理福利受到一定损害。来自香港的研究则表明器械支持比情感支持对缓解老年人抑郁症状的作用更显著（Chi & Chou，2001）。

更多的研究则发现，情感支持比器械和经济支持更能促进老年人的心理健康（Silverstein & Bengston，1994）。情感支持不仅肯定了老年人的存在价值（Heller, Thompson et al., 1991），同时也意味着潜在的、能满足未来需求的实际支持资源，而对未来支持资源的感知可增加老年人的安全感和对未来的信心，缓解经济紧张和身体健康带来的精神压力（Wethington & Kessler, 1986）。而日常照料和经济支持旨在满足老人因健康和经济状况产生的需求，与情感支持相比，更易使老人意识到对生活失去控制，对外界依赖性增强，因此这两种支持未必对老人正向心理健康指标（如生活满意度）产生直接正面作用（Dean, Kolody et al., 1989）。另外，为老人提供日常照料和经济支持加重了子女负担，容易引起争吵和摩擦，从而也给老人带来心理压力。

三　代际支持对老年人健康后果影响的性别差异

1. 老年人健康风险的性别差异

男性和女性有不同的健康风险，或者说，由于健康状况和功能限制方面的性别差异，在面临相同的风险时，男性和女性会有不同的后果。一些研究已经发现健康状况的性别差异造成的几种风险因素。除了生物风险之外，这些风险因素也包括男性和女性拥有的社会角色。例如婚姻、父母身份和社会支持等等（Verbrugge, 1985; Verbrugge, 1989）。

已有的研究发现，与无配偶的老年人相比，有配偶的老年人的身体状况（Goldman, Korenman et al., 1995; Schone & Weinick, 1998））和精神状态（Lee, DeMaris et al., 2001）更好，死亡率也更低（Gliksman, Lazarus et al., 1995）。而且由于老年男性和女性在社会和家庭中有着不同的定位，有无配偶对他们的健康和福利的影响也有所不同。例如，由于女性常常是其配偶主要的照料者，丧偶对老年男性健康的副作用往往更大（Verbrugge, 1985; Verbrugge, 1989; Hu & Goldman, 1990）。但也有研究者认为，在一些家长制导致女性在社会、家庭资源方面处于劣势的国家，已婚女性在经济上依靠于配偶。对老年妇女来说，丧偶往往就意味着失去主要经济来源甚至一定的社会和家庭地位，因此失去配偶对女性的打击更严重。Rahman 和 Liu（2000）在孟加拉国农村的研究就发现，是否有同住的配偶只对女性的健康自评有显著的正向影响。

一般来说，配偶常常是老年人选择照料者的第一选择，其次就是子女；且由于两性于家庭事务上的分工，一般是女儿（Chatters, Taylor et al.,

1986；Liu & Kendig，2000）。而且，老年女性比老年男性更可能选择女儿作为生活照料的提供者（Chatters，Taylor et al.，1986）。但也有研究结果与此相反。根据 Liu & Kendig（2000）和张纯元（1991）的分析，基于传统儒家孝亲观念的影响，华人社会男性成年子女较女性成年子女在照顾家中老年父母生活所需的参与上具有更大的责任承担。在中国农村，儿子被认为是养老的主要依靠，照料者也往往由儿子（儿媳）承担（Liu & Kendig，2000）。

同样，老年男性和女性在社会文化体系中的不同定位也表现在与子女同住的受益上。基于需要的老人与后代同住的情况在西方国家很少见；而在大多数亚洲国家，老年人与成年后代特别是儿子一起居住是一种文化传统（Martin，1989；Hashimota，1991；Cooney & Shi，1999），而无论其健康状况或有无需要（Martin，1989）。因此，老年人的健康状况既可能是居住安排的原因，也可能是结果，也可能两者皆非。已有的研究表明，由于男女之间教育和职业的差异，以及女性依存丈夫和儿子的文化传统，与儿子同住与女性老人生存有正向关系，与男性老人则没有（Rahman，1999）。

另外，大量研究证明社会经济地位和健康状况存在强的正向关系，但这种关系的确切的作用机制还没有定论（Adler，Boyce et al.，1993；Smith，1999）。例如，一般认为教育能使老年人拥有的社会资源更有效地促进健康（Smith，1999；Hayward，Crimmins et al.，2000）。在青壮年时期教育和劳动参与程度上的性别差异使女性老人的经济福利比男性更差，更依赖于他人的支持（Rudkin，1993）。由于经济状况往往决定了生活和健康状况，女性老人在健康福利上处于相对劣势。

2. 代际支持对老年人健康影响模式的性别差异

由于家庭是包括中国在内大多数亚洲国家老年人主要经济和社会支持的来源，最近的研究考察性别是否与老人的健康、福利以及代际家庭交换模式有关（Friedman，Knodel et al.，2003；Sobieszczyk，Knodel et al.，2003；Ghuman & Ofstedal，2004；Ofstedal，Reidy et al.，2004）。例如，在中国农村，养老的突出问题仍是"老有所养"，即对基本生活需要的满足，超过 2/3 的农村老年人依靠子女的经济帮助应付日常开支（姚远，2001）。随着 20 世纪 80 年代农村合作医疗制度的解体，大约 7 亿农村人口失去了预付式的医疗保障而必须现付健康医疗费用，农村老年人不仅日常生活，而且医疗费用也主要依靠子女为其支付。尤其是老年女性比老年男性更加缺乏经济资源，因此一生都处于经济劣势的妇女常常只能依赖于其配偶或成年子女的物质支持，其经济福利水平较低（Ellickson，1988；Rudkin，1993）。但也有研究者认为对于其成年子女来说，老年女性在家庭中不是依赖者而是权威。随着年老，女性由于亲缘关系得到成年子女的物质帮助，而老年男性则没有得到同等水平的支持（Brown，1982）。虽然两方面支持者都赞同老年女性比男性更依赖于家庭的经济支持，但对于老年女性是否比老年男性处于经济上的劣势则没有定论。

在日常照料方面，老年女性由于社会角色和传统的家庭分工，比男性老人更有可能对子女提供孙子女照料和家务上的帮助，这在一定程度上使老年人更融入家庭、加强与家庭成员的联系，老年女性在家务上更多的参与对其有利（Ghuman & Ofstedal，2004）。同样，由于男性和女性在社会和家庭中有着不同的定位，女性与子女的关系往往更亲密，情感支持对老年男性福利的影响不如对老年女性的影响明显（Patrick，Cottrell et al.，2001）。但近期在日本的研究则表明，情感支持对男性老人心理健康的促进作用超过女性老人（Okamoto & Tanaka，2004）。

总之，已有研究的结果说明在老年人支持的获得、社会经济地位、生活自理能力等健康和福利方面，女性的劣势并没有一致的模式，老年人健康和福利状况既可能是代际支持的原因，也可能是代际支持的结果，需要引入纵向数据予以进一步证明。

第六节 小结

本章首先介绍了西方学者解释父母与子女之间的代际支持动机的三种模型：权力协商模型、互助模型、合作群体模型，并对模型的适用性和国内的相关验证研究进行了评述。由于代际支持模型中的人是作为"经济人"出现的，但是人毕竟是生活在社会之中的，由于思想道德观念、社会舆论、血缘亲情在中国传统社会所起的重要作用，对中国家庭的代际支持模式是否符合合作群体模式仍旧存在诸多争议。因此，也有许多中国学者提出了若干用以揭示中国家庭养老方式中代际支持行为动机的理论，并指出了中国家庭养老方式下的代际关系的独特性。可以说，西方学者的代际支持模式更为理性，对代际支持模式的描述更易于验证；中国学者对人的社会性给予了更多关注，但是大多数结论来自质性研究结果，尚未得到完整的数据支撑。因此，有许多研究者针对上述问题进行了不断努力，力图对合作群体模式进行改进，对中国家庭代际支持行为作出合理的解释和进一步验证。尤其是中国强大的父权制家庭关系的影响下，两性在资源控制、社会分工和家庭角色的差异，有必要进一步从社会性别的角度研究中国家庭代际支持行为。

代际支持模型中决定交换动机的关键在于父母与子女之间对经济社会和健康资源的相对控制能力，这种能力决定了他们对代际支持的需求和供给的平衡。本章结合国内外研究结果，分别阐述了西方社会养老模式下，以子女为中心的代际支持关系中，子女和老年人提供以及获得代际支持的个人和居住安排以及家庭结构等影响因素；中国家庭养老方式下，以老年人为核心的代际关系中影响代际支持的个人和家庭影响因素，并分析了不同性别代际支持的影响因素的差异。

由于东西方家庭中性别制度存在差别，本章分别阐述了中西方家庭的性别制度。但是，关于性别角色和性别分工的文献过于含糊，迄今为止尚没有提供性别分工差异的完全解释。我们发现代际的支持和帮助也是一种劳务（花费时间或花费金钱）的类型，因此研究代际支持的性别差异与研究其他类型劳动（如家务）的性别分工相似，现有的劳动性别分工理论可能同样适用于代际支持。本章介绍了西方劳动性别分工理论发展的重要脉络。但是，西方性别分工模式是否适用于中国农村还有待在理论与经验研究中进一步证实。

在农村大量劳动力外流下，农村家庭内部的性别分工又有怎样的变化呢？在家庭代际支持方面，老年人与其子女之间的性别分工又是怎样的机制，发生了怎样的变化呢？劳动力外流带来的居住距离以及家庭成员经济地位分化会如何重建老年人以其子女的代际支持分工模式还需进一步探讨。劳动力外流产生的不同性别资源优势的变化以及传统性别观念的转变，合作群体家庭中协调支配不同性别子女养老支持的分工机制还要作进一步研究。更进一步地，劳动力外流带来的传统养老文化和家庭体系受到一定挑战的情况下，目前有关代际交换模式和老年人健康状况关系的性别差异的研究还很欠缺，对家庭在老年健康和福利方面所起的作用还需要进一步研究。

第三章　代际支持性别分工
模式及分析框架

　　西方学者提出了代际支持行为动机的三种解释模型：权利协商模式、互助模式和合作群体模式。对此，有学者（Shi，1993；Secondi，1997；Lee & Xiao，1998；陈皆明，1998；Sun，2002）在中国进行了验证，他们认为三种代际支持模式中，合作群体模式能够更好地解释代与代之间的支持行为。但值得我们进一步思索的是，基于不同性别的家庭和社会角色差异，这种群体模式是否适合不同性别的农村老年人？是否可以解释儿子和女儿之间的代际支持分工模式？在女性社会经济地位日益提升，在不同性别的老年人和子女相对资源获取能力、工作时间弹性和传统性别角色变化的情况下，上述问题迫切需要得到证实。

　　由于农村老年人并非孤立的个体，他们生活在其家庭之中。家庭是以婚姻关系为基础，以血缘关系为纽带，其成员一起共同生活的社会基本单位。家庭关系是家庭内部的人际关系，即家庭成员之间的互动关系，是家庭存在和发展的内在依据。同样，家庭内的养老互动也可以被看成是一种家庭内代际的交换。基于系统论的观点，中国农村老年人家庭代际支持可以看成是一个老年人与其子女间双向互动的家庭系统；而且由于中国家庭关系是严格的父权制度，因此在这个系统中存在着性别分工。本章采用系统工程分析方法，对农村老年家庭代际支持性别分工这一系统进行分析、提出代际支持性别分工模式，并综合影响代际支持的个体、家庭结构因素，性别分工因素以及劳动力外流对代际支持的影响机制，建立分析框架，对代际支持性别分工模式进行验证。主要思路见图 3-1。

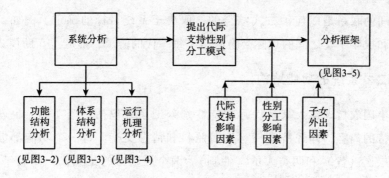

图 3 – 1　本章分析思路

第一节　农村老年人家庭代际支持
性别分工系统分析

一　系统认知

首先，从系统的要素看，中国农村老年人家庭代际支持性别分工系统包括了主体、客体以及其他的相关者。其中，由于研究角度的不同，对不同的角度而言，主体也是另一个研究角度的客体。主体/客体指不同性别的老年父母/成年子女。也就是说，当从老年父母角度研究时，主体是老年父亲/老年母亲，客体是儿子/女儿；而从成年子女的角度研究时，主体是儿子/女儿，客体是老年父亲/老年母亲。

其次，从系统的联系看，中国农村老年人家庭代际支持性别分工的要素构成间包含三类联系。其一是主体之间的联系，例如老年父亲与老年母亲之间的联系（从老年父母的角度研究），儿子与女儿之间的联系（从成年子女的角度研究）；其二是主体与客体之间的联系，例如老年父亲与儿子之间的联系、老年母亲与儿子之间的联系等；其三是客体与客体之间的联系，例如儿子与女儿之间的联系（从老年父母的角度研究），老年父亲与老年母亲之间的联系（从成年子女的角度研究）。

最后，从系统的结构看，上述各系统构成要素和要素之间的联系相互结合，形成了老年人家庭代际支持性别分工的特定结构。而系统要素和要素之间的联系是以何种方式结合的，取决于系统目标的确定。例如，老年父母和成年子女之间的代际交换满足了每一代的需求，形成了互助模式。

二　系统的功能结构

中国农村老年人家庭代际支持性别分工系统包括三个功能，也就是代际支持的内容，即经济支持、生活照料和情感支持。每一个功能都涉及了两个层次（代）和两类人员（性别）。两个层次指的是父代，即老年父母，以及子代，即成年子女；两类指的是不同性别，即男性和女性。基于中国传统的"互惠型"代际关系，从代际支持的获得和提供两方面进行分析。系统的功能结构见图3-2。

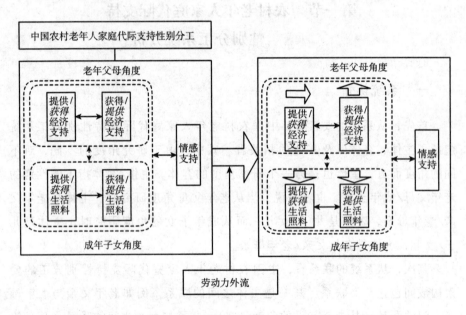

图3-2　农村老年人家庭代际支持性别分工系统的功能结构分析

注：图中斜体部分表示成年子女角度。

由于代际支持模式最初源自西方学者在福利经济学中对代际资源分配的考察，所以最初对代际支持模式的验证是从经济支持的角度进行的，代际支持模式的描述并未涉及劳务或情感支持（Becker & Tomes, 1979; Lillard & Willis, 1997; William & Slemrod, 2000）。随着人们对劳务等其他非经济性实际支持的注意，人们开始考虑劳务的经济价值，并逐渐将其纳入代际支持分析框架（Morgan & Hirosima，1983）。

中国家庭的代际支持实证研究最初源自对西方代际支持研究结论的验证，学者们在验证过程中借鉴了西方家庭代际支持的研究分析思路。由于目前中国社会的经济发展水平还远远落后于西方发达国家，人们对于物质生活水平更为关注，因此，多数代际支持研究是针对单项经济支持进行的，例如 Yang（1996）对中国城镇家庭中的经济支持模式研究。也有些学者（Lee & Xiao，1998；Sun，2002）将生活照料也纳入代际支持内容进行研究，旨在验证中国家庭的代际支持模式。但是在社会物质经济水平和人们平均文化水平较低的背景下，情感支持与其他物质支持之间的关系在研究中涉及较少。张文娟（2004）对中国农村老年人代际支持的研究则包括了经济支持、生活照料和情感支持三项内容，发现情感支持伴随着子女的经济支持和生活照料进行，实际支持和情感支持相互促进。

而劳动力外流对家庭养老的影响可能是双重的，一方面可能加大家庭养老的经济支持力度，另一方面有可能造成家庭照料资源的减少（姚远，2001）。对其他国家的研究（Pramualratana，1990）表明，距离阻碍了儿女与老年父母之间的情感交流，许多留在农村的老年人虽然能够得到子女的经济供养，却仍然感到孤独，但这一结论在中国还有待验证。

三　系统的体系结构

为了确保上述功能的实现，中国农村老年人家庭代际支持性别分工系统的体系结构包括主体和客体两个部分。由于本研究从两个不同的角度进行研究，因此，对一个研究角度而言的主体，也就是另外一个研究的客体。图 3－3 表示的是从老年父母角度研究的系统体系结构。

由于代际思想观念上存在差异，父母和子女在进行代际交换时所依据的行为准则可能有所不同；父母与子女关系的日趋平等也决定了一方不能迫使另一方按照自己的准则。因此，子女与父母间及子女内部的分工模式未必统一，需要对双方行为分别进行考察。但是，除了 Sun（2002）对中国城市家庭的研究和张文娟（2004）对中国农村老年人家庭的研究涉及了老年父母与子女双方的行为外，已有的绝大部分研究仅针对老年父母或子女的单方行为。

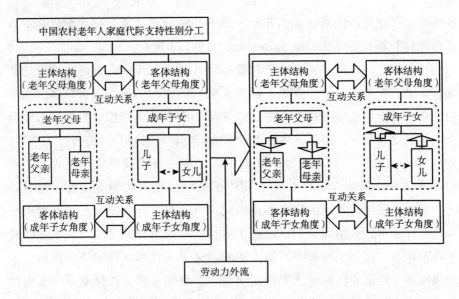

图 3-3   农村老年人家庭代际支持性别分工系统的体系结构分析

长期以来，与西方家庭相比，以男性为中心的父系家族体系对中国社会的影响更为深远，家长制、父系、从父居成为中国传统家庭的特征（Thornton & Lin，1994）。作为中国父系家族体系的核心价值，"孝"要求成年子女尊敬和照顾老年父母，特别是对于男性成年子女（Whyte & Xu，2003；Whyte，2004）。也就是说，在传统中国家庭中，老人依靠其成年子女养老，而且往往是儿子，而不是女儿为老年父母提供根本性的养老支持（Yang，1996）。因此，中国家庭养老方式中，代际支持行为可能存在更为深刻的性别差异。根据（Greenhalgh，1985）对中国父系家族体系的描述，可以看出儿子和女儿在家庭中的身份地位和功能有明显差异。儿子是家庭的长期成员，与父母保持持续终生的契约关系，有养老的义务。相反，女儿只是家庭的短期成员，"男婚女嫁"的婚姻制度决定了女儿的权利、生产力、服务和未来在结婚时转移到丈夫家庭，女儿既没有继承财产的权利，也没有为父母养老的正式责任（Greenhalgh，1985；Yang，1996；Das Gupta & Li，1999）。儿子和女儿与父母之间的契约持续时间的不同决定了父母长期的福利绝对地依赖儿子。另一方面，从父母角度来说，父母—子女之间的契约也因为父母的性别而存在明显差异（Greenhalgh，1985）。女性由于获得经济收入机会极其有限，对子女的养老支持有更大的需求（Nugent，

1985）。

但是，随着中国家庭结构的变化，以上对中国家庭程式化的描述可能不再适用于现代中国社会所有的家庭（Thornton & Lin, 1994; Whyte, 2004）。经济和社会转型使中国家庭经历了重大改变。社会的现代化进程要求越来越多的劳动力离开家庭和土地，促使家庭规模缩小，传统的扩展家庭向核心家庭转变，老年人可获得的社会资源逐步减少（Goode, 1970）。而对于涌入城市的农村年轻劳动力来说，现代文化的熏陶使其思想意识逐渐发生变化，传统的赡养父母的责任和义务逐渐淡化，老年父母的权威逐步弱化，父母与子女之间的关系也越来越趋向平等（Yuan, 1987; Lai, 1995）。因此，劳动力转移所带来的上述变化将进一步影响老年人家庭的代际支持行为以及内部的代际支持分工模式。但是，由于家庭中性别角色和性别分工，导致的代际支持在不同性别老人和子女内部分工，以及由此引出的各项代际支持之间的直接和间接关系目前还未引起学者们的足够注意。

四　系统的运行机理

中国农村老年人家庭代际支持性别分工系统的运行就是基于其体系实现其功能结构的过程。如图 3 - 4 中所示，在输入了家庭成员、代际支持、性别分工因素和子女外出因素等要素的前提下，代际支持性别分工系统的运行主要通过经济支持、生活照料、情感支持三个模块进行。经济支持、生活照料受情感支持的制约，同时也对于情感支持有影响作用。老年父母与其成年子女之间经济支持、生活照料、情感支持的作用机制最终形成农村老年人家庭代际支持性别分工模式。

1. 系统运行的规则

根据系统的功能结构和体系结构分析，已经证明经济支持、生活照料和情感支持各单项代际支持内容之间存在相互关联；同时也提供了代际支持研究的分析维度，即成年子女与老年父母的转换、提供和接受之间的关联。因此，代际支持性别分工系统的运行机理分析即以此作为起点，将代与代之间的资源条件作为判别代际支持行为方式的重要依据，并将这种资源相对优势引入对家庭内部性别分工的解释。由于老年父母与成年子女提供代际支持的能力及其对代际支持的需求，以及性别差异带来的资源控制和提供支持能力的差别决定了他们在代际支持中的位置。下面将详细讲述代际支持性别分工系统运行的主要规则。

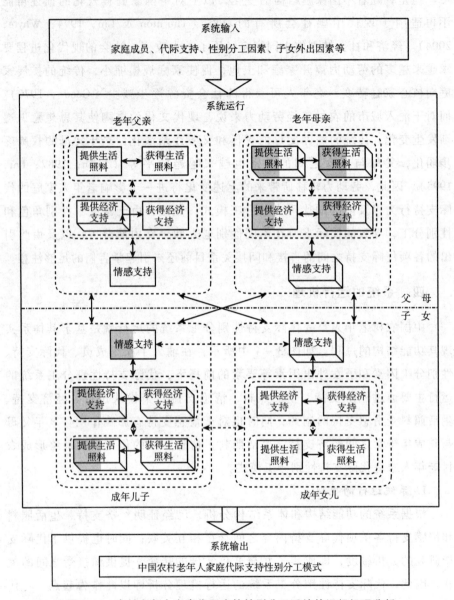

图 3 - 4 农村老年人家庭代际支持性别分工系统的运行机理分析

注释：□与同代异性相比低支持水平；▱与同代异性相比高支持水平；▨和 ▨老年母亲与儿子间高支持水平；──▶表示纳入分析模型的直接影响因素；- -▶表示通过其他因素产生影响的间接关系。

（1）家庭性别关系

在传统父系家庭体系下，儿子负有传宗接代的义务，享有继承家庭财产的权利，也承担为父母养老送终的责任。儿子所扮演的"家族传承"的责任同时意味着他们是"光宗耀祖"的主要人选，他们事业的发达同时增加了父母在未来获得妥善照料的可能性。而所有的女儿会出嫁到其他家族，结婚后女儿及其未来的子女不再被认为是娘家父母家庭的成员，女儿的权利、生产力、服务和未来在结婚时已转移到丈夫家庭，女儿既没有继承财产的权利，也没有为父母养老的正式责任（Greenhalgh，1985；Yang，1996；Das Gupta & Li，1999）。因此，中国农村的传统家庭仍是以父权制家庭为主，"父主子从"、"男主女从"是这种家庭的两个最基本特征。对家庭性别关系的考察，通常是通过不同性别家庭成员尤其是女性在家庭中的地位来体现的。以往研究者对家庭中女性地位的研究大体有两种思路。其一是把家庭地位和社会地位并列，认为这是从微观和宏观两个层次对女性地位的测量，乃至对社会性别的体现；其二是把女性社会地位作为一个综合指标，分别从女性的家庭地位、经济地位等方面来衡量，乃至对社会性别的衡量，即将家庭地位只作为衡量社会地位的一个方面。本研究中采用第二种思路，把家庭地位看做性别地位的一个方面。

（2）考虑代际支持交换的时间性

虽然交换模型提出代与代之间的支持交换包括短期内的交换和长期交换，但是大多数研究关注于父母与子女资源流动的内容和转移交换的方式，很少有经验性研究可以确定代际支持交换的"时间性"，这可能与长期的纵向数据的可得性和有限的分析方法有关。由于在父系家庭体系下，儿子和女儿在家庭中的地位和功能不同导致不同性别的子女与父母之间契约的持续期有明显差异。女儿作为父母家庭的短期成员，被认为是"外姓人"，当父母为女儿提供照料孩子等帮助时，女儿会为之提供对等的经济回报。这意味着女儿与父母之间的代际交换是一种短期安排。而儿子作为家庭的长期成员，与父母的契约会持续终生。父母与儿子之间的代际支持属于一种长期安排，父母为儿子进行投资或提供帮助并不要求后者直接地和等价地回报，但在以后需要时则要回报父母。养老即是一种长期的契约关系。由于在现实中很难区分漫长的生命周期内，父母与子女之间即时的回报和滞后的回报，有学者提供了三种（理想的）代际交换形式，即均衡交换、一般交换和负向交换（Sahlins，1972）。由于负向交换更多是特指单向资源流动的情况，并不涉及时间性的问题，因此，本研究在分析子女与父母的代际支持交换时，也将考虑不同性别子女与父母之间支持交换的时间性方面的差异，也就是区别是即时的"均衡交换"，还是相对滞后的"一般交换"。

（3）涉及代际支持交换在不同性别之间的相对水平

由于以男性为中心的父系家族体系，儿子是家庭"香火"继承者，获得家庭中绝大部分的家庭财产和各种资源，并在相对长的时间内回报给父母不确定的数目。而女儿则仅以嫁妆形式获得小部分的家庭财产，并在较短时间内回报给父母相对等价的数目。因此，也有学者根据家庭契约双方之间交换的家庭资源数量，将儿子和女儿与其父母的契约分为高流动契约（high-flow contracts）和低流动契约（low-flow contracts）。而对于老年父母来说，由于女性在一生中都面临男女在经济、照料角色、报酬等方面差异带来的障碍（Hooyman，1999），以至于对其晚年的社会、经济、心理福利造成累积影响（United Nations，2002）。已有学者发现，由于更缺乏收入来源，第三世界的妇女在晚年需要更多的支持和帮助（Nugent，1985）。因此，老年母亲与子女的代际支持交换可能更符合"高流动契约"。所以，在分析不同性别的代际支持水平时，应考虑不同性别的父母或子女在家庭中的地位和功能及其社会经济状况的差异，并进而分析上述因素造成的代际支持交换在不同性别之间的相对差异。

（4）同时考虑不同的性别分工因素对代际支持分工的影响

已有的众多研究表明，性别差异导致子女在提供代际支持时表现出不同的行为模式。例如，有关中国大陆和台湾地区老年支持的研究证明，儿子在实际性的代际支持（包括经济支持和生活照料）中发挥了重要作用（Lee，Parish et al.，1994；Yang，1996；张文娟、李树茁，2004）；而女儿则更多地为父母提供感情沟通和日常生活照料等辅助性的老年支持（Lee，Parish et al.，1994；Yang，1996；Sun，2002）。这除了女性传统的家庭照料者角色（胡幼慧，1995；张友琴，2001）以外，还因为在传统中国农村父系家族制度的影响下，农村妇女教育程度普遍偏低，主要承担无收入的家务劳动，对家庭经济收入的贡献不大（Gaetano，2004），因此无责任也无能力为老年父母提供养老支持。但是，由于缺乏关于代际关系方面性别模式的文献，关于家庭代际转移的讨论并不完善，迄今为止尚没有提供代际支持性别分工差异的完全解释。我们根据家庭分工建立的理论假设，从外部资源因素、时间可及性因素、性别角色因素来分析家庭代际支持性别分工的影响因素。并进一步考虑，外出务工带来的传统劳动分工的社会性别差异缩小和农村妇女社会经济地位的提高，可能会改变原先家庭代际支持性别分工，进而改变传统的中国农村家庭养老模式。

2. 系统运行机理的解释

图 3 - 4 是根据上述规则运行的代际支持性别分工系统。该系统的运行机制描述了不同性别的子女（儿子/女儿）之间、不同性别的父母（父亲/母亲）与子女之间、不同代际支持内容之间的联系。实线表示纳入分析模型的直接影响因素，虚线表示通过其他因素产生影响的间接关系，或者在解释分析结果时的考虑因素。代际支持的上部分是以老年父母为研究对象，旨在分析不同性别的父母与子女整体的代际支持行为。下部分是以子女为分析对象时，不同代际支持内容之间的关系，旨在研究家庭内部不同性别子女之间的代际支持分工。应注意的是，家庭内部所有子女的代际支持总量构成了老人的代际支持，多个子女构成的整体成为与父母进行代际交换的对等方，因此不同性别的子女之间可以根据各自的能力和需求进行分工。而父母为子女提供代际支持帮助的能力有限，导致不同子女之间可能会存在相互竞争的关系。因此，同一家庭的不同子女之间的各项代际支持相互影响。而老年父母由于资源有限、相互依靠，父母双方的资源往往相互共享，不存在竞争。因此，老年父母之间的各项代际支持相互并无明显的影响和牵制。

现实生活中的经济支持和生活照料是双向过程。老年人在获得经济支持的同时为子女提供经济帮助，从而导致代与代之间经济交换（提供和接受方为同一子女）或经济转移（提供和接受方为不同子女）的发生。在进行代际支持分析时，同时考虑自下而上（子女到父母）和自上而下（父母到子女）的代际支持之间的关联。所以在分析经济支持和生活照料时，将反方向的对应支持纳入模型，作为控制因素。作为代际感情亲密程度的测量指标，从子女与老人角度分别测量的父母与子女之间的情感支持的数值与其他物质支持有所不同。从老年人的角度来讲，其与子女的感情亲近程度，是一种对其与家庭内所有子女之间的社会支持网络质量的测量。这种质量指标与网络规模是无关的，所以本研究以同一家庭内部所有单个子女与老年父母之间感情密切程度（下半部）的平均值作为老年父母与子女的情感支持水平（上半部）。

由于不同性别的相对优势会影响其在家庭中的分工和所扮演的角色，使同代间的代际支持水平存在性别差异。根据以往的研究结果（张文娟，2004），老年母亲获得的经济支持、生活照料和情感支持高于老年父亲，为子女提供的生活照料也多于老年父亲；而老年父亲由于在经济收入方面的优势提供的经济支持相对较多。而对于子女来说，儿子与父母之间的实际代际支持水平高于女儿，但是女儿在情感支持中的作用更重要。因此，在分析各项代际支持内容时，将性别的相对优势引入对同代内部的代际支持分工的解释中。

另外，代际的支持水平由于提供者和接受者的性别不同也存在差异。由于老年母亲在传统家庭中的性别角色分工以及社会经济地位、身体健康状况等诸方面的劣势，其对子女的依赖程度更高，更需要加强与子女的代际支持以巩固自己的养老保障。因此，老年母亲与子女的代际支持交换水平更高。而对于子女来说，儿子是赡养父母的主要责任人，除了比女儿在实质性代际支持上起更大的作用，更要通过长期回报以满足老年父母的需要。因此，在实际生活中，儿子养老更多的是供养和照料寿命更长、丧偶率更高、自理能力相对更差的老年母亲。所以，代际的支持交换水平以老年母亲和儿子之间的交换水平最高。

第二节　农村老年人家庭代际支持性别分工模式

一　代际支持性别分工模式的提出

正如有学者所指出的那样，在包括中国在内的东亚社会中，照顾父母被看做集体（家庭）的责任，而不是一个单独的和具体的亲属的责任（Liu & Kendig, 2000）。这说明家庭在照顾老年父母方面存在群体合作关系。而家庭成员如何在保证完成赡养老人责任的前提下进行的分工则进一步涉及了合作群体模式中提到的资源配置优化原则，即由一位公正的家庭成员（通常为家庭中的年长者）控制并且有效分配家庭资源，达到家庭成员福利最大化（Becker, 1974; Becker & Tomes, 1979）。这个决策可分为两个步骤：财富最大化和财富最优分配（Becker & Tomes，1979）。当家庭财富的控制权掌握在老年父母中，这两个步骤之间保持着平衡。但是，随着经济高速发展，追求效率的原则与父母子女之间财富分配的矛盾就产生了。出于效率原因，当传统农业滞后于新兴工业，工业化发展带来的对技术劳动力的需求改变了家庭原先资源分配的理想策略——资源由老年父母转移到年青一代以提高子女的人力资本。经济的增长以及教育程度高或外出务工子女的较高收入意味着大多数子女比其父母更富有。当老年父母想要分享其对子女的投资回报时，如何达到公平的分配就产生了新的问题。那么，对于失去实际资源控制权利的老年父母而言，他们是如何处在核心位置并协调家庭内部的代际支持行为呢？张文娟（2004）的研究已经证实，在中国农村家庭养老中，道德约束代替了资源控制权对子女的约束，传统文化熏陶下子女对老年父母养老责任的内化，道德舆论、血缘、亲情的牵制保证了合作群体模式下代际支持契约的实现。但是，进一步地，西方关于家庭转变的方面也注意到，虽然由于社会经济发展，扩展家庭日渐衰落，但女性仍然与扩展家庭的其他亲属保持联系，并照顾家庭中最需要帮助的成员，付出大量情感精力使家庭凝聚（Brody，1985；Troll，1987；Coward & Dwyer，1990；Spitze & Logan，1990；Silverstein & Waite，1993）。因此，这种差异会不会造成不同性别的老年人协调家庭代际支持行为的能力有差别呢？

根据资源分配的效益最大化原则推断，子女以最小的成本实现照料老年父母的目标，并构成了子女内部代际支持分工的原则。结合现有的家庭分工模型，从家庭整体福利最大化原则来看，性别分工的三个基本解释，即外部资源、时间可及性和性别角色意识分别从不同侧面解释了家庭中性别分工的原则，符合合作群体家庭的利益。在传统父系家庭体系和家庭农业经济的生产方式下，儿子和女儿从不同方面、不同层次履行其养老义务、补偿和回报父母，达到均衡状态。尤其中国家庭传统的父系体系和观念意味着婚姻将妇女的劳动和生育转移到丈夫家庭中，出嫁的女儿不再对父母负有直接养老义务，而由儿媳承担家庭中的照料责任。强烈的儿子偏好促使家庭对儿子更多的投资（Pasternak，1972；Cohen，1976），因此其劳动力价值往往更高，收入也更高。但是，随着经济发展和外出务工，女性有更多的机会进入劳动力市场，女性获得外部资源的能力提高，雇佣工作使时间弹性降低，市场经济和外出务工带来的传统养老观念的转变和女性传统家庭角色的变化可能影响到原先家庭分工模式。那么，女儿与其父母的代际关系模式跟儿子与其父母的关系模式有没有发生变化呢？以往的研究已经发现女儿与其父母的代际关系模式至少跟儿子与其父母的关系模式不完全一致（Lee，Parish et al.，1994）。因此，虽然是同一模式，对男性应用可能很明朗，对女性而言是不是就不那么明显呢？

综上所述，本研究认为，中国农村老年人的家庭代际支持模式大致符合合作群体模式，但是在具有强烈性别偏好的中国农村社会，由于家庭中的性别角色和分工，老年父母和子女双方的代际支持存在性别分工，女性在补偿性代际支持中作用更大、受益更多。下面将论述中国农村独特社会文化背景下的合作群体式的代际支持性别分工模式。

二 代际支持性别模式的特点

1. 基于性别的约束机制的改变

费孝通（1983）提出的中国家庭代际支持的"反馈模式"，以及张新梅（1999）提出的"责任内化论"揭示了子女为老年人提供代际支持的动机：延续养老模式，为后代子女树立榜样以获得养老保障，以及传统的道德舆论、血缘亲情的约束等等。对老年父母的责任以及传统观念和血缘亲情的约束导致家庭内部的子女仍旧遵循传统赡养父母。张文娟（2004）的研究表明，传统文化熏陶下子女对老年父母养老责任的内化，道德舆论、血缘、亲情的牵制是保证合作群体模式下的代际支持契约实现的关键。但是，由于中国传统上严格的父权制家长制度，两种不同但是互切的家族制度——血缘和家庭，主导和支配了中国家庭关系乃至社会关系。血缘即是男性的血缘，家庭是男性世袭的家庭，子女养老的约束机制也因性别而有所不同。对于子女养老责任的社会舆论和道德观念对儿子和女儿的要求也存在差异。

2. 父母在代际支持中的性别偏好

在传统父系家庭体系下，儿子负有传宗接代的义务，享有继承家庭财产的权利，也承担为父母养老送终的责任。而所有的女儿会出嫁到其他家族，结婚后女儿及其未来的子女不再被认为是娘家父母家庭的成员，女儿的权利、生产力、服务和未来在结婚时已转移到丈夫家庭，女儿既没有继承财产的权利，也没有为父母养老的正式责任（Greenhalgh，1985；Das

Gupta & Li，1999）。儿子所扮演的"家族传承"的责任同时意味着他们是
"光宗耀祖"的主要人选，他们事业的发达同时增加了父母在未来获得妥善
照料的可能性。而传统孝文化对儿子赡养老人责任的确认保证了父母与儿
子之间长期契约的实现。因此，为了获得更多有形以及无形收益，父母在
代际支持交换中表现出明显的性别偏好。

3. 不同性别父母在代际支持中的角色和期望不同

从生命周期的角度进行考察，中国长期以来对男孩的偏好使得男性在
家庭资源有限的情况下获得更多受教育的机会，有更多从事非农业工作的
机会，在退休以后获得固定的退休金收入（朱楚珠、蒋正华，1991）。这种
老年人在家庭资源分配和收入方面存在的性别差异造成的女性在经济资源
方面的相对匮乏使得老年女性对经济支持的需求高于男性老年人。虽然女
性的平均期望寿命高于男性，但是，女性以基本生活自理能力丧失为标志
的健康期望寿命却低于男性（汤哲、项曼君，2001；王树新、曾宪新，
2001），这说明女性有更长的时间需要他人帮助，因此其对子女提供生活照
料的需求要超过男性。另外，根据性别角色的社会化理论，女性在早期所
扮演着更为社会化的角色，其对周围人际关系以及环境的敏感程度较高，
因此需要给予相对较多的情感支持（Miller & Cafasso，1992）。另一方面，
老年女性由于社会角色和传统的家庭分工，比男性老人更有可能对子女提
供孙子女照料和家务上的帮助，这在一定程度上使老年人更融入家庭、加
强与家庭成员的联系，老年女性在家务上更多的参与使其在家庭代际关系
处于更有利的位置（Ghuman & Ofstedal，2004）。

三　从两个角度分析性别差异对代际支持的影响

如前所述，中国传统的父系家庭体系下的代际支持存在明显的性别差
异。一方面女性在漫长的生命历程中处于经济和社会资源的弱势地位，另
一方面女性传统的家庭"照料者"角色，造成了进入晚年后老年父亲和母
亲对家庭资源的控制能力及与子女关系密切程度存在性别差异，进而形成
父母之间、子女之间及代与代之间家庭代际支持分工的性别差异。而随着
经济和社会发展，尤其是工业化、城市化带来的农村劳动力大规模外流，
传统的性别分工差异缩小、妇女社会经济地位提升，传统的家庭代际支持
模式面临冲击和挑战。以下，我们从老年父母和成年子女两个角度分析性

别差异及其变化对代际支持及其后果的影响方式。

1. 老年父母角度

从生命周期的角度进行考察,中国长期以来对男孩的偏好使得男性在家庭资源有限的情况获得更多受教育的机会,有更多从事非农业工作的机会,在退休以后获得固定的退休金收入(朱楚珠、蒋正华,1991)。而女性的期望寿命超过男性,许多女性在配偶死亡以后仍旧要单独存活很长时间,这种老年人在家庭资源分配和收入方面存在的性别差异造成的女性在经济资源方面的相对匮乏使得老年女性对经济支持的需求高于男性老年人。虽然女性的平均期望寿命高于男性,但是,女性以基本生活自理能力丧失为标志的健康期望寿命却低于男性(汤哲、项曼君,2001;王树新、曾宪新,2001),这说明女性有更长的时间需要他人帮助,因此其对子女提供生活照料的需求要超过男性。另外,根据性别角色的社会化理论,女性在早期所扮演着更为社会化的角色,其对周围人际关系以及环境的敏感程度较高,因此需要给予相对较多的情感支持(Miller & Cafasso,1992)。

但也有研究者认为对于其成年子女来说,老年女性在家庭中不是依赖者而是处于权威地位。随着年老,女性由于亲缘关系得到成年子女的物质帮助,而老年男性则没有得到同等水平的支持(Brown,1982)。虽然两方面支持者都赞同老年女性比男性更依赖于家庭的经济支持,但对于老年女性是否比老年男性处于经济上的劣势则尚存争议。老年女性由于社会角色和传统的家庭分工,比男性老人更有可能对子女提供孙子女照料和家务上的帮助,这在一定程度上使老年人更融入家庭、加强与家庭成员的联系,老年女性在家务上更多的参与使其在家庭代际关系处于更有利的位置(Ghuman & Ofstedal,2004)。同时,由于男性和女性在社会和家庭中有着不同的定位,女性与子女的关系往往更亲密,情感支持对老年男性福利的影响不如对老年女性的影响明显(Patrick,Cottrell et al.,2001)。因此,有研究者认为,老年父亲与子女的代际交换可能更多出于经济因素的诱使,而情感因素更促使对老年母亲代际支持行为(Silverstein,Parrott et al.,1995)。

2. 成年子女角度

由于以男性为中心的父系家族体系和"从父居,从夫居"的传统,成年后的儿子仍旧属于父母的家庭,而女儿则成为丈夫的家庭成员。因此,儿子成为养老的主要人选，父母与儿子之间的代际支持交换更有可能是一种长期的契约；女儿不承担赡养老人的主要责任，在缺乏未来保障的情况下，父母对她们的帮助更倾向于短期内获得回报。

除了代际支持行为模式的差异，基于文化传统和性别角色的期望，家庭代际支持往往根据子女的性别在内容上有所分工。已有的研究表明，儿子在实际性的代际支持（包括经济支持和日常照料）中发挥了重要作用（Lee，Parish et al.，1994；Yang，1996；张文娟、李树苗，2004）。而女儿则更多地为父母提供感情沟通和日常生活照料等辅助性的老年支持（Freedman，Moots et al.，1978；Litwark & Kulis，1987；Lee，Parish et al.，1994；Yang，1996；Sun，2002；张文娟、李树苗，2004）。对家庭关系的研究显示，老年父母感觉女儿更贴心、更周到，而儿子则对父母的需要不那么敏感（Wang，1999）。出于群体家庭合作利益的需要，家庭分工理论的特定工作假设也认为男性和女性从不同方面履行其养老的义务。比方，女儿比儿子更多地提供情感支持、日常照料和社会服务（Horowitz，1985；Houser，Berkman et al.，1985）；儿子则提供更多的经济支持（Stoller，1983）。但是迄今为止，尚无研究证实中国农村家庭代际关系的性别分工模式符合上述推论。

以上对中国农村老年人代际支持性别模式及判断代际支持性别模式的主要原则的推断，将成为研究实证部分验证代际支持性别模式的重点。考虑到已有各种代际支持模式和性别分工模式中涉及的内容和关注的焦点，为了对老年人家庭代际支持的性别分工作出完整、准确的验证和描述，下面将建立代际支持性别模式的分析框架，以此作为实证部分构建模型的依据。

第三节　代际支持性别分工分析框架

一　构建代际支持性别分工分析框架的必要性

在本章的开始，通过对代际支持性别分工的系统分析，提供了代际支持性别分工的功能结构、可能存在的维度以及运行的规则，但是并不能够直接进行实证操作。对代际支持性别分工的分析最终还要落实到各个单项代际支持内容上。

为了使代际支持性别分工的分析进一步可操作化，本研究综合影响代际支持性别分工的个体特征、家庭结构因素以及性别分工因素对代际支持的影响机制，建立单项代际支持性别分工分析框架（见图 3-5）。该单项代际支持性别分工分析框架是在一般意义的分析框架的基础上分离劳动力外流带来的代际支持影响因素变化而形成的劳动力外流背景下的单项代际支持性别分工分析框架。所以，即使不考虑劳动力外流因素及其影响，也适应

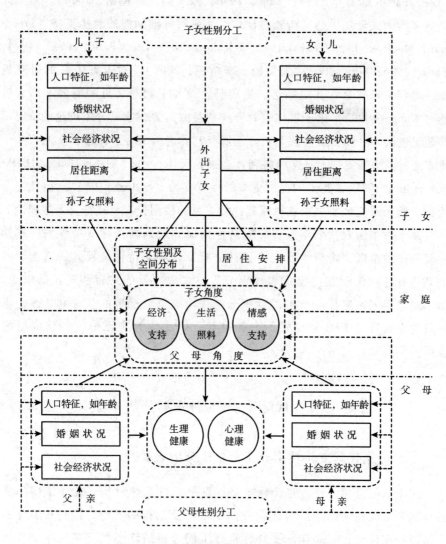

图 3-5 单项代际支持性别分工分析框架

于一般情况下的单项代际支持性别分工分析。

二 代际支持性别分工分析框架解释

以下将结合图 3 - 5，详细解释劳动力外流背景下单项代际支持性别分工分析框架的基本构成和分析思路，以便于更深入地了解该框架的意义。

1. 单项代际支持性别分工分析框架的构成

单项代际支持性别分工分析框架由不同性别的代际支持影响因素及其与代际支持之间的关系组成。按照代际支持性别分工整体分析框架的安排，对各单项代际支持性别分工的分析应该分性别进行考察，并且在考察时要同时考虑子女和父母两方面的影响因素。因此，单项代际支持包括单个子女的代际支持行为和老年父母的代际支持行为。实际上，同一家庭所有子女的单项代际支持总和构成了老年父母对应的代际支持数量。从本章前一部分对代际支持影响因素的分析总结来看，影响不同性别的子女和老年父母代际支持行为的因素包括三部分：（1）子女的特征因素，包括年龄的等人口特征变量、婚姻状况、与父母之间的居住距离、获得的孙子女照料以及个人的社会经济状况；（2）老年父母的特征因素，包括老人的年龄等人口特征、身体健康状况、婚姻状况以及社会经济状况；（3）家庭结构因素，包括子女的性别以及空间分布，老年父母与子女之间的居住安排。

（1）老人特征因素

a）年龄。年龄是影响子女和父母代际支持行为的显著因素，但是该因素与代际支持之间的关系还存在争议。根据生命周期理论，老年和童年是接受代际帮助最多的阶段，而中年段主要是提供帮助（Hill, 1970）。但是，也有学者强调老年阶段是中年的延续，老年人仍旧为子女提供代际支持（Morgan, 1982）。而 Rossi 和 Rossi（1990）认为，老年父母为子女提供的帮助随着年龄的增加而减少，而子女为父母提供的支持则相反。

b）婚姻状况。由于配偶在需要的时候可以提供支持，婚姻被认为增加了有配偶人群的福利；一旦婚姻解体，婚姻主体的缺失就会造成支持水平下降。这对于死亡率高、丧偶风险较大的老年人群来说，受到的影响尤其严重。而且由于男性和女性在社会和家庭中有着不同的定位，男性从婚姻带来的较高水平的社会支持中受益更大（Waite & Lehrer, 2003），婚姻对老年父亲的保护作用更明显（Goldman，Korenman et al.，1995；Lillard & Waite，1995）。但也有一些研究结果与之相反。例如在一些家长制导致女性在社会、家庭资源方面处于劣势的国家，已婚女性在经济上依靠于配偶。对老年母亲来说，丧偶往往就意味着失去主要经济来源甚至一定的社会和家庭地位，因此丧偶对女性的打击更严重。

c）社会经济状况。老年人的经济资源状况是影响其经济支持的需求和供给能力的重要因素，而良好的社会经济条件也意味着老人在获得社会支持和服务方面具有更多的选择范围（Hermalin，Ofstedal et al.，1992；Shi，1993；Lee，Parish et al.，1994；Hermalin，Ofstedal et al.，1996；Yang，1996；Lee & Xiao，1998）。研究表明，个人的社会经济资源，如较高的收入或受教育程度都会促进代际的交换（Eggebeen & Hogan，1990）。职业、教育状况以及经济收入等是研究中测量人们的社会经济状况的常用指标。

d）身体状况。身体健康状况恶化是老年人产生日常照料需求的根本原因，由此引起的医疗费用增加也导致了其对经济支持需求的上升（Hermalin，Ofstedal et al.，1992；Hermalin，Ofstedal et al.，1996；Rogers，1996；Lee & Xiao，1998）。而良好的身体状况是老人为子女提供家务、子女照料等帮助的前提，贫困和不健康的身体状况都会减少对代际支持的提供（Eggebeen & Hogan，1990）。代际支持研究中通常用日常生活处理能力、健康自评等指标来测量健康状况。

（2）子女特征因素

a）年龄。研究证明，在控制父母年龄和身体健康状况等特征的前提下，随着子女年龄的增长，他们接受和提供的代际支持不断减少（Eggebeen & Hogan，1990；Cooney & Uhlenberg，1992；Eggebeen，1992）。

b）社会经济状况。子女的社会经济状况不仅影响代际支持特别是经济支持的供给和需求（Lee，Parish et al.，1994；Sun，2002），同时也是决定其在家庭内部代际支持分工角色的重要因素（Hermalin，Chang et al.，1990；Sun，2002）。本研究引入的性别分工因素即是从子女的社会经济状况差异考察性别分工的。

c）婚姻及孙子女状况。子女的婚姻状态和孙子女照料情况是影响其经济支持、生活照料和情感支持的重要因素。父母倾向于和未婚及离婚的子女居住，为其提供帮助（Spitze & Logan，1990）。而照料未成年子女是老年人获取经济支持的重要途径（Shi，1993；Lee & Xiao，1998）。

d）居住距离。子女与父母之间居住的距离对子女提供不同类型代际支持的可能性有显著的影响。子女与父母同住使子女提供赡养的可能性最大，其次是住在父母附近的子女，可能性最小的是住在离父母较远处的子女（鄢盛明等，2001；李树茁等，2003）。其中，对居住距离较远的子女而言，其提供生活照料甚至是情感支持的成本较高，可能会转而提供更多经济支持。因此，居住距离也是影响子女内部分工的重要因素。对大多数农村老年人而言，他们与儿子通常采取同住或者就近居住的网络家庭结构安排，而与女儿之间的距离相对较远，一般在邻近的村庄或者乡镇。

（3）家庭结构因素

影响代际支持的因素不仅包括父母和子女的个体特征，还包括反映整个家庭中子女群体特征的空间分布、数量和性别结构。因为单个子女的特征无法直接反映群体对代际支持供给和需求的影响。

a）居住安排。居住安排是测量代际居住距离的重要标志变量，与子女同住是老年人所能够达到的与子女之间的最近居住距离。对包括中国在内的东亚国家的研究发现，共同居住极有可能是父母因为丧偶、经济或身体健康状况恶化等原因而导致代际支持需求增加的结果（Hermalin，Ofstedal et al.，1992；Hermalin，Ofstedal et al.，1996；Rogers，1996）。因此，居住安排在一定程度上反映了老年人对支持的需求，比如需要照料时子女会与父母同住，或老年人放弃独居而与子女同住（Logan，Fuqin et al.，1998）。在子女之间的代际支持任务划分中，往往把与父母的同住作为其付出（如生活照料、个人空间）的重要标志。

b）子女数量和性别结构。家庭中所有子女的代际支持总和构成了老年人相应的代际支持，关于子女的数量与老年父母获得的经济支持水平之间的关系还存在争议。虽然不能排除子女的数量可能很大程度上影响着老年所获的代际支持总量和单个子女提供代际支持的负担，但是，近期的研究表明随着经济的不断发展，在家庭支持中子女质量的作用已经开始凸显，在子女数量下降的背景下，子女质量对数量有一定的替代关系（彭希哲、梁鸿，2002）。同时，同一家庭内部的子女之间存在的攀比和竞争行为也会影响子女与父母间的代际支持行为。

2. 老年父母性别分工的单项代际支持分析影响因素

根据前文的分析，老年父母性别分工的单项代际支持分析目标是考察不同性别的老人其整个家庭的子代与父代之间的对应单项代际支持流动。分析模型要考虑老年父母对代际支持的需求，如丧偶或离异带来的配偶缺失、衰老以及身体健康状况下降、经济条件恶化等原因带来的对外界帮助需求的增加；同时，关注老年父母为子女提供帮助的能力，如共同生活的配偶、良好的身体健康状况和社会经济条件等等。这种需求和能力根据老年父母的性别不同存在差异。老年父母的代际支持是家庭内所有子女的代际支持总和，所以必须考虑能够与老年父母进行代际支持交换的子女提供代际支持交换的能力以及可能性，而子女的影响因素，应该是反映子女整体特征的数量、性别结构、空间分布以及老人与子女之间的居住安排、老人对子女提供的孙子女照料等家庭特征，这些家庭特征反映了整个子女群体对代际支持的供给和需求能力。

3. 子女性别分工的单项代际支持分析影响因素

研究不同性别的子女与老年父母之间的代际支持行为时，要考虑子女提供代际支持的能力，如每个子女与父母之间的居住距离、自身的经济条件、是否有配偶共同照料父母等，以及他们各自对父母提供帮助的需求，如是否离婚或丧偶、是否有良好的经济状况、居住距离是否允许进行日常照料帮助、是否得到父母的孙子女照料帮助等等。各个子女提供各种代际支持的能力是家庭内部子女之间代际支持分工的可靠依据。不同性别的子女处于代际支持分工中不同的位置。当将老人的所有子女都作为研究分析对象时，会存在同一家庭出现多个子女的现象，而不同家庭的子女数量并不一致，来自同一家庭的子女所拥有的共同家庭特征（如子女的数量、父母的状况）会影响对子女特征与其代际支持行为关系的分析。同时，这些家庭特征也表明了老年父母提供代际支持的能力，因此，采用多层分析的方法，将老年父母提供和需要代际支持的相关特征也纳入回归分析模型，作为控制变量。

4. 劳动力外流的影响

根据以往的研究，劳动力外流对代际支持的影响是通过其导致的家庭变化来间接完成的。劳动力可能引起的相关变化可以归纳为三点：①子女经济收入的变化；②家庭结构的变化；③外出打工子女养老观念的变化（张文娟，2004），带来的性别差异的变化则反映在以下几个方面。

（1）妇女经济地位和社会地位提高。在父系家族制度中，妇女极少参与社会活动，主要从事家庭照料工作，对家庭经济收入的贡献也不大（Gaetano，2004）。外出务工给农村妇女带来经济上的独立、更多的社会参与，对改变她们传统的角色定位产生了极大影响。对不同国家已婚迁移者的研究发现，妇女的社会地位和在家庭中的决策权随着她们参加有报酬的工作以及其他社会活动的增多而得以改善（Willis & Yeoh，2000）。随着女性外出务工人员的增多，妇女的社会经济地位有望得到进一步提高。

（2）传统劳动分工的性别差异缩小。中国农村传统的劳动分工存在着明显的社会性别差异，即男性参与收入和地位高的工作，是家庭的经济支柱，妇女则从事一些无收入的劳动，如照料子女和家务劳动。外出务工为农村女性提供了一个摆脱不公平的社会性别劳动分工的良机。另一方面，由于工业化早期通常发展的都是劳动密集产业，传统上作为照顾老人日常生活主力的女性外出就业机会增加，为老人提供照顾的时间就越来越少（Bass & Noelker，1997；Beiegel & Schulz，1999；Koyano，2000），造成家庭日常照料成本的上升。

（3）养老观念变化。外出务工的成年子女多流向经济发达的城镇，城市现代生活对外出子女思想意识产生强烈影响和熏陶，进而对其传统的养老观念产生冲击。老年父母在家庭中的权威受到质疑，传统的家庭至上、父母至上的观念为追求个人价值的观念所代替（Yuan，1987；Lai，1995）。有研究指出，外出务工的子女生活方式以及价值观的改变加大了他（她）们与父母之间的差异，进而影响到他们对父母的养老支持（Du & Tu，2000）。同时，随着女性外出工作的比例逐渐增长、外出机会的增加，妇女也不再像她们的母亲/婆婆过去那样依赖丈夫的家庭。儿子和女儿在履行养老责任方面的差距逐渐缩小，"女儿也防老"的观念可能在农村日益普遍。

因此，从关于劳动力外流对代际支持影响机制的论述可以看出，劳动力外流通过对外出儿子/女儿的社会经济状况、空间距离（反映在整个家庭为居住安排和子女的空间分布）、婚姻状态的变动对代际支持产生间接影响，如图3-5所示。劳动力外流对老年人代际支持行为的影响是通过改变子女的空间分布以及居住安排等家庭结构特征产生作用的；而劳动力外流对单个子女代际支持行为的影响是通过改变个体的社会经济状况、空间距离以及婚姻状况来进行的。

第四节　对代际支持性别分工模式和
分析框架的验证思路

在本章中，通过系统分析得出的中国农村老年人家庭代际支持性别分工分析框架，指出了验证代际支持性别分工模式的方向和具体操作途径，将对代际支持性别分工假设的验证落实到分性别考察每一个影响因素对代际支持行为的作用方向。为进一步通过定量数据验证代际支持性别分工模式，本节具体讨论代际支持性别分工模式的各假设验证的角度和验证思路。

一　模式特征验证的角度

（1）传统代际支持模式中不同性别的老年父母对家庭资源的控制和支配权力差异被其在家庭中的性别角色差异所代替。该假设是对代际支持行为约束机制的论述，但是，这种约束是无法通过影响因素对代际支持水平的直接作用得到反映的，仅能够通过子女外出所引起的代际支持变动进行间接分析，或者通过影响不同性别老年父母代际支持水平的相关因素作用的潜规则变化进行间接分析。

（2）不同性别的子女之间的代际支持分工模式虽然仍旧符合资源配置优化的原则，其中儿子是养老的主要和首要人选，老年父母与儿子之间的代际支持交换更可能是一种长期契约；女儿不承担主要的赡养责任，在缺乏未来保障的情况下，老年父母与之的帮助更倾向于短期内获得回报。但是，劳动力外流带来的代际支持成本的变化和妇女社会经济地位的提升会导致原有家庭性别分工的变动。上述论述是对单个儿子/女儿的代际支持性别分工角色的定位，以及劳动力外流对代际支持性别分工影响的描述。因此，应该从分性别单个子女的角度进行验证。

（3）传统的养老观念弱化，父母选择更多地为子女尤其是为儿子牺牲，以增加子女负债，获得养老保障。这个论断是对代与代之间资源分配和代际公平的论述，其中暗含着三点：①子女养老观念的弱化会忽视对老人的赡养；②老年父母的弱势地位促使其订立养老"契约"以巩固未来的养老保障；③儿子与老年父母的代际支持交换水平更高。因此，这个论断的验证应该从老年父母性别分工和子女性别分工两方面分别进行，而外出打工所带来的变动则是对两代人之间养老契约关系变化的重大挑战。

（4）孙子女成为代与代之间家庭资源配置的重要约束因素。老年父母通过给予成年子女外出工作增加收入的机会而促进了家庭福利的最大化，同时为自己及其孙子女获得切实的补偿。说明老年父母的孙子女照料通过互惠循环的投资和回报成为结合家庭的中心资源，与老年父母和其成年子女在资源转移的交换相一致。上述论述，表明孙子女照料不仅是对单个子女代际支持行为产生影响，也是对老年父母家庭整体资源的优化配置，因此应当从老年父母和子女两方面分别进行考察，以确定中国农村家庭在孙子女照料方面是如何通过不同性别的子女与老年父母之间三种类型的代际支持来根据每一代的需求尽可能地实现家庭资源最优化配置。

二 验证思路

从本章对代际支持性别分工模式和分析框架的分析中可以看到，代际支持性别分工模式是关于本书核心内容结论的假设，而分析框架是本书提供的验证代际支持性别模式的方向和具体操作途径，两者之间是内容与工具的关系。代际支持性别分工的系统分析指出了代际支持性别分工模式分析可能存在的维度、方向和相互之间的关联，如果不同性别的各单项代际支持行为的表现以及各项代际支持内容之间的直接和潜在关系符合假设提出的代际支持性别分工模式规则，则表明不同性别的研究对象的代际支持行为符合假设。代际支持性别分工分析框架则使得对不同性别代际支持表现以及其中的关联规则的分析进一步细化，将对代际支持性别分工假设的验证落实到分性别考察每一个影响因素对代际支持行为的作用方向。通过对变量之间关系的分析验证有关代际支持性别分工的内容假设，从而达到可以操作的目标。

本书对代际支持性别分工模式的验证将从老年父母和子女两个角度分别讨论老年父母代际支持性别分工模式和子女代际支持性别分工模式。这两个角度并不排斥，部分假设内容可以在两个角度得到互相印证。由于对代际支持在老年父母与成年子女之间经济支持、生活照料和情感支持三方面的影响研究，均以交换的支持量和提供或获得支持的变动可能性为对象，这两者之间有关系，但这种关系又是不确定的。例如，向父母提供支持增加的可能性大的子女给予的支持量，并不一定比向父母提供支持增加可能性小的子女给予的支持量多。因此，在对跟踪数据的考察分析中，有必要对代际交换的支持量和代际支持变动的可能性都进行研究。本研究假设也将从代际交换的支持量和变动可能性两方面提出，以更加科学地揭示家庭代际支持性别分工。

第五节　小结

本章在第二章理论综述的基础上，结合以往关于中国家庭代际支持的研究结果以及中国经济发展、社会转型和家庭养老的现状，并在考虑劳动力外流对农村家庭代际支持影响的条件下，提出中国农村老年人代际支持性别分工模式的假设。该假设根据中国家庭养老文化的历史和现状对西方传统的合作群体模式进行了改进。改进后的代际支持性别分工模式突出体现了当前中国农村家庭代际关系中性别偏好和性别分工两大特点，使老年父母和子女在家庭中不同的性别角色定位成为控制和配置家庭代际支持资源的约束力量。

为了全面分析和验证有关中国农村老年人家庭代际支持性别分工模式的假设，本章根据以往代际支持分析中关注的焦点和判别代际支持模式的主要原则，通过系统分析方法，提供了代际支持性别分工分析时可能存在的维度和把握整体的关键因素。系统分析旨在为经济支持、生活照料和情感支持等单项支持的分析提供研究思路，以进一步研究不同性别的老年父母/子女之间提供和接受各项代际支持内容之间的相互关联和区别。

为了将代际支持性别分工进一步可操作化，本章在对以往单项实证研究进行总结分析的基础上，根据代际支持性别分工系统分析的思路和原则，对代际支持性别分工分析进一步细化，以对不同性别的个体和家庭结构影响因素的分析为基础，建立了单项代际支持性别分工的分析框架。单项代际支持性别分工分析框架可以分为两部分：子女性别分工的单项代际支持分析框架和老年父母性别分工的单项代际支持分析框架，两个分析框架中间部分影响因素重合，原因在于多子女家庭形成的多对一现象需要引入父母及其他家庭特征作为分层控制变量，并且每一部分都引入了反映劳动力外流的特殊影响因素状态或者状态迁移。

最后，为了将代际支持性别分工模式和分析框架两者更好地结合，本章提出了利用代际支持性别分工分析框架验证假设的具体思路，为验证做准备。

第四章　数据来源和研究方法

第一节　数据来源

本研究采用的数据来自西安交通大学人口研究所在安徽省巢湖市进行的"安徽省老年人生活福利状况"跟踪调查，该项目已经于 2001 年 4 月、2003 年 11 月以及 2006 年 12 月成功进行了三次调查。

一　调查地选择及普适性

本研究的调查地选择了农村劳动力外流现象普遍的安徽省。该省紧靠长江三角洲经济区，是临江近海的内陆省份。该省属于农业大省，其社会、经济发展水平及资源状况在全国处于中等水平。另外，安徽省也属于人口流动大省，2000 年该省农村劳动力转移达 786 万，约占全省农村人口的 15.4%，居全国第二位（国家统计局）。外出劳动力中，85% 以上为 19~45 岁的青壮年，男性占 78.2%；1999 年安徽省农民外出打工收入占当年农民人均纯收入的 22.7%，已经超过地方财政收入。调查所在地巢湖市地处安徽省中部（具体位置见图 4-1），其经济发展、总人口和劳动力转移规模在安徽省处于中游水平。第五次人口普查数据显示，截至 2000 年，该地区农村常住人口中 60 岁以上的老年人口为 387046 人，占全部农业人口的 10.3%。如果将外出人员排除在外，巢湖市农村地区的人口老龄化程度已经超过全国 10% 的平均水平。按照目前的劳动力外流趋势，在未来的几年内，该地区的老龄化趋势还会进一步加剧。

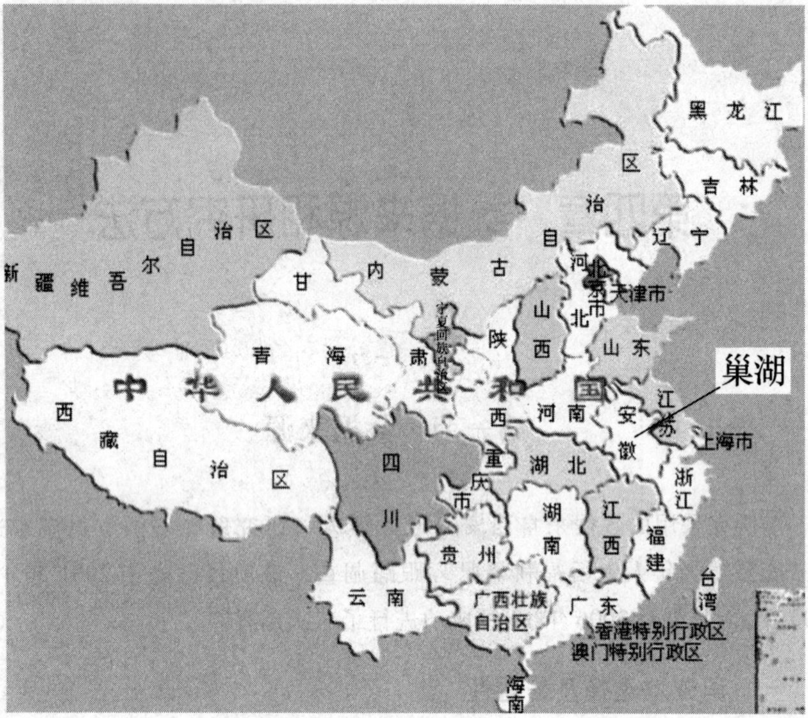

图4-1 巢湖市地理位置

和中国大多数的农村地区相同，安徽省巢湖市农村地区的人口中以汉族人口占绝大多数，受儒家文化影响甚深，整体的社会文化背景，养老风俗、婚姻形式与中国绝大多数以汉族人口为主的地区相似。其中与养老方式和养老文化相关的社会文化因素包括：

（1）以"孝"为核心的家庭养老文化下，传统观念和血缘亲情约束子女仍旧遵循传统赡养父母。中国农村家庭养老方式是与传统文化相联系的，既有观念沉积的意味，又富有道德的成分，尤其是它具有强大的普适性，为社会的大多数成员接受并奉行。另外，与中国大多数农村地区相同，巢湖当地农村地区的养老机构很少，远远低于一村一所的比例。因此，由子女赡养是当地老人的主要养老方式。

（2）中国传统的文化和伦理下，家族绵延是永远不可改变的"情节"，使得老年人强调自己对儿孙的责任，从而在各方面对子女（孙子女）不计回报地付出。同时在赡养的三个方面（经济支持、生活照料和情感支持）

尽量自立和自己解决，以减轻子代的赡养负担。不仅如此，当子女有更好的外出工作机会时，老人也会不遗余力地支持。当地农村大量成年劳动力外出务工，调查过程中发现，孩子和老人成为村子里的主要居民，找寻年轻人成为一项较为困难的任务。

（3）传统父系家族体系下的男孩偏好仍旧存在于人们的思想中。大多数老人仍旧持有"多子多福"的观念。农村盛行嫁娶婚姻，女儿婚后离开父母，成为丈夫家庭的成员，如果没有通过升学一就业的途径离开土地，儿子仍留在本村。一个行政村（本章的同村指同一个行政村）通常由散落在各处的多个自然村构成，同村的儿子在婚后通常仍旧在同一个自然村居住，而女儿婚后即使居住在同村，也有可能是在行政村的其他自然村。

基于上述分析可以看出，巢湖市农村地区的养老方式和家庭关系对于安徽省和中国的中部以及东部的大部分农村地区而言具有一定代表性。

二　抽样及跟踪调查对象确认

1. 抽样过程

问卷抽样调查的对象是居住在巢湖市农村地区的年龄在60岁或60岁以上的老年人。调查采用的是分层多级抽样方法，按照乡、村两级进行抽样。首先，从以行政编码顺序排列的126个乡镇构成的样本框中，以系统抽样的方法随机抽取12个乡镇。然后，在抽中的12个乡镇中，在每个乡镇以系统抽样的方法，从以行政编码顺序排列的、由所有行政村构成的样本框中随机抽取6个行政村。最后，在抽中的每个行政村中分别挑选出所有居住在本村的且年龄在60~74岁和75岁或75岁以上的老人组成各村的两个样本框。在形成样本框时，如果生活在一起的一对老年夫妻在同一个样本框内，则排列在相邻的位置，先后顺序按照随机的原则确定。然后在两个老人样本框内，以系统抽样的方法分别从中抽取15名60~74岁的老人和10名75岁或75岁以上的老人。把老人分成两个样本框进行抽样，是为了保证我们的研究能够有足够数量的年龄在75岁及以上的高龄老人。

2. 跟踪调查对象确认

第二次调查和第三次调查是对第一次接受调查的老人的跟踪访问，所以，在跟踪调查（follow-up survey）之前要首先确认被调查者是否接受过第一次调查，即基期调查（baseline survey），确定其在第一次调查中的标识码。以下是确认调查对象的详细过程。

（1）基期调查中详细记录每一个接受调查的老年人的村庄、村民小组、姓名以及标识码。调查完成以后，仔细核对每份问卷的标识码和人名等关键信息，并登记造册。

（2）在跟踪调查进行之前，从基期调查的数据中抽取每一位老人的出生年月、性别、存活的儿子和女儿数等关键信息，并与原先已经记录在册的被调查者的信息进行匹配，得到关于老年人的个人和家庭结构等关键信息表。

（3）调查员根据组织者提供的关键信息表进行入户调查，在调查进行之前，首先根据信息表提供的记录和老年人及其他家庭成员的记忆进行确认。

（4）在确认工作完成以后，根据老年人基期调查中的标识码，对调查对象的问卷进行编码，然后进入正式调查。

（5）对关键信息表中无法确认的调查对象，调查员要仔细核实以后，经调查组织人员核准后，将该调查对象视为丢失案例。但根据调查后的统计发现，两次跟踪调查未发现此类案例。

三 问卷内容

"安徽省老年人生活福利状况"调查的主要目标是了解农村老年人的家庭代际关系、生理和心理健康状况。两次跟踪调查旨在测度农村家庭养老方式下的家庭代际支持分工，子女的外出引起的代际支持模式和数量的变化，以及该变化对老年人生理和心理健康状况的影响。三次调查的调查问卷并不完全相同。除去三次调查衔接和匹配的问题以外，问卷设计人员也根据之前调查的实际效果以及新增的研究目标而不断修改问卷，但问卷的主体设计没有改变。本研究中，我们选择了三次调查的问卷中没有发生变动的项目，从而保证了研究的科学性和一致性。

以2001年的基期调查为例，调查问卷主要包括以下九部分内容。

（1）被访者的个人状况，包括性别、年龄、婚姻状况以及家庭结构；

（2）老年人的社会和经济状况，包括住房、教育程度以及职业等；

（3）老年人的身体健康状况和日常生活自理能力；

（4）子女状况，包括老年人所有存活子女的性别、年龄、受教育程度、职业婚姻状况、与老年人的居住（安排）距离、见面频率、离家时间及原因、情感支持、经济支持和照料孙子女的状况；

（5）老年人对传统养老观念的态度；

（6）老年人的心理状况（包括心理压力）和生活满意度；

（7）老年人与子女间的家务帮助和日常照料；

（8）老年人的经济来源构成；

（9）老年人的认知能力。

在问卷调查结束后还由调查员填写访问者记录，以便数据的使用者了解问卷各部分的客观性和准确性。

为了掌握三次调查期间因为长期迁移或者短期外出以及死亡的被调查老人的信息，在第二次和第三次跟踪调查过程中增加了专门针对外出老人的问卷和死亡老人的问卷。外出问卷主要了解外出老人的外出时间、地点、原因，外出后与谁同住，以及是否返回等等。死亡信息问卷主要了解老人的死亡时间、地点、原因，死亡前的居住安排、婚姻状况、卧床时间、医疗费用的承担以及期间提供照料的人选，最后还询问了老人的财产分配方式。

四　数据质量

1. 有效样本

2001 年基期调查的有效样本数为 1715 人；2003 年有效样本数为 1391 人，2006 年有效样本数为 1067 人（如图 4－2 所示）。

2. 匹配结果

研究中使用的面板数据及动态比较数据是根据老年人和子女的各种关键特征进行调整后的匹配结果。进行匹配的原则是三次调查中获得的有关老人的性别、年龄以及子女状况的信息前后一致。将 2003 年、2006 年跟踪调查与 2001 年基期调查数据进行匹配，用于匹配的跟踪调查问卷为 1067 份，共获得 960 份匹配问卷，老年人的匹配率达到 89.97%；4245 位子女中有 4067 位的关键信息一致，匹配率为 95.81%。参考国内外其他跟踪调查的匹配结果，可以判断，跟踪调查的前后一致性较好。

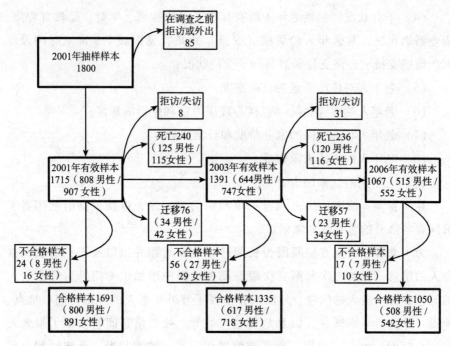

图4-2 三次调查样本数

3. 相关量表的信度系数

调查问卷中采用了测量老年人基本日常生活自理能力（Physical Activity of Daily Living，PADL）、利用社会设施的日常生活自理能力（Instrumental Activity of Daily Living，IADL）、行动能力（Mobility Activity）以及与子女之间感情交流等量表。本书研究中量表的 Alpha 信度系数见表4-1，三次调查的量表良好的信度表现说明，调查数据的质量是可靠的。

表4-1 调查问卷的量表信度

量表测量目标	量表信度系数		
	第一次调查	第二次调查	第三次调查
老年人基本日常生活自理能力（PADL）	0.92	0.96	0.95
老年人利用社会设施的日常生活自理能力（IADL）	0.89	0.93	0.89
老年人的行动能力	0.94	0.91	0.93
老年人与子女的感情交流	0.86	0.96	0.83

第二节　研究方法

一　多水平模型的基本原理和选择依据

本研究在 2001 年、2003 年以及 2006 年三次老年人生活和福利状况数据的基础上，利用多水平分析中随机效应回归模型以及重复测量模型进行多层次分析。多水平模型的基本原理以及选择理由如下所述。

1. 基本原理

利用两层模型说明多水平分析方法的基本计算原理和过程。两层模型的表述如下（张雷等，2003）：

$$第一层：Y_{ij} = \beta_{0j} + \beta_{1j}X_{ij} + r_{ij} \tag{4-1}$$

$$第二层：\beta_{0j} = \gamma_{00} + \gamma_{01}W_{0j} + \mu_{0j} \tag{4-2}$$

$$\beta_{1j} = \gamma_{10} + \gamma_{11}W_{1j} + \mu_{1j} \tag{4-3}$$

其中，r_{ij}——第一层方程（4-1）的残差或随机项；

μ_{0j}——第二层方程（4-2）的残差或随机项；

μ_{1j}——第二层方程（4-3）的残差或随机项。

在一个两层模型中，我们需要估计三种参数：固定效应 γ_{00}，γ_{01}，γ_{10}，γ_{11}，随机层一的系数 β_{0j}，β_{1j} 以及方差、协方差成分。

（1）随机层一系数的估计

首先对第一层的 β_{0j}，β_{1j} 进行 OLS 估计，得到 β_{0j}，β_{1j} 的第一次估计：

$$\hat{\beta_{0j}} = \overline{Y} - \hat{\beta_{1j}}\overline{X}_{.j} \tag{4-4}$$

$$\hat{\beta_{1j}} = \left(\sum X_{ij} - \overline{X}_{.j}\right)\left(Y_{ij} - \overline{Y}_{.j}\right) \tag{4-5}$$

用第一层上估计的 $\hat{\beta_{0j}}$、$\hat{\beta_{1j}}$ 替代方程（4-2）及（4-3）里面的 β_{0j}，β_{1j}，方程变为：

$$\hat{\beta_{0j}} = \gamma_{00} + \gamma_{01}W_{0j} + e_{0j} \tag{4-6}$$

$$\hat{\beta_{1j}} = \gamma_{10} + \gamma_{11}W_{1j} + e_{1j} \tag{4-7}$$

其中,

$$e_{0j} = \mu_{0j} + (\hat{\beta}_{0j} - \beta_{0j}) \tag{4-8}$$

$$e_{1j} = \mu_{1j} + (\hat{\beta}_{1j} - \beta_{1j}) \tag{4-9}$$

由于层次数据中每组样本规模不相等,所以导致了组间误差方差非齐性,这样,在对方程 (4-6)、(4-7) 中 γ_{00}, γ_{01}, γ_{10}, γ_{11} 的估计不能采用常规的 OLS 方法,而应该运用 WLS (加权最小二乘法) 估计。

$$\hat{\gamma}_{10} = \frac{\sum \Delta_{ij}^{-1} \bar{Y}_{.j}}{\sum \Delta_{1j}^{-1}} \tag{4-10}$$

$$\hat{\gamma}_{11} = \frac{(\sum \Delta_{ij}^{-1} W_j \hat{\beta}_{1j})}{(\sum \Delta_{1j}^{-1} W_j^2)} \tag{4-11}$$

其中,Δ_{1j}^{-1} 代表精度,它等于总体方差的倒数。同理可以得到 $\hat{\gamma}_{00}$, $\hat{\gamma}_{01}$ 的估计。

通过方程 (4-10)、(4-11) 我们得到 $\hat{\gamma}_{00}$, $\hat{\gamma}_{01}$, $\hat{\gamma}_{10}$, $\hat{\gamma}_{11}$ 之后,我们可以对 β_{0j}, β_{1j} 进行第二次估计,即在第二层进行 WLS 估计:

$$\hat{\hat{\beta}}_{0j} = \hat{\gamma}_{00} + \hat{\gamma}_{01} W_{0j} + e_{0j} \tag{4-12}$$

$$\hat{\hat{\beta}}_{1j} = \hat{\gamma}_{10} + \hat{\gamma}_{11} W_{1j} + e_{1j} \tag{4-13}$$

两层线性模型随机层系数 β_{0j}, β_{1j} 的最后估计是两次估计的综合:

$$\hat{\hat{\beta}}_{0j} = \lambda_{0j} \hat{\beta}_{0j} + (1 - \lambda_{0j}) \hat{\hat{\beta}}_{0j} \tag{4-14}$$

$$\hat{\hat{\beta}}_{1j} = \lambda_{1j} \hat{\beta}_{1j} + (1 - \lambda_{1j}) \hat{\hat{\beta}}_{1j} \tag{4-15}$$

其中,λ_{0j}、λ_{1j} 均为统计量,它们等于参数方差占总体方差的比例。

(2) 固定效应的估计

应用公式 (4-10)、(4-11) 可以得到 γ_{00}, γ_{01}, γ_{10}, γ_{11} 的估计。

2. 多水平模型的选择依据

在社会科学中，很多研究问题都体现为多水平的、多层的数据结构。本书的研究问题就是一个典型的例子，对于一个老人的子女来说，子女镶嵌家庭。在此，子女代表了数据结构的第一层，而老人则代表了数据结构的第二层。对于第一层的子女数据，我们可以提出一系列的研究问题。除此之外，也可以针对第二层的老人（或家庭）又提出一系列的研究问题。传统的线性模型，例如，方差分析（ANOVA）或回归分析，只能对涉及一层数据的问题进行分析，而不能对涉及两层或多层数据的问题进行综合分析。但是，更为重要和令人感兴趣的正是关于子女层的变量与老人或家庭层变量之间的交互作用问题。比如，子女之间的个体差异在不同老人或家庭之间可能是相同的，也可能是不同的。在子女数据层，不同变量之间的关系也可能因老人或家庭的不同而不同。这些子女层的差异可以解释为老人或家庭层的变量的函数。然而，牵扯到两层或三层数据结构的研究课题就不能采用传统的统计方法加以解决，多层模型则提供了解决这些问题的统计方法。

另一种类型的两层镶嵌数据则来自纵向研究或重复测量研究，在本书的研究中以在一定调查期内对老人进行多次观察。不同时间的观测数据形成了数据结构的第一层，而被调查老人的个体差异则形成了第二层。这样，就可以进一步发现老人在其发展趋势上的差异，这种差异可以由反映个体差异的变量来解释。

基于上述分析，针对本研究中的多层数据结构，研究运用多层模型进行分析主要表现在以下三个方面。

第一，多层模型用于家庭结构的研究。例如，本研究中分析老人的个体特征（如经济状况）对子女提供代际支持行为的影响。这时，子女和老人都是研究中的层面，而子女是隶属于老人的，从而构成了两层数据结构。

第二，多层模型的应用体现在对个体进行跟踪、多次观测的发展研究中。例如，本研究中，不同时点对老人调查的跟踪数据构成了第一层数据，老人之间在其个体特征变量上的差异构成了第二层数据。如果每个老人都在相同的时点得到相同次数的观测，这样的设计被视为重复测量设计。但是，由于被调查老人可能退出，观测时点的数量和跨度对每个人都不同，那么就只可以把跟踪观察看做隶属于个人的多层结构，用多层模型处理。

多层模型的第三种应用可以看做前面两种应用的综合。例如本研究中，从子女角度研究时，数据可以分为三个层面，第一层是随时间而进行的重复观测，隶属于第二层的子女，而子女又隶属于构成第三层的老人。

3. 多水平模型的优势

本研究之所以选择多水平模型作为研究方法，是因为该模型具有其他模型所很难实现的强大功能。多水平模型的应用将会为本研究提供有力的技术支持。结合本研究的需要，以下简要评述多水平分析的几大优点。

第一，多水平模型能够处理具有嵌套结构的非独立数据。本研究首先假设的是每一位老人的所有存活子女都生活在一个家庭中，也就是每一位老人的子女都嵌套在一个家庭结构里面。这样，所有子女之间就并非独立了，子女之间的相关关系受到家庭因素的影响，同一个老人的子女之间比不同老人的子女之间有可能更加接近或者相似，即存在相关性。常规、传统回归模型的前提条件就是要求样本之间相互独立，如果样本独立的条件没有得到满足，但仍然将其看成相互独立的话，那么忽视这种"内在相关性"的后果将表现为估计参数的标准误差变小，过高估计研究结果的显著性（Hobcraft & Little，1982）。然而，多水平模型就能够很好地处理具有嵌套结构的非独立数据，这是其他模型的方法很难直接实现的。

第二，多水平模型能够连接较高层级的数据和个体数据。在多水平技术没有成熟以前，社会科学研究者一直致力于区分个体效应和组效应。在这一探索过程中，首先提出是聚合（aggregation）和分解（disaggregation）这两个概念。从根本上讲，研究者必须在个体效应和组效应之间作出选择。研究者在关注个体效应时往往会忽视组效应或环境效应，通常将较高层级的数据分解到个体数据里面去，即对于高层变量聚合相同，然后用个体为单位进行分析。结果在个体这一层数据上得到的相关系数可能是错误的，因为具有相似背景的同一组内的个体之间，与该组外的个体相比，其相似程度更高。这样做的另一个结果是，违反了经典统计学所要求的观测个体之间相互独立的这一基本规定，I 类错误会被放大（Snijders & Bosker，1999），因为所观察到的效应既包含了个体效应，也包含了组效应。多水平模型则能够很好地解决这个问题。

第三，多水平模型还能够引入在任何水平上测量到的协变量，考察各变量对层间或群间的差异到底起多大作用，并了解因变量在层间差异的程度。

基于以上原因，本研究最终选择了多水平模型，并辅以必要的其他相关性分析、方差分析等作为铺垫。

二　动态可能性分析方法的选择依据

在基期调查和之后两次跟踪调查之间的时间间隔内，老年人的身体健康状况、社会经济条件、居住安排可能会发生变动；子女的职业以及与父母之间的居住距离也可能会产生变化，原先外出的子女可能会返回村子，而村子里的子女也可能会外出打工。上述变化可能会引起子女代际支持行为的变动。因此，有必要分别从父母和子女的角度，分析老年人三次调查期间的身体健康状况、居住安排以及子女的迁移变化对其获得和提供的代际支持增长可能性的贡献，以及分析子女的职业、居住安排和外出状况的变动对其提供和获得的代际支持增加可能性的影响。根据代际支持分析框架中的各种关联以及影响因素，从变动可能性的角度进一步确认代际支持模式，同时对影响因素与代际支持变动之间的因果关系做进一步检验，具体的自变量迁移对因变量变动的影响这一研究方法已经在西方的老年学实证研究中进行过应用，例如 Waldron 等（1997）对婚姻状况变动与健康状况之间关系的研究、Gu 和 Xu（2007）对社会人口因素变动对高龄老人日常生活自理能力（ADL）影响的研究就采用了类似方法。

三次调查数据包括两个调查时间间隔：2001～2003 年和 2003～2006 年。为了得到更稳健的估计，三次调查数据可以像其他一些老年研究应用的那样集合在一起估计。时间 1 指代际支持可能发生变化的每个时间间隔的起点，而时间 2 指每个时间间隔的终点。因此，在本研究中时间 1 可能是 2001 年或 2003 年，时间 2 可能是 2003 年或 2006 年。由于在这种集合数据（pooled data）中每个观测对象有两个观测点，为了调整同一观测对象不同观测值带来的内部相关性（intra-subject correlation）（Liang & Zeger，1986），本研究将应用随机效应模型进行分层分析（STATA，2005）。

本书的动态可能性研究是对代际支持水平分析的进一步深入，首先，动态分析通过研究影响因素的状态变化对代际支持变动的贡献深入掌握代际支持的变动过程，以及子女外出行为对代际支持的影响；其次，通过子女外出状态以及职业和居住安排的转换，剥离通过正式就业外出以及婚姻形式外出的子女对代际支持的影响，进一步确认劳动力外流对家庭代际支持的作用；最后可以通过子女外出变动对代际支持的动态影响进一步确认代际支持模式赖以生存的约束机制的作用。本质上，动态可能性研究的结果与支持水平的分析应该相互印证。因此，在对代际支持水平研究的基础上，需要从动态角度，研究父母和单个子女的性别分工机制，对代际支持性别分工模式假设进一步细化，验证代际支持的变动过程是否符合性别分工模式。

第五章 老年父母代际支持的
性别分工模式

第一节 研究设计

一 研究目标和研究假设

在代际支持性别分工分析框架中已经说明，代际支持活动涉及父母与子女两方。家庭内部所有子女的代际支持活动的总和构成老年人的代际支持，但是代与代之间、老年父母之间以及子女之间是如何分工的呢？父母的个人和家庭特征对老年人代际支持活动产生何种影响？子女个人以及家庭特征又是如何影响其在家庭内部的代际支持行为的呢？在社会经济转型，传统性别角色和分工发生变化的情况下，不同性别的父母与子女之间的代际支持，以及儿子和女儿之间的代际支持分工遵循何种方式？以下两章将根据第三章中构建的中国农村老年人家庭代际支持性别分工模式提出相应的假设，并建立回归模型；利用三次调查的纵向数据，从父母和子女的角度验证本书关于代际支持性别分工模式假设。有必要说明的是，以下对代际支持在老年父母与成年子女之间经济支持、生活照料和情感支持三方面的影响研究，均以交换的支持量和提供或获得支持的变动可能性为对象，这两者之间有关系，但这种关系又是不确定的。例如，向父母提供支持增加的可能性大的子女给予的支持量，并不一定比向父母增加支持可能性小的子女给予的支持量多。因此，在对三期数据的考察分析中，有必要对代际交换的支持量和代际支持变动的可能性都进行研究。以下两章的研究假设也将从代际交换的支持量和变动可能性两方面提出，以更加科学地揭示家庭代际支持性别分工。

本章将从老年父母的角度分析代际支持的老年父母性别分工模式。首先，本章将第三章提供的代际支持性别分工模式假设根据单项代际支持性别分工分析框架提供的影响因素细化，按照老年父母的不同性别进行分解，在控制了关于代际支持的老年父母性别分工模式的影响因素基础上，验证老年父母代际支持性别分工模式的假设。

子女外出改善了家庭的经济状况，但是其经济收入的增加意味着子女为父母提供劳务性帮助的时间成本增加，而且外出带来的空间距离增加导致劳务性帮助的传递成本增加（Zimmer & Kwong，2003）。为了在履行赡养老年父母义务的同时，降低代际支持成本，外出子女会作出适当调整。例如，子女可能以经济支持弥补生活照料不足的方法，对父母的财物帮助增多（Sun，2002）。另一方面，空间距离也阻碍了老年父母与外出子女之间更多的生活照料帮助。由于不同性别的老年人的自有资源及在家庭中的角色和分工不同，女性在家庭中的照料者角色可能使老年母亲与子女的生活照料帮助受子女外出的影响更大。由此导出关于老年父母的第一个假设：

H1a：有子女外出的老年父亲比老年母亲获得经济支持水平更高，有子女外出的老年母亲比老年父亲提供的生活照料水平更低。

H1b：有子女外出的老年父亲比老年母亲获得经济支持增加的可能性更大，有子女外出的老年母亲比老年父亲提供生活照料增加的可能性更小。

在一个合作群体的家庭中，父母对子女发展的责任心驱使其为子女提供帮助，而后者也提供相应回报。由于日间照料在中国农村很少有，老年父母就成为子女外出寻找工作后有价值的资源（Chen，Short et al.，2000），全天或部分照顾孙子女。由于女性在家庭中的照料角色，老年母亲往往为子女提供更多的照料帮助。Yang（1996）发现，老年母亲而非老年父亲在帮助照料孙子女时，得到子女更多的经济支持，这说明虽然父系更标准化，但可能更少是基于补偿性原则。尤其随着时间推移和年龄增长，老人为子女提供帮助的能力不断下降，对子女代际支持的需求上升。因此，当老年父母对子女提供的孙子女照料增加时，需要更多的回报加以补偿，而对于经济收入和健康状况处于劣势的老年母亲这种补偿则更为重要。因此，本章关于老年父母提供孙子女照料的假设为：

H2a：与老年父亲相比，提供孙子女照料的老年母亲得到子女更多的经济支持和生活照料。

H2b：提供孙子女照料增加的老年母亲比老年父亲获得子女经济支持和生活照料增加的可能性更大。

虽然老人与孙子女同住有相当大的比例——在某些亚洲国家超过 50%（Hermalin，Roan et al.，1998），但是这类家庭户的老年父母（即祖父母）并不是普遍意义上照料者。也就是说，除了隔代家庭，其他与孙子女同住的情况难以推断出孙子女是否依赖于老年父母的照料。隔代家庭作为子女外出的重要产物（张文娟、李树茁，2004），往往为了增强外出子女的竞争力，降低外出成本。这是出于传统的"家庭伦理"观念，老年父母为了子女的发展会尽其所能地提供帮助。另一方面，养老的"责任内化"（张新梅，1999）也保证了子女为父母提供老年保障的可能性。隔代同住的老年父母为外出子女提供帮助，并获得子女相应的回报。而老年母亲固有的家庭照料者的角色，往往会得到子女更多的回报。因此，提出关于老年父母的第三个假设：

H3a：与老年父亲相比，隔代居住的老年母亲得到子女更多的经济回报。

H3b：持续隔代家庭时间更长的老年母亲比老年父亲获得经济回报增加的可能性更大。

情感支持作为代际关系质量的重要标志，与经济支持和生活照料密切相关。在西方的研究证明，情感支持是老年人潜在代际支持资源的重要标志（Krause，Liang et al.，1990；Thompson & Krause，1998），虽然有研究认为情感支持对老年男性福利的影响不如对老年女性的影响明显（Patrick，Cottrell et al.，2001），但是由于两性自有资源和需求存在差异，不同性别老人的情感支持与经济支持和生活照料之间的某种替代关系并不相同。因此，关于不同性别的老年父母单项代际支持内容相互关系的假设为：

H4a：老年父亲情感支持水平受其获得经济支持水平的影响更大，老年母亲情感支持水平受其获得生活照料水平的影响更大。

H4b：老年父亲情感支持增加的可能性受其获得经济支持增加的影响更大，老年母亲情感支持增加的可能性受其获得生活照料增加的影响更大。

二　研究方法

本研究采用的分析数据来自"安徽省老年人生活福利状况"抽样调查

分别在 2001 年、2003 年和 2006 年获得的纵向调查数据，研究对象是在三次调查都参与了的 1034 名有存活子女的老人，对有拒答或回答不出来的问题的案例进行删除后，最后用于数据分析的是全部参与了三次调查的 2949 个（983 位老人）案例，其所有子女均已成年。而在动态分析中，则尽量覆盖了有完全信息的老人案例，共包括 2035 个案例。

研究依据第三章的代际支持性别分工分析框架，按照代际支持的相关内容，将其划分为经济支持、生活照料和情感支持，按照代际支持的流向分为子女提供给父母（子女→父母）的支持和父母提供给子女（父母→子女）的支持，采用线性回归模型，分析老年父母的各单项代际支持行为。但作为测量每个子女与老年人之间的双向感情亲密程度的指标，对情感支持未进行分流。

本章依据第三章构建的单项代际支持性别分工分析框架对老年父母的单项代际支持行为进行分析。对老年父母代际支持行为的研究分性别建立回归模型，分析老年人的社会经济状况、身体健康状况（行为能力）、家庭特征（子女分布结构、居住安排）、年龄等特征对其接受和提供的各种代际支持水平的影响。鉴于代际存在交换行为以及情感支持是代际关系质量的重要指标，在考察经济支持和生活照料行为时，将对应的反向支持以及情感支持纳入模型自变量中，而在考察情感支持的影响因素时将实际性代际支持行为作为自变量放入模型。

由于代际支持水平在三次调查期间整体上呈现了明显的变动趋势，但是我们并不能确保每一位老人的代际支持水平都遵循相同的变动轨迹。图 5-1 显示了 4 例抽样样本代际支持水平（以老年父母获得经济支持为例）随时间变动的不同模式。可见，老年父母代际支持的变动趋势可能存在明显的个体差异，我们有必要在研究中分离出这种变动的个体差异的影响。

基于数据的结构特征，我们运用多水平分析中的个体增长模型来探索老年人家庭代际支持的性别分工及其影响因素。研究样本是全部经历了 2001 年、2003 年和 2006 年三次跟踪调查的老人。由于"安徽省老年人生活福利状况"调查只有三次观测数据，因此我们假设代际支持的变化呈线性增长，而不是非线性增长。原因是在于线性增长模型中，考察变化有两个参数，即截距和斜率。三次观测数据在估计模型参数时才能有一个自由度，如果想考察二次增长，至少需要四次观测。由于本研究中，我们并不考察造成老年人及其子女代际支持水平变动个体差异的主导因素，而只引入随机因子来消除代际支持水平动态变化的个体差异（即不设置解释变量来解释增长的斜率），随机效应模型中对应的随机因子是一个不可测的随机向量矩阵。模型的表达式如下所示（以老人获得的经济支持为例）：

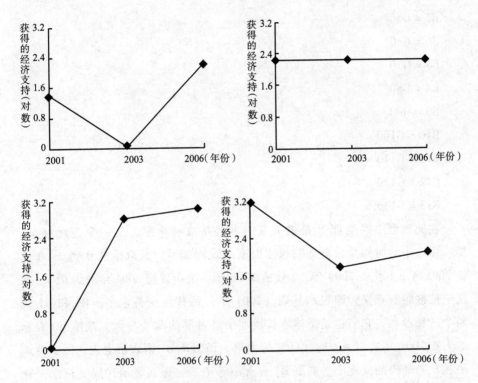

图 5 - 1　三次跟踪数据中 4 例随机抽样样本代际支持的个体变动趋势

层一：

Y = B0 + B1 * 时间 + B2 * 婚姻状况（时间）＋ B3 * 居住安排 1（时间）＋ B4 * 居住安排 2（时间）＋ B5 * 独立经济收入（时间）＋ B6 * 行为能力（时间）＋ B7 * 有无本村儿子（时间）＋ B8 * 有无本村女儿（时间）＋ B9 * 有无外出儿子（时间）＋ B10 * 有无外出女儿（时间）＋ B11 * 孙子女照料（时间）＋ B12 * 提供的经济支持（时间）＋ B13 * 情感支持（时间）＋ e

层二：

B0 = G00 + G01 * 基期年龄 + G02 * 职业 + G03 * 教育程度 + G04 * 相对

社会地位 + U0

B1 = G10 + U1

B2 = G20

B3 = G30

B4 = G40

B5 = G50

B6 = G60

B7 = G70

B8 = G80

B9 = G90

B10 = G100

B11 = G110

B12 = G120

B13 = G130

在此模型中因变量 Y 是老人获得的经济支持水平，是一个连续变量。层一模型中的时间是指自基期观测以来的观测编号，其取值从 0 到 2，0 代表 2001 年，1 代表 2003 年，2 代表 2006 年。之所以将 2001 年取为 0，目的在于使截距有意义，即表示基期（2001 年）的代际支持水平。B0 和 B1 是两个增长参数，它们也是个体增长模型中最重要的两个参数。截距 B0 表示老人在 2001 年基期调查时代际支持水平，而斜率 B1 则表示老人代际支持水平在观测期内的变化率。如果 B1 显著不等于零，那么表示代际支持水平在观测期内发生了显著变化。由于本书的研究目标，我们只假设老人代际支持水平的变化率在不同个体（老人）间存在差异，而不考察造成这种差异的因素。本研究在层一模型中加入婚姻状况、居住安排、独立经济收入、行为能力等会随时间发生变化的变量。在层二模型中，本研究加入了一些不随时间变化的老人个体特征变量，如基期年龄、职业、教育程度等。

而动态可能性分析则研究几个主要影响因素变动引起的老年父母代际支持变化，以及如何重新达到平衡的过程。因此，支持增加可能性分析的相关因素与支持量分析基本相同；对代际支持的划分也与之相同，对经济支持和生活照料的双向交换进行分解，情感支持则不进行分流。为调整同一对象在不同观测时点的观测值带来的内部相关性（Liang & Zeger，1986），对老年父母代际支持的动态可能性分析采用随机效应的 Logistic 回归模型，以各种代际支持水平是否增加为因变量，研究子女外出、居住安排、健康状况、经济状况等变化对不同性别的老年父母的代际支持水平增加可能性的影响。

三　变量的测量

根据理论研究背景和本章的研究假设，首先选择分析采用的适当因变量和自变量。下面将分别简要论述老年父母代际支持性别分工研究中所需变量的定义、测量方法和基本描述统计特征。

1. 支持量分析中变量的测量

（1）因变量

根据代际支持的内容划分，将支持量分析的模型中的因变量分别设置为老年人提供和接受的经济支持、生活照料和情感支持水平。

a）经济支持

老年人获得的经济支持是指所有存活子女（包括子女的配偶）为其提供的现金、礼物、食品等物品的总价值。老年人提供的经济支持是指其为所有存活子女（包括后者的配偶和未成年子女）提供的现金、礼物和食品等物品的总价值。为了降低拒答的可能性，对代际经济支持水平进行了分段划分，①50 元以下；②50～99 元；③100～199 元；④200～499 元；⑤500～999 元；⑥1000～2999 元；⑦3000～4999 元；⑧5000～9999 元；⑨10000 元以上。如果无法提供准确答案，调查者可以要求被调查人员在上述答案区间中进行选择，然后取各段的中间值（最高区间为 10000 元）进行累加。以老年人获得或提供的经济支持水平的对数值作为其在模型中对应的经济支持。

b）生活照料

老年人获得的生活照料帮助是指所有存活子女（包括其配偶和子女）为其提供的家务帮助，如打扫卫生、洗衣服、洗碗等，以及个人生活起居照料，如帮助洗澡、穿衣服等。老年父母提供的生活照料是指其为所有存活子女（包括后者的配偶和子女）提供的上述帮助。在问卷中通过询问提供（或接受）家务帮助和日常照料的子女（包括其配偶）人数和每个人帮助频率来考察支持水平的高低。将提供（或接受）帮助的频率按照如下原则进行赋值，①每天都做 = 7.5；②每周至少一次 = 1.5；③每月几次 = 0.5；

④很少 = 0。将所有提供帮助的子女（包括其配偶）的得分进行累加，得到老年父母接受生活照料的水平值；按照同样原则进行累加，得到老年父母提供生活照料的水平值。

c）情感支持

情感支持指所有存活子女与老年父母间的平均感情亲密程度，其本质是测量代际双方感情投入程度的变量，所以不再按照流向分别建立模型进行回归分析。问卷中对于老人与子女的感情亲近程度通过询问以下三个问题进行测量：①"从各方面考虑，您觉得和这个孩子感情亲近吗？"②"总的来讲，您觉得自己和这个孩子相处得好吗？"③"当您跟这个孩子讲自己的心事或困难时，您觉得他/她愿意听吗？"答案采用三级测量标准，三个问题的累加得分为与该子女亲近程度的总得分，得分取值范围为 3 ~ 9 分，将所有子女的量表得分进行平均，得到老年父母与子女群体的感情亲密程度得分。三次调查的量表的 Alpha 信度系数分别为 0.86、0.96 和 0.83，稳定性较高。与经济支持以及生活照料不同，老人与子女间的平均感情亲近程度比总量更能够表明代际关系的质量。因此，本章采用平均值测量代际的情感支持水平。同时，也避免了情感支持与子女数量产生多重共线性。

（2）自变量

a）子女状况

为了考察子女的性别以及居住距离对代际支持的影响，将所有子女分为四类：① 本村居住的儿子；②本村居住的女儿；③外出的儿子；④外出的女儿。为了避免与居住安排之间产生多重共线性，本村居住的儿子和女儿不包括与老人同住的子女。子女外出指成年子女离开父母居住的村子到外面居住，在外出的原因上儿子和女儿存在根本区别。工作是儿子外出的主要原因，他们在城市的工作和生活条件较差，由于现行的户籍以及其他社会政策和打工者自身条件的限制，他们在城市中长期定居的可能性很小，其中许多人的子女甚至妻子仍居住在村子里；女儿外出的主要原因是婚姻，在中国传统的"男娶女嫁"的婚姻形式下，女儿结婚以后成为丈夫家庭中的成员，而丈夫来自本村的可能性较小，所以婚姻造成了大部分成年女儿的外出。虽然也会有少数女儿随同他们的配偶外出打工，但总体看来，婚姻仍旧是导致女儿离开村子居住的最主要原因。从上述有关外出原因的论述来看，三期面板数据无法完全将婚姻带来的外出与打工导致的外出分开，但外出打工对代际支持的影响可以在动态变化分析中得到进一步确认。

另外，老年父母对子女提供孙子女照料也可视为一种资源的转移，反映了不同的支持资源在代与代之间的分配策略，以及子女支持其父母的能力。已有的研究发现，照料未成年子女是老年人获取经济支持的重要途径（Shi，1993；Lee & Xiao，1998）。子女得到老人孙子女照料的帮助以过去一年里老人照看每个成年子女的子女（孙子女）的频率来衡量。取值范围为0～6：0＝没有；1＝很少；2＝大约每月一次；3＝每月几次；4＝每星期至少一次；5＝每天，但不是全天；6＝每天从早到晚。将老人提供给每个子女的孙子女照料得分进行累加，得到老人提供的孙子女照料水平值。

b）健康状况

研究中采用老年人的行为能力作为健康指标，该指标包括基本生活自理能力（Physical Activity of Daily Living，PADL）、利用设施的生活自理能力（Instrumental Activity of Daily Living，IADL）和活动能力（Mobility activity），对基本日常生活自理能力的测量是采用 Katz 量表（Katz，1983），共有 6 个项目：洗澡、吃饭、穿衣、下床、房间内走动、上厕所。应用设施的生活自理能力的测量包括做饭、购物、乘车、做家务、家庭理财共 5 个项目。对活动能力的测量包括提起或搬动 10 公斤重的东西、爬一层楼的楼梯或台阶、弯腰（蹲下）或跪坐、步行 100 米。上述的 15 个项目全部采用三级测量：没有困难，有点困难，自己根本无法完成。把全部量表的 15 项得分进行累加，得到被调查者的行为能力得分，量表的得分范围为 15～45 分，得分越高说明生活自理能力越好。在三次调查中，上述 15 项问题构成的总量表的 Alpha 系数分别为 0.94、0.96 和 0.96，表明量表的稳定性很好。

c）人口变量

以老年人为对象的代际支持分析模型中考虑了年龄、婚姻状况、居住安排等反映个人基本信息的变量。为了考察子女外出对老人的影响，在居住安排中将后者分为三类：单独或与配偶居住、与子女（或其配偶）同住、与孙子女隔代居住。其中婚姻状况和居住安排是会随时间变化而变动的变量。

d）经济状况

研究中用来反映老年人状况的基本社会经济变量包括职业、教育状况、独立经济收入和相对社会地位，上述变量分别将老年人群进行如下划分，农业和非农业、是否受过教育、是否有独立经济收入、配偶的职业是否好于本人。是否有固定、独立的经济收入是老年人经济状况好坏的重要标志，并随时间而发生变化。

2. 动态可能性分析中变量的测量

对老年父母性别分工的动态可能性分析以各代际支持水平是否增加为因变量，以老年人的健康状况、子女外出以及居住安排等主要影响因素的状态变动为自变量，以其他静态影响因素为控制变量，研究自变量的状态迁移对因变量状态变化可能性的影响。

（1）因变量

根据代际支持的内容，本章回归分析模型的因变量设置为老年人提供和接受的经济支持、生活照料和情感支持水平是否增加。

a）经济支持是否增加

老年人获得的经济支持和提供的经济支持的具体测量计算方法与支持量分析中变量的测量方法相同。将老年人时间 1 获得与提供的经济支持总量与时间 2 获得与提供的经济支持总量分别进行对比，以对应的经济支持是否增加作为模型中经济支持状态变化的测量指标，分"是，否"两级测量。回归模型将"否"作为基准参考类型。

b）生活照料是否增加

按照支持量分析中提供的老年人生活照料变量的测量方法，分别计算老年人在时间 1 和时间 2 接受和提供的生活照料帮助总量，比较时间 1 时老年人接受和提供的该类支持与时间 2 的对应值相比是否有所增加，分"是，否"两级测量。回归模型将"否"作为基准参考类型。

c）情感支持是否增加

与支持量分析中变量的测量方法相同，分别计算时间 1 与时间 2 老年人与所有子女之间的平均情感支持水平，然后比较时间 1 和时间 2 的平均情感支持水平，判断老年人与子女之间的感情亲近程度是否增加。回归模型将"否"作为基准参考类型。

（2）自变量

a）代际支持

各种代际支持是否增加，不仅取决于影响因素的变动状况，而且也受代际支持时间 1 时水平的限制，因此在分析各代际支持增加的可能性时，将对应的时间 1 支持水平和反方向支持水平的增加引入模型作为自变量。在分析情感支持时，将各种实际支持的增加以及情感支持在时间1时的水平引入分析模型。

b）子女状况

子女可能存在的变化有两类，子女数量与空间距离分布。对农村老年人而言，三次调查期间因生育以及抱养等原因引起的子女增加微乎其微。有子女死亡事件发生的老年人也不足2.0%，比例过低，可以忽略不计。主要是子女的外出以及返回导致空间分布发生变化，因此，在本章的分析内容中引入分性别的子女外出状态变化作为自变量。

老人对子女的孙子女照料与支持量分析的测量方法相同。比较时间1和时间2老人帮助子女照料孙子女的频率，得到在时间2老人提供孙子女照料的水平是否有所增加，分"是，否"两级测量。回归模型将"否"作为基准参考类型。

c）居住安排

时间1与时间2两个时间点之间居住安排的可能状态迁移有以下几种：①一直独居或与配偶同住；②单独居住→与子女同住；③单独居住→隔代居住；④子女同住→单独居住；⑤一直与子女同住；⑥与子女同住→隔代居住；⑦隔代居住→单独居住；⑧隔代居住→与子女同住；⑨一直隔代居住。

d）独立经济收入

老年人在时间1的独立经济收入以老年人（包括其配偶）独立劳动所得的收入的对数值进行测量。对比时间1和时间2老人的独立经济收入，将时间2时老人的独立经济收入有无减少作为状态变化变量，模型中同时也加入了时间1时老人的独立经济收入水平。

e）健康状况

健康状况是一个带有马尔可夫效应的变量，时间2时老人的身体健康状况与以前的状态密切相关，因此在模型中不仅引入了时间2老年人的行为能力是否下降的状态变化变量，还加入了时间1时老年人的行为能力。

（3）控制变量

研究中引入了老年人的年龄、受教育程度、职业、相对社会地位以及婚姻状况作为控制变量，前四个变量不会随着时间的推移发生状态变化，而婚姻发生状态迁移者的比例低于5%，因此也将其作为不随时间变化的变量处理。上述所有作为控制变量的静态指标的取值以时间 1 的水平为准。变量的测量以及取值分布趋势可以参看表 5-1 的统计描述。

第二节　老年父母代际支持性别分工及相关影响因素

首先从老年父母的角度描述了三次调查中经济支持、生活照料及情感支持分性别的分布，按照第三章代际支持性别分工分析框架中的相关影响因素，给出了老年父母代际支持性别分工影响因素的基本描述，以及在此基础上的有关老年父母代际支持、子女状况、独立经济收入以及健康状况变化的动态描述统计。

一　老年父母的代际支持性别分工及相关影响因素现状

如图 5-2 显示，随着时间推移，社会经济的发展和人民收入水平的提高，老年父母获得的经济支持水平也有所增加。但是，随着年龄的增长，老年父母获得的经济支持逐渐减少，老年母亲尤为明显。相对年轻的老年父母中，母亲获得的经济支持高于父亲，但是高龄老人中老年父亲获得的经济支持明显高于老年母亲。老年父母为子女提供的经济支持则随着年龄的增加而下降，且老年父亲对子女的经济帮助明显超过老年母亲（如图 5-3）。

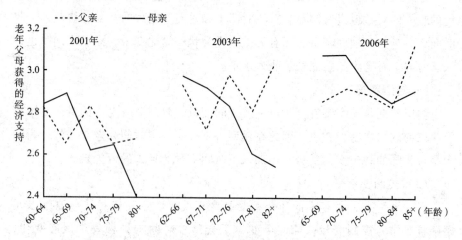

图 5-2　老年父母获得的经济支持（对数值）

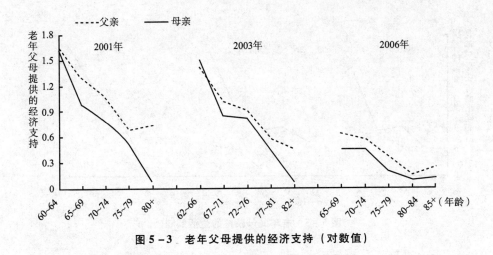

图 5 － 3　老年父母提供的经济支持（对数值）

如图 5 － 4 所示，随着年龄的增加，老年父亲获得的经济支持净值明显增加，而老年母亲获得的经济支持净值则不断减少，且随着时间推移，这种差距加剧。这一结果与老年女性在经济上的劣势相一致。

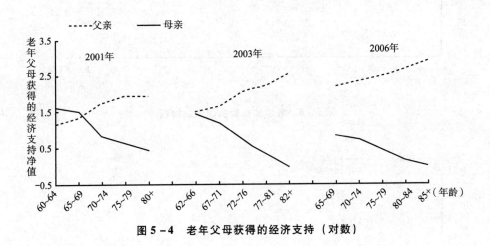

图 5 － 4　老年父母获得的经济支持（对数）

如图 5 － 5 显示，随着年龄增长，老年父母获得的生活照料不断增加，且老年母亲得到的照料多于老年父亲。而老年父母为子女提供的生活照料则随着年龄增长和时间推移有下降趋势，但在各个年龄段老年母亲对子女提供的照料帮助都高于老年父亲（如图 5 － 6）。关于老年父母得到的生活照料净值的分析则显示老年父母获得的生活照料净值随着年龄增长不断增加，而且老年母亲的获益更多（如图 5 － 7）。

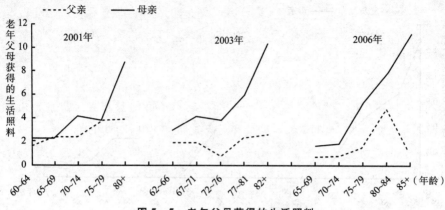

图 5-5　老年父母获得的生活照料

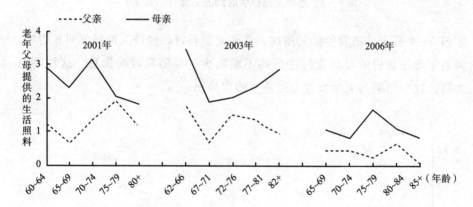

图 5-6　老年父母提供的生活照料

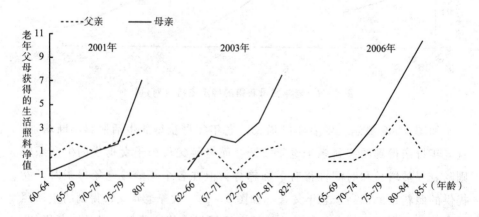

图 5-7　老年父母获得的生活照料净值

　　图5-8的结果显示，老年父亲与子女的情感支持随着年龄增长趋于下降；而老年母亲与子女的情感支持在各年龄段相对平稳，没有明显的年龄趋势。在低龄老人中，老年父亲与子女间的情感支持高于老年母亲，但是高龄老人中老年母亲与子女的感情融洽程度高于老年父亲。

　　如图5-9所示，老年父母向子女提供的孙子女照料随着年龄增长和时间推移而不断减少。但是老年父亲和母亲之间并没有明显的性别差异，对性别与老年父母的孙子女照料所作的方差分析（结果省略）也验证了上述观察结果。

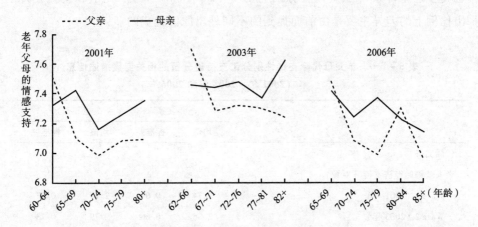

图5-8　老年父母的情感支持

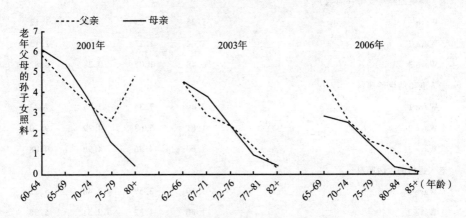

图5-9　老年父母的孙子女照料

分性别的老年父母代际支持回归模型中的自变量和因变量的具体描述信息见表5-1。有半数左右的老年人有儿子在本村居住（不包括同住的儿子），其中在调查期内老年父亲有儿子在本村居住的比例（三次调查分别为44%、44%和41%）低于老年母亲（三次调查分别为53%、50%和48%）。超过60%的老人有儿子外出，且老年父亲有儿子外出的比例（三次调查分别为68%、72%和71%）高于老年母亲（三次调查分别为63%、62%和60%）。仅有不到30%的老人有女儿在本村居住。超过74%的老人有女儿外出，且老年父亲有女儿外出的比例（三次调查分别为82%、83%和83%）也高于老年母亲（三次调查分别为76%、77%和74%）。儿子和女儿在外出比例上的差异主要是由前面提到的不同外出原因造成的。

表 5-1　老年父母代际支持性别分工支持量分析的相关变量描述信息
（2001 年、2003 年和 2006 年）

变量	老年父亲		老年母亲	
	均值	标准差	均值	标准差
代际支持				
老人获得的经济支持（对数）				
Wave 1（2001 年）	2.74	0.69	2.71	0.67
Wave 2（2003 年）	2.86	0.66	2.79	0.73
Wave 3（2006 年）	2.88	0.82	2.97	0.62
老人提供的经济支持（对数）				
Wave 1	1.25	1.23	0.86	1.12
Wave 2	1.04	1.23	0.79	1.13
Wave 3	0.48	1.07	0.28	0.82
老人获得的生活照料				
Wave 1	2.40	7.34	3.75	7.23
Wave 2	1.81	5.68	4.99	9.20
Wave 3	1.60	4.36	4.96	9.08
老人提供的生活照料				
Wave 1	1.19	3.57	2.48	5.12
Wave 2	1.30	4.32	2.51	5.98
Wave 3	0.42	1.86	1.10	3.64

续表 5－1

变量	老年父亲		老年母亲	
	均值	标准差	均值	标准差
老人与子女的平均情感支持				
Wave 1	7.22	1.23	7.30	1.20
Wave 2	7.43	1.26	7.45	1.18
Wave 3	7.24	1.36	7.28	1.24
子女状况				
本村儿子（不包括同住者）：有				
Wave 1	0.44	0.50	0.53	0.50
Wave 2	0.44	0.50	0.50	0.50
Wave 3	0.41	0.49	0.48	0.50
本村女儿（不包括同住者）：有				
Wave 1	0.27	0.45	0.29	0.45
Wave 2	0.27	0.45	0.27	0.45
Wave 3	0.25	0.43	0.31	0.46
外出儿子：有				
Wave 1	0.68	0.47	0.63	0.48
Wave 2	0.72	0.45	0.62	0.49
Wave 3	0.71	0.45	0.60	0.49
外出女儿：有				
Wave 1	0.82	0.39	0.76	0.43
Wave 2	0.83	0.37	0.77	0.42
Wave 3	0.83	0.37	0.74	0.44
孙子女照料				
Wave 1	4.48	4.76	3.69	4.46
Wave 2	3.01	3.97	2.57	3.62
Wave 3	2.77	3.81	1.58	2.79
老人特征变量				
婚姻状况：已婚有配偶				
Wave 1	0.79	0.41	0.51	0.50
Wave 2	0.76	0.42	0.46	0.50
Wave 3	0.71	0.45	0.38	0.49

变量	老年父亲		老年母亲	
	均值	标准差	均值	标准差
居住安排：独居或与配偶同住（Wave 1）	0.36	0.48	0.28	0.45
与子女或其配偶同住（Wave 1）	0.41	0.49	0.54	0.50
与孙子女隔代居住（Wave 1）	0.23	0.42	0.18	0.38
Wave 2	0.39	0.49	0.26	0.44
Wave 2	0.38	0.49	0.56	0.50
Wave 2	0.23	0.42	0.19	0.39
Wave 3	0.35	0.48	0.21	0.41
Wave 3	0.43	0.50	0.65	0.48
Wave 3	0.21	0.41	0.14	0.35
独立经济收入：有				
Wave 1	0.71	0.45	0.39	0.49
Wave 2	0.64	0.48	0.33	0.47
Wave 3	0.60	0.49	0.35	0.48
健康状况：行为能力				
Wave 1	42.90	3.88	38.72	6.57
Wave 2	42.58	4.71	38.82	6.88
Wave 3	40.23	6.67	35.91	8.19
老人特征变量（不随时间变化）				
年龄（Wave 1）	68.38	5.96	71.08	7.01
职业：非农业（Wave 1）	0.09	0.28	0.05	0.22
教育程度：上过学（Wave 1）	0.44	0.50	0.06	0.25
相对社会地位：配偶的职业好于本人（Wave 1）	0.02	0.13	0.08	0.27
样本数	452		531	

数据来源：根据 2001 年、2003 年和 2006 年"安徽省老年人生活福利状况"跟踪调查数据计算。

综上所述，老年母亲的婚姻、健康状况以及社会经济状况与老年男性相比处于明显劣势，他们获得的经济支持、生活照料和情感支持平均水平也相应超过男性；且随着年龄增长，老年人的健康状况、社会经济状况有不同程度的恶化，使之更依赖于子女。

二　老年父母的代际支持性别分工及相关影响因素的变动

老年人代际支持、子女状况、独立经济收入以及健康状况变化的动态描述统计见表 5－2（其他有关代际支持水平以及时间 1 控制变量的统计分布趋势与表 5－1 的描述基本一致）。表 5－2 的统计结果显示，有超过半数的老年人在时间 2 获得的经济支持超过时间 1 时获得的支持水平（老年父亲为 57.38%，老年母亲为 58.76%），但是老年父亲和老年母亲在获得的经济支持增长的可能性方面没有显著差异。仅有 20% 左右的老人为子女提供的经济支持有所增加，且老年父亲的增长超过老年母亲（22.45% Vs 16.53%）。在生活照料方面，老年母亲获得或提供的支持水平增加的可能性都超过老年父亲（29.38% Vs 15.73%；12.94% Vs 8.79%）。而老年母亲与老年父亲与子女的平均情感支持增加的可能性没有显著的差异（42.23% Vs 41.43%）。

表 5－2　老年父母代际支持性别分工动态可能性分析的相关变量描述信息

单位：%

变　　量		老年父亲	老年母亲
代际支持			
老年人获得的经济支持增加	否	42.62	41.24
	是	57.38	58.76
老年人提供的经济支持增加	否	77.55	83.47
	是	22.45	16.53
老年人获得的生活照料增加	否	84.27	70.62
	是	15.73	29.38
老年人提供的生活照料增加	否	91.21	87.06
	是	8.79	12.94
老年人与子女间的平均情感支持增加	否	58.57	57.77
	是	41.43	42.23
子女状况			
有儿子外出	无	28.42	38.90
	有	71.58	61.10
有女儿外出	无	17.90	25.25
	有	82.10	74.75

续表 5 - 2

变 量		老年父亲	老年母亲
有儿子返回	无	83.62	82.75
	有	16.38	17.25
有女儿返回	无	89.80	89.31
	有	10.20	10.69
老人的孙子女照料增加	否	77.33	85.00
	是	22.67	15.00
居住安排：一直独居或与配偶同住		24.73	17.70
独居或与配偶同住→与子女同住		7.27	5.39
独居或与配偶同住→隔代居住		5.10	3.41
子女同住→独居或与配偶同住		5.86	1.80
一直与子女同住		28.31	48.43
与子女同住→隔代居住		5.64	4.31
隔代居住→独居或与配偶同住		6.07	3.77
隔代居住→与子女同住		5.42	5.75
一直隔代居住		11.61	9.43
独立经济收入			
独立经济收入减少	否	64.64	78.26
	是	35.36	21.74
健康状况			
行为能力下降	否	64.43	51.93
	是	35.57	48.07
样本数		922	1113

数据来源：根据 2001 年、2003 年和 2006 年 "安徽省老年人生活福利状况" 跟踪调查数据计算。

老年人中以独居或与配偶同住者为最多，与子女同住者次之，与孙子女隔代居住者最少。这种次序在三次调查中相同，但是部分老人在时间 1 和时间 2 的时间间隔里与子女以及孙子女之间的居住安排发生变化。对老年父亲来说，居住安排可能发生的变化中以下列三种状态转换的发生比例为最高：①时间 1 独居或与配偶同住转换为时间 2 与子女同住（7.27%）；②时间 1 隔代居住转换为时间 2 独居或与配偶同住（6.07%）；③时间 1 与子女同住转换为时间 2 独居或与配偶同住（5.86%）。从上述转换可以发现，后两种转换是子女外出所造成，这些转换增加了老年人独居或与配偶同住的比例。对老年母亲来说，居住安排最可能发生的变化的是：①时间1隔代居住转换为时间2与子女同住（5.75%）；②时间1独居或与配偶同住转换为时间2与子女同住（5.39%）；③时间1与子女同住转换为时间2隔代居住（4.31%）。从上述转换可以发现，虽然老年母亲居住安排转换也是子女外出/回流所造成的，但这些转换增加了老年人与子女同住的比例。因此，在不利的居住安排转换中，男性发生的比例较高，而有利的居住安排转换在老年女性中发生的比例较高，说明老年男性的居住安排不利转变趋势更为明显。

　　与表5-1的统计结果相似，表5-2的结果显示，随着时间的推移，老年人的健康和经济状况不断恶化。有42.4%的老人在从时间1到时间2的时间间隔内行为能力发生下降，其中老年母亲中下降的比例超过老年父亲（48.07% Vs 35.57%）。老年父亲有独立经济收入者的比例明显超过老年母亲，并且从时间1到时间2之间，老年父亲独立经济收入增加的比例也超过老年母亲（35.36% Vs 21.74%）。

第三节　老年父母代际支持性别分工的支持量分析

一　老年父母经济支持性别分工

1. 回归结果

（1）老年父母获得的经济支持

　　表5-3中的老年父母经济支持多水平回归分析结果显示，老人获得的经济支持（子女→老年父母）水平与其提供的经济支持及情感支持水平的成正比。外出子女对老年父母获得的经济支持的贡献超过本村子女，且外出子女对老年父亲获得经济支持的贡献超过对老年母亲的贡献；但是与对老年父亲的影响相比，本村子女对老年母亲获得经济支持的贡献更大。老年母亲获得的经济支持随其提供的孙子女照料的增加而上升；有配偶以及与孙子女隔代居住的老年母亲获得的经济支持超过其他老年母亲，但是对老年父亲没有影响。有独立经济收入或从事非农业的老年父亲获得的经济支持较少，而受过教育的老年父亲获得的经济支持水平较高。

表 5 - 3　以老年人为研究对象的经济支持多水平模型估计值（N = 983）

层一变量系数	层二变量	老年父亲		老年母亲	
		子女→ 父亲	父亲→ 子女	子女→ 母亲	母亲→ 子女
代际支持					
老年人获得的经济支持（对数）			0.195 **		0.158 ***
老年人提供的经济支持（对数）		0.088 ***		0.080 ***	
老年人获得的生活照料					
老年人提供的生活照料					
情感支持		0.117 ***	0.063 **	0.095 ***	0.041 *
子女状况					
本村儿子（不包括同住者）	无				
	有	0.078 *	- 0.046	0.126 **	- 0.097 *
本村女儿（不包括同住者）	无				
	有	0.107 **	- 0.010	0.115 **	- 0.017
外出儿子	无				
	有	0.277 ***	0.182 **	0.209 ***	- 0.012
外出女儿	无				
	有	0.285 ***	- 0.238 **	0.265 ***	- 0.057
孙子女照料		0.006	0.058 ***	0.011 *	0.063 ***
老人特征变量					
婚姻状况：离婚或丧偶					
已婚有配偶		0.060	0.156	0.088 *	0.224 **
居住安排：独居或与配偶同住					
与子女或其配偶同住		0.036	0.172 *	0.020	- 0.089
与孙子女隔代居住		0.068	0.323 **	0.137 *	0.258 *
独立经济收入	无				
	有	- 0.277 ***	0.264 ***	- 0.166 ***	0.165 *
健康状况：行为能力		- 0.002	0.012 *	- 0.002	0.009 **
代际支持水平平均变化率		0.090 ***	- 0.320 ***	0.171 ***	- 0.205 ***
对基期代际支持水平的影响					
基期代际水平的均值		1.466 ***	- 0.827 **	1.533 ***	- 0.479 *
	年龄组：60 ~ 79 岁				
	80 岁及以上	- 0.011	- 0.168	- 0.090	- 0.063
	职业：农业				
	非农业	- 0.173 *	0.335 *	0.027	0.074

续表 5 – 3

层一变量系数	层二变量	老年父亲		老年母亲	
		子女→父亲	父亲→子女	子女→母亲	母亲→子女
	教育程度：*没上过学*				
	上过学	0.085 *	0.008	– 0.016	0.344 **
	相对社会地位：*其他*				
	配偶的职业好于本人	– 0.281	0.160	– 0.093	0.230 **
方差成分（随机效应部分）					
截距 U0		0.057 **	0.317 ***	0.062 **	0.313 ***
时间斜率 U1		0.029 **	0.035	0.001	0.051 *
层一 R		0.279	0.946	0.305	0.677
老人样本		452	452	531	531

注：*** $P < 0.001$，** $P < 0.01$，* $P < 0.05$，+ $P < 0.1$；斜体为各分类变量的参照项。

数据来源：根据 2001 年、2003 年和 2006 年"安徽省老年人生活福利状况"抽样调查数据计算。

（2）老年父母提供的经济支持

根据老年父母为子女提供的经济支持（老年父母→子女）的多水平模型的回归分析结果，老年父母提供的经济支持与其获得的经济支持呈正向关系。有外出儿子的老年父亲提供的经济支持超过没有儿子外出的老年父亲，而有外出女儿的老年父亲提供的经济支持少于没有外出女儿的老年父亲；有本村儿子的老年母亲提供的经济支持则少于其他老年母亲。提供孙子女照料或与孙子女隔代居住的老年父母提供的经济支持较多；身体健康状况良好或有独立经济收入的老年父母为子女提供的经济支持也显著高于其他老人。此外，上过学或相对社会地位较低的老年母亲为子女提供的经济支持较多；而从事非农业的老年父亲为子女提供的经济支持较多。

2. 讨论

分性别的老年父母经济支持的多水平回归模型结果表明，老年父母为子女提供的经济越多，其获得的经济帮助越多，而老年父母获得的经济支持也随着他们为子女提供的经济支持的增加而上升。但随着老年父母劳动收入的减少，对子女的经济帮助下降，得到子女的经济支持增加，代与代之间的经济交换符合合作群体模式，即需要的人会得到相应的帮助。据此推断，由于老年母亲自身的经济资源劣势，其在家庭经济资源配置中会得到子女更多的帮助，因此老年母亲与子女的交换更接近于"高流动契约"。

作为性别分工影响因素的重要指标，有独立经济收入或从事非农业的老年父亲获得的经济支持较少，而从事非农业的老年父亲为子女提供的经济支持较多；但对于老年母亲则没有显著影响。这可能是由于中国农村的女性老人社会经济状况普遍较差（只有大约5%的女性老人上过学，从事非农业工作），不足以造成经济收入、职业以及社会地位等方面的分化，社会经济状况对老年母亲经济支持的影响不明显。相反，比其配偶相对社会地位较低的老年母亲提供给子女的经济支持更多，这说明在家庭中老年父亲和老年母亲的代际经济交换并没有严格的性别分工界限，而是相互依赖和资源共享，因此对于社会经济状况普遍较差的老年人来说，老年夫妇其中一方的社会经济地位较高时可以给双方带来益处，这对处于劣势的老年母亲的影响尤为明显。同时，社会经济状况较好的老人得到经济支持较多这一结果虽然不符合合作群体模型的推理结果，但与 Lee 和 Xiao（1998）对中国城乡家庭代际财富转移的研究结论一致。这可能是因为受过正规教育的老年父亲更倾向于让子女接受更多的教育，从而提高了子女提供经济回报的能力。

从表 5－3 模型的回归系数可以推断，外出子女提供的经济支持超过在本村居住的子女；由于劳动力外流带来经济收入增加以及老年父亲自身经济资源较多，可以看出外出子女对老年父亲获得经济支持的贡献更大，假设 H1a 在经济支持中得到验证。同时，在外出与本村子女两组人群中，儿子的作用要超过女儿，说明儿子对父母养老负有更大的责任。由于老年父母也是子女照料和经济资源的重要提供者，提供孙子女照料的老年父母也更多地提供了经济支持；并且由于自身资源的缺乏，老年母亲对子女的孙子女照料会得到更多的经济补偿，假设 H2a 在经济支持中得到验证。与孙子女隔代居住的老年父母会以为孙子女提供食物、零花钱等形式向其子女提供更多的经济帮助，相应的，也会获得子女的回报，尤其是与孙子女隔代居住的老年母亲获得的经济回报更多，这一结果验证了假设 H3a。

二 老年父母生活照料性别分工

1. 回归结果

（1）老年父母获得的生活照料

表 5－4 关于老年父母生活照料水平影响因素的多水平模型的回归结果

显示，老年父母为子女提供的生活照料越多，获得子女的生活照料也越多。同样，老年父母与子女之间的关系越融洽，获得的生活照料也越多。有本村女儿的老年母亲获得的生活照料水平较高，但是有本村儿子的老年母亲得到的生活照料较少；有无外出子女对老年母亲获得生活照料的影响不明显，而儿子的外出会引起老年父亲生活照料资源的减少。此外，老年母亲获得的生活照料随其提供的孙子女照料的增加而上升。与子女同住的老年父母获得的生活照料更多，行为能力越好，需要的生活照料越少。对于老年父亲来说，由于配偶是提供生活照料的首要人选，因此有配偶的老年父亲对子女提供生活照料的需求较小，与孙子女隔代居住、有独立经济收入或受过教育的老年父亲得到的生活照料也较少。而老年母亲则随着年龄增长获得的生活照料明显上升。

表 5 - 4　以老年人为研究对象的生活照料多水平模型估计值（N = 983）

层一变量系数	层二变量	老年父亲		老年母亲	
		子女→ 父亲	父亲→ 子女	子女→ 母亲	母亲→ 子女
代际支持					
老年人获得的经济支持（对数）					
老年人提供的经济支持（对数）					
老年人获得的生活照料			0.128 ***		0.096 ***
老年人提供的生活照料		0.352 ***		0.264 ***	
情感支持		0.462 ***	0.074	0.717 ***	0.017
子女状况					
本村儿子（不包括同住者）	无				
	有	0.115	- 0.251	- 0.712 +	- 0.480 +
本村女儿（不包括同住者）	无				
	有	0.361	- 0.136	1.138 *	0.224
外出儿子	无				
	有	- 0.986 *	- 0.111	- 0.336	- 0.725 *
外出女儿	无				
	有	0.322	- 0.227	- 0.148	- 0.889 **
孙子女照料		0.089	0.117 **	0.132 *	0.208 ***
老人特征变量					
婚姻状况：离婚或丧偶					

续表 5 - 4

层一变量系数	层二变量	老年父亲		老年母亲	
		子女→父亲	父亲→子女	子女→母亲	母亲→子女
已婚有配偶		-1.024*	0.205	-0.825	1.494**
居住安排：独居或与配偶同住					
与子女或其配偶同住		1.027*	0.936**	2.418***	2.670***
与孙子女隔代居住		-0.872*	-0.402	-0.482	-0.327
独立经济收入	无				
	有	-0.634+	-0.557*	-0.161	-0.708*
健康状况：行为能力		-0.145***	0.058***	-0.363***	0.131***
代际支持水平平均变化率		-0.447**	-0.205	0.187	-0.440**
对基期代际支持水平的影响					
基期代际水平的均值		5.993	-2.147*	11.157	-4.111***
	年龄组：60~79 岁				
	80 岁及以上	-0.667	-0.205	1.875*	-0.251
	职业：农业				
	非农业	0.009	-0.414+	1.186	-1.070**
	教育程度：没上过学				
	上过学	-0.666*	0.072	0.296	-0.153
	相对社会地位：其他				
	配偶的职业好于本人	-0.310	1.219	-0.665	-0.206
方差成分（随机效应部分）					
截距 U0		14.666***	3.097***	1.604	6.333***
时间斜率 U1		3.510*	0.410	1.075	0.700
层一 R		23.824	8.714	51.468	18.173
老人样本		452	452	531	531

注：*** $P < 0.001$，** $P < 0.01$，* $P < 0.05$，+ $P < 0.1$；斜体为各分类变量的参照项。

数据来源：根据 2001 年、2003 年和 2006 年 "安徽省老年人生活福利状况" 抽样调查数据计算。

（2）老年父母提供的生活照料

根据老年父母为子女提供生活照料的多水平模型回归结果，得到较多生活照料帮助的老年父母相应提供给子女的生活照料也较多，而且老年父母提供给子女生活照料水平与其情感亲密程度、关系的好坏无关。有本村儿子的老年母亲提供的生活照料较少，而子女外出也会促使老年母亲提供的生活照料明显减少；但是有无子女外出或返回并不影响老年父亲提供生活照料的水平。另外，提供孙子女照料、与子女同住或健康状况越好的老年父母提供帮助的频率明显高于其他老人，而从事非农业劳动或有独立老年收入的老年父母提供的生活照料较少。

2. 讨论

从上述的回归结果可以看出，老年父母和子女根据其需要和自有资源，为对方提供相应的帮助，以此共同提高双方的福利。随着父母年龄的增长，老人提供帮助的能力下降，子女提供的生活照料增多（见图 5 - 5）。子女为老年人提供的生活照料帮助是基于老年父母因为经济、身体健康状况以及离婚、丧偶等因素而产生的需求，这些需求对老年父亲的影响尤为明显；而老人为子女提供上述帮助是根据其经济、健康状况而定的，且对于老年母亲的影响更大。据此推断，代与代之间的生活照料帮助符合合作群体模式，最需要的人相应得到最多的帮助，而代际支持的性别分工则由于老年父母自身的需求和自有资源的性别差异得到体现。

由于农村老年人社会养老保障的缺乏，绝大部分有独立经济收入的老人的收入来自劳动所得，随着劳动能力的丧失这部分收入不断减少，因此，这一变量不仅测度经济状况，同时也是老年人劳动能力的测量指标。对于有劳动能力的老人来说，其对生活照料的需求远低于其他老人，向子女提供的生活照料也较少，这一方面说明有劳动能力、经济上独立的老年父母与子女在生活照料方面的服务交换水平较低，另一方面也暗含了子女对父母的生活照料帮助是基于老年人对代际支持的需要。因此可以推断，由于老年父亲相比老年母亲有更多的经济资源和其他照料资源（如配偶）作为缓冲，其对子女提供的生活照料依赖性较小，老年父亲与其子女代际生活照料的交换水平相对较低。

从表 5 - 4 关于生活照料的回归结果还可以看出，子女的空间分布影响了代际的生活照料。与子女同住（在传统父系家庭体系下主要是儿子）的老年父母获得和提供的生活照料帮助超过其他老人。虽然有本村女儿的老年母亲得到的生活照料较多，但是同住子女（主要是儿子）的作用超过本村邻近的女儿。外出使老年父母得到的生活照料减少，尤其是对于老年父亲来说，儿子外出的负面效应尤其明显，这主要是与传统父系家庭体系的居住安排及子女所扮演的养老角色有关。虽然已婚的儿子承担照顾家中老人的社会责任，但实际上其配偶（儿媳）才是生活照料的主要贡献者（费孝通，1985；Liu & Kendig，2000）。当儿子外出后，老年母亲可能依旧跟儿媳同住、接受儿媳照顾，但老年父亲则由于存在的"性别禁忌"（黄何明雄、周厚萍等，2003），生活照料资源明显减少，假设 H1a 在生活照料方面未得到验证。而在提供生活照料方面，由于空间距离阻碍了老年父母与外出子女之间的生活照料帮助，女性在家庭中传统的照料角色（胡幼慧，1995；张友琴，2001）使老年母亲对子女的照料帮助受子女外出的影响更大。另外，提供孙子女照料越多的老年父母向子女提供的生活照料也越多，并且会得到子女相应的同类帮助作为回报，老年母亲尤为明显，假设 H2a 在生活照料方面得到验证。由此可以看出，在农村家庭养老中，赡养者和被赡养者之间也是一种互惠的关系，而且随着老年父母对子女支配权利的弱化，老年父母要得到子女更多的赡养就要付出更多物质或生活上的支持，老年母亲由于自身缺乏资源就更需要与子女的代际交换。因此，可以推断老年母亲与子女的代际交换更符合"高流动契约"。

有本村儿子的老年母亲获得和提供的生活照料较少，说明邻近的儿子有可能相互之间存在推诿责任现象，反而削弱了老年母亲得到照料的资源，老年母亲为避免引起家庭内部矛盾，也较少向本村儿子提供生活照料帮助。而与子女同住可以进一步明确子女内部的分工，降低推诿责任和争执发生的可能性。老年父母为同住的子女提供生活照料可以增加子女提供养老保障的能力，这一点符合合作群体模式下交换的目的是为了增强回报的能力。从回归系数可以推断，老年母亲向同住的子女（主要是儿子）提供的生活照料更多，而同时对外出子女的同类帮助明显减少，老年母亲与外出子女的代际交换水平较低，表明对于缺乏自有资源的老年母亲而言，在子女外出和传统养老观念弱化的情况下，只能有意识地退让，并设法巩固养老契约，因此更加依赖邻近的子女。

三　老年父母情感支持性别分工

1. 回归结果

表 5-5 关于老年父母情感支持的多水平模型的回归分析结果显示，老年父母与子女的经济交换和获得的生活照料帮助与代际的情感支持水平正相关。有本村儿子的老年父母的代际平均情感支持水平较低。对老年父亲来说，提供的孙子女照料越多，与子女的感情越亲近；而老年母亲则恰好

相反。与其他老人相比，受过教育的老年父母与子女相处更为融洽。已婚有配偶、健康状况好或相对于配偶社会地位较高的老年父亲与子女的感情亲近程度较高；而对于老年母亲来说，有独立经济收入的与子女的感情较差。

2. 讨论

表 5 - 5 中对情感支持回归分析结果与经济支持、生活照料的分析结果相一致。在控制了子女、家庭以及老人个人特征等变量以后，老年父母经济交换（获得和提供）和获得的生活照料越多，代际的情感交流水平越高；而老年父母提供的生活照料水平对情感支持无显著影响。子女为老年人提供的经济支持和情感支持促进了代际的情感交流，在他们提供实际支持的同时也提供了情感支持。情感支持与经济支持以及生活照料之间的关系与西方家庭的研究结果一致，即情感支持意味着潜在的、能满足未来需求的实际支持资源（Krause，Liang et al.，1990；Thompson & Krause，1998）。但是与假设不相一致的是，不论是老年父亲还是老年母亲，情感融洽程度受老年人得到的经济支持水平的影响更大。这说明在当前农村的社会经济条件下，老年人的家庭养老仍然是以对老人的经济赡养为主导，子女对老年父母经济支持的多少更多决定了养老的质量和代际关系的融洽程度。老年母亲与老年父亲一样，情感支持水平受其获得的经济支持水平的影响更大，假设 4a 未得到完全验证。

表 5 - 5　以老年人为研究对象的情感支持多水平模型估计值（N = 983）

层一变量系数	层二变量	老年父亲	老年母亲
代际支持			
老年人获得的经济支持（对数）		0. 408 ***	0. 338 ***
老年人提供的经济支持（对数）		0. 073 **	0. 067 *
老年人获得的生活照料		0. 023 ***	0. 015 ***
老年人提供的生活照料		0. 001	0. 002
情感支持			
子女状况			
本村儿子（不包括同住者）	无		
	有	- 0. 206 **	- 0. 296 ***

层一变量系数	层二变量	老年父亲	老年母亲
本村女儿（不包括同住者）	无		
	有	0.099	– 0.066
外出儿子	无		
	有	– 0.102	– 0.082
外出女儿	无		
	有	0.023	– 0.062
孙子女照料		0.015 [+]	– 0.015 [+]
老人特征变量			
婚姻状况：*离婚或丧偶*			
已婚有配偶		0.262 [*]	0.070
居住安排：*独居或与配偶同住*			
与子女或其配偶同住		0.051	– 0.002
与孙子女隔代居住		0.018	– 0.087
独立经济收入	无		
	有	– 0.006	– 0.151 [*]
健康状况：行为能力		0.030 [***]	0.023
代际支持水平平均变化率		0.080 [*]	– 0.031
对基期代际支持水平的影响			
基期代际水平的均值		4.465 [***]	5.741 [***]
	年龄组：*60 ~ 79 岁*		
	80 岁及以上	– 0.007	0.156
	职业：*农业*		
	非农业	0.004	– 0.138
	教育程度：*没上过学*		
	上过学	0.166 [*]	0.292 [**]
	相对社会地位：*其他*		
	配偶的职业好于本人	– 0.633 [*]	0.078
方差成分（随机效应部分）			
截距　U0		0.220 [**]	0.439 [***]
时间斜率　U1		0.027	0.155 [***]
层一　R		1.092	0.967
老人样本		452	531

注：*** $P < 0.001$，** $P < 0.01$，* $P < 0.05$，+ $P < 0.1$；斜体为各分类变量的参照项。

数据来源：根据 2001 年、2003 年和 2006 年"安徽省老年人生活福利状况"抽样调查数据计算。

受过教育的老年父母与其子女的感情亲近程度较高。这可能是由于文化程度较高的老人更容易与子女交流，与子女更亲近。社会地位相对较高（与配偶相比）的老年父亲与子女的感情较亲近，表明相对资源较多的老年父母得到子女更多的关注和情感支持，对于不善于与子女沟通交流的老年父亲显得更为重要。而有独立经济收入的老年母亲与子女的情感支持水平较低。这可能是由于对于有独立经济收入的老年母亲而言，经济收入的存在大大降低了其对子女的依赖程度，因此在回答这类主观问题时更为客观；而大部分接受调查的老年母亲则往往会高估与子女之间的感情融洽程度，因此表现为独立经济收入对情感支持的负面影响。而老年父亲由于经济独立性相对较强，这种负面影响并不显著。

有本村儿子的老年父母与其子女的平均情感支持水平较低，说明本村邻近的儿子虽然是经济支持和生活照料的主要来源，但是其养老责任并不明确，这种情况下子女间推诿责任、引起家庭矛盾的可能性较大，进而影响到老年父母与子女的感情亲密程度。另一方面，老年父母与儿子邻近居住，导致产生摩擦、冲突的机会增多；而由于空间距离的阻碍，外出子女与老人接触频率较低，他们对情感支持的作用相对不那么明显。值得注意的是提供孙子女照料对老年父母情感支持的影响的性别差异。提供孙子女照料越多的老年母亲与子女的感情交流较弱，这可能是由于女性传统的家庭照料角色（胡幼慧，1995；张友琴，2001），子女家庭中的孙子女经常由老年母亲照顾，因此增加了老年母亲的负担，导致产生摩擦、冲突的机会增多。而与之相反，提供孙子女照料越多的老年父亲与子女的关系更融洽，这说明当老人提供支持帮助不是出于角色定位而是自愿的程度越高，子女越不会视为理所当然，对家庭内部的感情交流的促进作用越明显。

另外，已婚有配偶的老年父亲与子女的感情亲近程度较高。这是因为，对于老年父亲来讲，丧偶（或离婚、未婚）不仅意味着没有伴侣，而且还使他脱离亲属、家庭和通常意义上的外部世界；另一方面，由于老年人的配偶存活状况是决定老年人居住安排的重要影响因素，丧偶的女性老人多与子女同住，而丧偶的男性老人则多选择独居（Bahr & Peterson，1984），因此无配偶的老年父亲往往与外界更为隔离，与子女的情感交流水平较低。这也从侧面反映了老年母亲与子女之间的感情亲近程度更好，老年父亲往往通过老年母亲进行与子女的代际情感交流。

第四节　老年父母代际支持性别分工的
动态可能性分析

一　老年父母经济支持性别分工

1. 回归结果

（1）老年父母获得的经济支持

表 5 - 6 关于老年父母经济支持增加可能性的回归分析结果显示，对子女经济支持增加的老年父亲获得经济支持增加的可能性显著提高，而老年母亲获得经济支持增加的可能性与其对子女经济支持是否增加没有关系。与子女之间的感情亲近程度提高的老年父亲和老年母亲获得的经济支持增加的可能性都相应增加。居住安排的变化对老年父母获得的经济支持水平的变动有显著影响。与在时间 1 与时间 2 时间间隔内一直独居或与配偶同住的老年父亲相比，由独居（或与配偶同住）或与子女同住转换为与孙子女隔代居住的老年父亲获得的经济支持增长的可能性增加，而由隔代居住转换为与子女同住的老年父亲获得的经济支持增加的可能性降低。对于老年母亲来说，一直与子女同住或一直隔代居住的老年母亲获得的经济支持增加的可能性显著高于住在一代家庭中的老年母亲；进入隔代家庭，或者由隔代居住转换为与子女同住，以及非一代家庭（即子女同住或与孙子女隔代居住）转换为独居，也使得老年母亲获得经济支持增加的可能性显著增加。有子女外出的老年父母获得经济支持增加的可能性增加。另外，对孙子女照料增加或者独立经济收入减少的老年母亲获得的经济支持增加的可能性高于其他老年母亲。

（2）老年父母提供的经济支持

获得的经济支持增加的老年父亲对子女提供的经济支持相应增加的可能性较高；而老年母亲提供经济支持增加的可能性与其获得的经济支持增加没有关系。与一直独居或与配偶同住的老年父亲相比，独居或与配偶同住转换为子女同住的老年父亲为子女提供的经济支持增加的可能性显著增加；隔代居住转换为独居或与配偶同住的老年父亲对子女经济帮助增加的可能性下降；而一直隔代居住的提供经济支持增加的可能性显著高于住在一代家庭的老年父亲。对于老年母亲而言，与子女同住转换为独居或与配偶的老年母亲提供经济支持增加的可能性显著增加；一直与子女同住，以及由隔代居住转换为独居或与配偶同住的老年母亲增加对子女的经济帮助的可能性降低。对孙子女照料增加的老年父母对子女的经济支持增加的可能性增加。而行为能力下降的老年父母对子女的经济支持增加的可能性显著低于其他老人。

表 5 – 6　分性别的老年人经济支持增加可能性 Logistic 模型估计值（N = 2035）

变　量	老年父亲		老年母亲	
	子女→父亲	父亲→子女	子女→母亲	母亲→子女
代际支持				
老年人获得的经济支持（对数）	− 0. 350 ***		− 0. 158 ***	
老年人获得经济支持增加：（否）是		1. 439 *		1. 037
老年人提供的经济支持（对数）		0. 748 *		0. 741 **
老年人提供经济支持增加：（否）是	1. 423 *		1. 225	
老年人获得的生活照料				
老年人获得生活照料增加：（否）是				
老年人提供的生活照料				
老年人提供生活照料增加：（否）是				
老年人与子女的平均情感支持				
情感支持增加：（否）是	1. 415 **	1. 004	1. 340 *	1. 218
子女状况				
有儿子外出：（没有）有	1. 337 +	1. 115	1. 307 *	1. 063
有女儿外出：（没有）有	1. 636 **	0. 852	1. 545 **	0. 674
有儿子返回：（没有）有	1. 145	0. 622	1. 249	1. 049
有女儿返回：（没有）有	1. 264	0. 866	0. 900	0. 890
孙子女照料	1. 002	1. 073 **	0. 966	1. 085 **
孙子女照料增加：（否）是	0. 919	1. 727 **	1. 413 +	2. 083 ***
居住安排：（一直独居或与配偶同住）				
独居或与配偶同住→与子女同住	0. 933	1. 743 *	1. 038	0. 733
独居或与配偶同住→隔代居住	2. 103 **	1. 462	1. 713 +	1. 223
与子女同住→独居或与配偶同住	1. 149	0. 619	2. 061 *	2. 375 **
一直与子女同住	0. 990	0. 908	2. 029 ***	0. 447 +

变　　量	老年父亲		老年母亲	
	子女→父亲	父亲→子女	子女→母亲	母亲→子女
与子女同住→隔代居住	1.648 $^+$	1.609	1.795 $^+$	1.563
隔代居住→独居或与配偶同住	0.771	− 0.259 *	1.648 +	− 1.057 **
隔代居住→与子女同住	0.279 $^+$	1.660	1.861 *	0.411
一直隔代居住	1.137	1.722 *	2.315 ***	1.523
独立经济收入				
独立经济收入（对数）	0.979	0.966	0.906	1.101
独立经济收入减少：（否）是	1.144	0.766	1.404 $^+$	0.679
健康状况				
行为能力	1.062 ***	0.968 **	1.044 ***	0.954 ***
行为能力下降：（否）是	1.049	0.390 **	0.872	0.670 $^+$
控制变量				
年龄组：（60~69 岁）				
70 ~ 79 岁	1.586 **	0.355 **	1.290 $^+$	0.757
80 岁以上	2.032 **	− 0.756 **	1.508 *	− 0.098 **
婚姻状况：（离婚或丧偶）				
已婚有配偶	1.085	1.062	1.489 *	1.540 *
教育程度：（未上过学）				
上过学	1.042	1.009	1.002	1.258
职业：（农业）				
非农业	0.868	1.599 $^+$	1.302	1.059
相对社会地位：（其他）				
配偶的职业好于本人	0.069	1.721	0.750	1.772 *
− 2LL	555.357	437.133	683.775	418.672
老人样本	922	922	1113	1113

注：*** P < 0.001，** P < 0.01，* P < 0.05，+ P < 0.1；斜体为各分类变量的参照项。

数据来源：根据 2001 年、2003 年和 2006 年"安徽省老年人生活福利状况"抽样调查数据计算。

2. 讨论

子女外出造成老年父母居住安排变化主要有以下几种情况：①子女外出迫使原先同住的老年父母转为单独居住；②如果外出子女的未成年孩子留在家中，则老年父母会与孙子女隔代居住；③如果外出子女将家中的孩子接走，则老年父母由隔代居住转变为独居或与配偶共同居住；④外出子女返回可能使父母由独居或隔代居住变为与子女同住。

表5-6中关于老年父母经济支持分工的动态回归分析结果说明，将未成年孩子留在家中的外出子女会回报老年父母对孙子女的照料。对于老年父亲来说，由独居（或与配偶同住）或与子女同住转换为隔代居住后获得的经济支持增加的可能性最高；一直与孙子女隔代居住的老年母亲获得经济支持增加的可能性最高。这说明：隔代居住时间越长、提供帮助时间越长的老年母亲得到子女经济回报越多，暗含了老年母亲与子女之间契约的长期性，假设H3b得到验证。而由隔代居住转换为与子女同住的老年父亲获得的经济支持增加的可能性降低。这说明由于传统的子女养老的"责任内化"（张新梅，1999）逐渐淡化，老年父亲往往需要牺牲一定经济利益以换取子女与之同住和服务性帮助。而对于老年母亲来说，不仅与孙子女隔代居住能获得子女更多的经济支持，当外出子女在经济状况好转后把孩子接走或者外出子女返回农村接走孩子后，老年母亲都能获得子女更多的经济支持作为其对孙子女照料的回报。而即使未照料孙子女，原先同住的子女在外出后也会提供更多的经济支持来弥补自己外出对老年母亲带来的服务性支持的损失。以上居住安排的转换对老年父母代际支持的影响说明，子女与老年父母之间存在经济支持与孙子女照料、生活照料等服务性支持的交换，尤其对于老年母亲来说，由于其自身经济资源的缺乏，照料孙子女可以换取子女的经济帮助，且提供这种帮助在一定程度上也获得了子女对未来的承诺——提供未来的生活保障，假设H2b在经济支持方面得到验证。回归结果还发现，儿子外出和女儿外出都促使对老年父母经济支持增加的可能性上升，但是由于家庭中的性别角色和分工，经济因素对男性代际支持的影响更显著（Silverstein et al.，1995），因此从系数上推断，子女外出引起的老年父亲获得经济支持的变化更大，假设H1b在经济支持方面得到验证。

表5-6的老年父母提供的经济支持动态回归分析结果表明，由独居或与配偶居住转变为与子女同住的老年父亲对子女经济支持增加的可能性增加。这说明一方面老年父亲往往需要付出更多的经济帮助以换取子女与之同住和提供服务性帮助，另一方面多提供的经济支持可能是一种养老的成本，由其他子女通过老人转移给与老人同住并对其进行赡养的子女。而对

于老年母亲来说，与子女同住转变为独居或与配偶同住导致其对子女经济支持增加的可能性明显上升。造成这种转变的原因可能有两种：一是子女因结婚或其他家庭原因自立门户，二是原先同住的子女外出，这两种情况都使老年母亲付出更多的经济帮助，这从侧面反映了子女以经济帮助换取与老人分开居住的现实。另外，由隔代居住转换为独居或与配偶同住的老年父母提供的经济支持增加的可能性降低，说明老年父母不与孙子女居住也就减少了对未成年孙子女的经济帮助，从而间接地减少了对相应子女的帮助。结合上述老年父母获得经济支持的分析可以推断，老年父母对孙子女的帮助一方面是"责任伦理"下对满足子女需要的责任使然，另一方面暗含着孙子女是外出务工子女家庭的代际支持关系的重要约束因素，建立了子女与老年父母之间的关联。

独立经济收入减少或者已婚有配偶的老年母亲获得的经济增加的可能性明显上升，而已婚有配偶或者其配偶的相对社会地位较高的老年母亲向子女提供经济支持增加的可能性明显高于其他老年母亲。上述结果从侧面说明老年夫妇的相互依赖程度，尤其是对于社会经济地位普遍较低的老年母亲来说，有老伴不仅在经济上更有保障，配偶的经济资源也增加了老年夫妇双方与子女进行经济交换的可能性。

二 老年父母生活照料性别分工

1. 回归结果

（1）老年父母获得的生活照料

表5－7对老年父母生活照料的动态回归结果显示，对子女生活照料增加的老年父母获得生活照料增加的可能性明显提高，代际情感支持的增加会导致老年母亲获得生活照料增加的可能性显著上升，但是对老年父亲则没有显著影响。对于老年父亲来说，转换为与子女同住，或者在调查时间间隔里一直与子女同住获得生活照料增加的可能性上升。而一直与子女同住或者由独居（或与配偶同住）转换为与子女同住的老年母亲获得生活照料增加的可能性高于其他老年母亲。提供孙子女照料、行为能力下降也导致老年父母获得的生活照料增加的可能性提高。独立经济收入减少的老年父亲获得生活照料增加的可能性也显著上升。

表5－7　分性别的老年人生活照料增加可能性 Logistic 模型估计值（N＝2035）

变　量	老年父亲		老年母亲	
	子女→父亲	父亲→子女	子女→母亲	母亲→子女
代际支持				
老年人获得的经济支持（对数）				
老年人获得经济支持增加：（否）是				
老年人提供的经济支持（对数）				
老年人提供经济支持增加：（否）是				
老年人获得的生活照料	0.832 ***		0.888 ***	
老年人获得生活照料增加：（否）是		1.795 *		1.643 **
老年人提供的生活照料		0.778 *		0.901 ***
老年人提供生活照料增加：（否）是	1.998 **		1.717 **	
老年人与子女的平均情感支持				
情感支持增加：（否）是	1.147	0.742	1.315 *	0.985
子女状况				
有儿子外出：（没有）有	0.674	0.799	1.170	0.598 *
有女儿外出：（没有）有	1.169	－ 0.111 **	0.982	0.345 **
有儿子返回：（没有）有	0.678	1.237	0.969	1.184
有女儿返回：（没有）有	1.344	－ 0.314 *	1.112	1.232
孙子女照料	1.048 +	1.053 ·	1.053 *	1.067 *
孙子女照料增加：（否）是	1.076	1.805 *	0.733	1.892 **
居住安排：（一直独居或与配偶同住）				
独居或与配偶同住→与子女同住	1.702 +	2.391 *	2.429 ***	0.884
独居或与配偶同住→隔代居住	－ 0.001	－ 22.282	0.913	－ 0.170 +
与子女同住→独居或与配偶同住	0.157	－ 0.333	0.639	－ 23.760
一直与子女同住	1.754 *	2.400 **	2.031 **	2.085 **
与子女同住→隔代居住	0.934	－ 22.176	0.763	0.746
隔代居住→独居或与配偶同住	0.142	－ 0.397	0.751	－ 1.269 *
隔代居住→与子女同住	1.928 *	1.761	1.660	1.027
一直隔代居住	0.698	1.128	0.882	－ 1.020 **
独立经济收入				
独立经济收入（对数）	0.627 ***	0.860	0.864	0.978
独立经济收入减少：（否）是	1.565 *	0.870	1.253	1.206

变 量	老年父亲		老年母亲	
	子女→父亲	父亲→子女	子女→母亲	母亲→子女
健康状况				
行为能力	0.968 **	0.965 *	0.951 ***	0.968 **
行为能力下降：(否) 是	1.692 **	- 0.059 **	1.673 ***	0.872
控制变量				
年龄组：(60～69 岁)				
70～79 岁	0.751	0.454	1.073	- 0.115 ***
80 岁以上	0.641	- 0.862 *	1.593 *	- 0.560 ***
婚姻状况：(离婚或丧偶)				
已婚有配偶	0.597	1.246	0.725	0.920
教育程度：(未上过学)				
上过学	0.826	0.747	0.746	0.611
职业：(农业)				
非农业	0.893	0.924	0.888	0.893
相对社会地位：(其他)				
配偶的职业好于本人	1.722	- 23.713	0.990	0.988
- 2LL	327.363	219.872	577.482	373.387
老人样本	922	922	1113	1113

注：*** P < 0.001，** P < 0.01，* P < 0.05，+ P < 0.1；斜体为各分类变量的参照项。

数据来源：根据 2001 年、2003 年和 2006 年"安徽省老年人生活福利状况"抽样调查数据计算。

(2) 老年父母提供的生活照料

获得的生活照料增加的老年父母对子女提供生活照料增加的可能性也相应增加。一直与子女同住的老年父母提供生活照料增加的可能性显著增加，由独居或与配偶同住转换为与子女同住的老年父亲提供生活照料增加的可能性也明显上升。对于老年母亲来说，由独居（或与配偶同住）转为隔代居住，或一直隔代居住的老年母亲对子女生活照料增加的可能性降低；而老年母亲如果由隔代居住转换为独居（或与配偶居住），其对子女增加生活帮助的可能性最低。由于子女外出增加了空间距离对代际帮助的阻碍，老年父母对子女提供的生活照料增加的可能性下降。而对于老年父亲来说，外出女儿返回会分担其更多的家务，老年父亲提供生活照料的可能性随之下降。此外，行为能力下降也会导致老年父亲提供生活照料的可能性降低。

2. 讨论

表5-7的回归分析结果表明，与子女共同居住是进行代际生活照料交流的主要方式，原先独居的老年父母与子女同住后，获得的生活照料增加的可能性显著上升，而一直与子女同住的老年父母与子女照料服务交流增加的可能性更是明显超过独居的老人。这说明居住的空间距离是影响代际生活照料交换的主要因素。与子女同住意味着照料老人责任的明确，老年父母也会同时提供更多的服务以回报子女的生活照料帮助，同时增强同住子女提供保障能力和意愿。而在经济支持方面，与子女同住的老人并没有对子女增加经济帮助，这说明尽管老年父母尽其所能对子女提供帮助，但其仍旧受自有资源的限制，遵循合作群体模式下的资源配置优化原则。空间距离对影响生活照料的另一体现是子女外出降低了老年父母对子女提供生活照料增加的可能性，而且对外出女儿的影响程度大于外出儿子。这主要是由于在中国传统的"男娶女嫁"的婚姻形式以及父系家庭关系下，女儿外出的主要原因是婚姻，而儿子外出的主要原因是工作，其在城市中长期定居的可能性很小，许多人的未成年子女甚至妻子仍居住在村子里，因此老年父母仍会向留守的亲人提供帮助。

从表5-7老年父母获得和提供生活照料增加的可能性分析来看，子女外出并未对老年父母获得生活照料帮助变化有显著的影响，这可能是在父母的需求范围内，外出子女重新调整代际支持分工，并未造成老年父母家庭整体照料水平的下降，其中往往是与父母同住的子女发挥了重要的补偿作用，假设H1b在生活照料方面未得到验证。而另一方面，子女外出使老年父母对子女生活照料增加的可能性显著下降，且与老年父亲相比，子女外出明显降低了老年母亲提供生活照料增加的可能性。但是，我们也应看到，虽然由于空间阻碍的存在使子女的外出降低了老年父母对子女自身增加生活照料的可能性，但通过其他方式增加了老年父母的负担。由于女性固有的家庭照料者的角色（Yu & Chau, 1997；McDowell, 1999），居住安排的转换对老年母亲提供生活照料的影响尤为明显。原先独居（或与配偶同住）的老年母亲与孙子女隔代居住后向子女提供的生活照料增加的可能性下降，这说明一方面老年母亲传统的照料子女的负担由于子女外出转变为对孙子女的照料责任，孙子女成为子女外出务工后代际支持关系的重要约束因素；另一方面则可能是由于隔代居住在某种程度上建立了子女与老年母亲未来的代际"契约"，得到老人孙子女照料帮助的子女其赡养责任进一步明确，因此老年母亲相应获得的经济支持增加，而对其所有子女的照料帮助则减少。而且这种"契约"的长期性对老年母亲的未来也起到保障作用，即使子女由于经济状况改善将孙子女接走或返回本村，老年母亲再次处于一代家庭，其利益也会得到保障。由此，我们可以推断，虽然在经济利益的驱使以及劳动力外流的影响下，子女更关注自身的发展，养老责任逐渐淡化，但是由于代与代之间自有资源的互补性，合作群体家庭仍然得以维系，老年父母通过调适代际支持资源分配的约束机制使自己的权益有所保障。而老年母亲由于自身养老资源的缺乏，在代际关系中处于劣势，为了能够得到足够的养老支持，就必须与子女进一步明确养老责任，建立养老"契约"，因此也就需要与子女有更多的服务性帮助的交换，以期通过补偿性原则获得未来的养老保障。

通过回归结果，我们发现提供孙子女照料的增加对老年父母获得生活照料增加的可能性没有显著影响，这可能是由于老年父母自身需求的影响优势。能提供更多孙子女照料帮助的老年父母往往身体状况尚可，并具有一定的劳动能力，因此其并不需要他人更多对其生活上的照料帮助。但是，另一方面，基期提供孙子女照料的水平促使老年父母获得的生活照料增加的可能性显著提高，且对老年母亲的影响更大。这说明代际的互惠存在一定的时滞性。加之农村老人的低标准养老（杨善华、吴愈晓，2002）及"自我牺牲"的特点（张文娟，2004），上述结果完全可以通过合作群体模式提供的行为动机进行解释，——换取未来更为稳固的养老保障，同时增加子女提供保障的能力，假设 H2b 有关生活照料的论述从侧面得到验证。

三 老年父母情感支持性别分工

1. 回归结果

表 5-8 关于老年父母情感支持增加可能性的回归结果显示，获得的经济支持和生活照料增加的老年父母与其子女之间平均情感支持增加的可能性高于其他老人。与一直独居的老年母亲相比，与子女同住的老年母亲与其子女之间的情感支持增加的可能性更高。对孙子女照料增加、独立经济收入减少的老年父亲与其子女之间情感支持增加的可能性也会提高。而行

为能力下降的老年父母与子女情感交流增加的可能性降低；已婚有配偶的老年父母情感支持水平增加的几率则比无配偶的老人要高。有女儿外出或返回的老年父母与子女之间平均情感支持水平增加的可能性明显高于其他老年父母；且对于老年母亲来说，有儿子返回也会导致其情感支持增加的可能性上升。

表5－8　分性别的老年人情感支持增加可能性 Logistic 模型估计值（N＝2035）

变　量	老年父亲	老年母亲
代际支持		
老年人获得的经济支持（对数）		
老年人获得经济支持增加：（否）是	1.496**	1.401**
老年人提供的经济支持（对数）		
老年人提供经济支持增加：（否）是	1.067	1.311
老年人获得的生活照料		
老年人获得生活照料增加：（否）是	1.375+	1.500**
老年人提供的生活照料		
老年人提供生活照料增加：（否）是	1.069	0.884
老年人与子女的平均情感支持	-0.051***	0.137***
情感支持增加：（否）是		
子女状况		
有儿子外出：（没有）有	0.995	1.199
有女儿外出：（没有）有	1.772**	1.448**
有儿子返回：（没有）有	0.847	1.316+
有女儿返回：（没有）有	1.583*	1.514*
孙子女照料	1.024	1.031
孙子女照料增加：（否）是	1.392+	1.140
居住安排：（一直独居或与配偶同住）		
独居或与配偶同住→与子女同住	0.819	1.153
独居或与配偶同住→隔代居住	1.082	0.823
与子女同住→独居或与配偶同住	1.49	0.792
一直与子女同住	1.337	1.992***
与子女同住→隔代居住	1.032	1.630
隔代居住→独居或与配偶同住	0.598	1.189

续表 5 - 8

变　量	老年父亲	老年母亲
隔代居住→与子女同住	1.238	1.313
一直隔代居住	1.101	1.029
独立经济收入		
独立经济收入（对数）	0.851 +	1.093
独立经济收入减少：（否）是	1.496 *	1.125
健康状况		
行为能力	1.130 ***	1.086 ***
行为能力下降：（否）是	0.579 *	0.548 **
控制变量		
年龄组：（60～69 岁）		
70～79 岁	1.051	1.659 ***
80 岁以上	1.719 +	2.114 ***
婚姻状况：（离婚或丧偶）		
已婚有配偶	1.541 *	2.001 ***
教育程度：（未上过学）		
上过学	1.143	1.123
职业：（农业）		
非农业	1.273	1.290
相对社会地位：（其他）		
配偶的职业好于本人	- 0.223	1.275
- 2LL	481.469	606.623
老人样本	922	1113

注：*** P < 0.001，** P < 0.01，* P < 0.05，+ P < 0.1；斜体为各分类变量的参照项。

数据来源：根据 2001 年、2003 年和 2006 年"安徽省老年人生活福利状况"抽样调查数据计算。

2. 讨论

　　与代际交换支持量的分析结果相一致，子女为老年父母提供的经济支持和生活照料的增加，促进了代与代之间的情感交流，也证实了子女与老年父母之间情感支持的增强提高了后者获得的实际支持增加的可能性。而且从回归系数上推断，老年父亲情感支持增加的可能性受其获得经济支持增加的影响更大，老年母亲情感支持增加的可能性受其获得生活照料增加的影响更大，假设 H4b 得到验证。这说明虽然代际支持量的分析结果表明，农村家庭养老中仍然是以经济赡养为主导，这对于不同性别的老人并无差别。但是不同性别的老年人的需求存在差异，因此当控制了各代际支持的基期水平，对变动可能性的考察结果则显示在剥离了起决定性作用的经济因素的影响后，不同性别在家庭中角色和分工的差异得以凸显。

与子女的长期共同居住不仅有利于老年母亲与其子女代际支持之间经济、服务性实际帮助的交换，而且也促进了子女与老年母亲的情感交流，但是我们不能肯定这种融洽是由于对同住子女的依赖，老年母亲为避免家庭矛盾而高估了感情交流。但是可以推断得出，老年母亲通过"与子女同住"这种"契约"形式获得了更有力的未来的养老保障，在经过与同住子女的磨合后，比其他老年母亲与子女的感情更亲近。而老年父亲在提供家务帮助及与儿子（儿媳）相处方面则有明显的劣势，与子女同住并没有明显促进家庭融洽。由于女儿更容易与父母进行感情交流和沟通，是父母的"贴心小棉袄"；且在父系家庭体系下，女儿一般外嫁出本村，与老年父母的利益冲突和摩擦矛盾较少，因此外出的女儿与老年父母更亲近、感情更好。而且，由于女性传统的家庭照料者角色（胡幼慧，1995；张友琴，2001），返回本村的女儿一般都是老年父母经常性的家务承担者和照料者，女儿比儿媳更容易相处，因此在与父母的情感交流中女儿扮演了更重要的角色。此外，我们也发现外出的儿子返回也有利于老年母亲情感支持，这可能是由于老年母亲的资源劣势更加依赖于邻近的子女，返回的儿子往往有更好的经济条件，也会给予更多的实际性帮助以补偿外出期间老年母亲提供的孙子女照料和家务上的帮助，这些实际性帮助的增加也促进了代与代之间的情感交流。上述结果进一步确定：与老年父亲相比，老年母亲更依赖于儿子，与其的代际交换水平更高，属于"高流动契约"。

第五节　小结

本章关于老年父母代际支持性别分工假设的验证情况可参看表 5-9。由于外出子女在父母的需求范围内重新调整代际支持分工，子女外出并未造成老年父母家庭整体照料水平的下降，假设 H1b 在生活照料方面未得到验证。在当前农村的社会经济条件下，老年人的家庭养老仍然是以对老人的经济赡养为主，子女对老年父母经济支持的多少往往决定了养老的质量和代际关系的融洽程度，老年母亲与老年父亲一样，情感支持水平受其获得的经济支持水平的影响更大，因此假设 H4a 未能够在生活照料中得到验证。本章的其他假设都得到验证，在此不再详细说明。下面的小结部分将根据研究假设对分析结果进行总结讨论。

表 5 - 9　代际支持老年父母性别分工假设的验证情况

研究假设	验证情况		
	经济支持	生活照料	情感支持
H1a：有子女外出的老年父亲比老年母亲获得经济支持水平更高，有子女外出的老年母亲比老年父亲获得生活照料水平更低	通过	未通过 （老年父亲受子女外出影响更大）	/
H1b：有子女外出的老年父亲比老年母亲获得经济支持增加的可能性更大，有子女外出的老年母亲比老年父亲获得生活照料增加的可能性更小	通过	未通过 （老年父母没有差异）	/
H2a：与老年父亲相比，提供孙子女照料的老年母亲得到子女更多的经济支持和生活照料	通过	通过	/
H2b：提供孙子女照料增加的老年母亲比老年父亲获得子女经济支持和生活照料增加的可能性更大	通过	通过	/
H3a：与老年父亲相比，隔代居住的老年母亲得到子女更多的经济回报	通过	/	/
H3b：持续隔代家庭时间更长的老年母亲比老年父亲获得经济回报增加的可能性更大	通过	/	/
H4a：老年父亲情感支持水平受其获得经济支持水平的影响更大，老年母亲情感支持水平受其获得生活照料水平的影响更大	通过	未通过 （老年母亲与假设不符）	通过
H4b：老年父亲情感支持增加的可能性受其获得经济支持增加的影响更大，老年母亲情感支持增加的可能性受其获得生活照料增加的影响更大	通过	通过	通过

从本章对老年父母代际支持性别分工的分析结果来看，由于家庭中的性别角色和分工，老年父母与子女之间的代际交换存在性别分工，女性在补偿性代际支持中作用更大、受益更多。对老年父母代际交换支持量的分析结果表明，不同性别老年人的家庭代际支持行为模式符合合作群体模式，且在老年父母对家庭资源支配能力不断弱化的情况下，基于性别分工的家

庭养老责任的"内化"成为促使子女为老人提供帮助的主要约束。在这种约束机制下，虽然满足父母的需要仍然是代际支持的主要目标，但是由于老年父母尤其是老年母亲在经济、健康方面的劣势，对子女的依赖程度更高。而传统观念赋予父母对子女的责任也促使其尽可能地为子女提供帮助，老年父母也以这种方式增强子女养老能力、增加子女的养老负债，巩固与子女的养老契约。动态可能性分析则进一步说明了代际支持行为随着老人的状态进行动态调整，老年父母与子女之间是一种长期契约。而且由于老年母亲固有的家庭照料者角色和对子女较多的依赖，老年母亲与子女（尤其是儿子）的代际交换水平更高，属于"高流动契约"，老年母亲往往选择加强与子女的代际交换，以获得子女更多的补偿性支持。

基于家庭中的照料角色和自身资源的缺乏，老年母亲对子女的劳务性支持（例如孙子女照料）更多，获得的回报也更多。但是，在中国传统的父系家庭关系下，老年母亲仍然处于"从夫"、"从子"的地位。一方面，老年母亲对配偶的经济依赖性较强，对于经济状况普遍较差的老年母亲来说，有配偶不仅在经济上更有保障，也增加了其与子女进行经济交换的可能。另一方面，老年母亲对儿子的依赖性较强，研究发现老年母亲与同住的儿子之间的代际支持支持最多，以增加后者提供养老保障的能力，保证养老契约的实现。但是，总起来说，由于老年父母在家庭中的弱势地位，老年父亲和母亲并没有明确的分工界限，资源往往共有共享以达到最优配置。

但是，另一方面，上述约束在城市化进程带来的经济利益驱动下逐渐淡化，养老责任的"内化"不断弱化。主要表现为以下几点：第一，无论是经济支持、生活照料还是情感支持，与老年父母分开居住的本村儿子作出的贡献最少。本村非同住子女对老人代际支持作用的弱化说明本村的非同住儿子之间往往对养老责任互相推诿、摩擦不断，老年父母尤其是处于弱势的老年母亲只好不断退让，加强与同住子女的代际支持以保障养老。第二，虽然子女外出使老年父母在经济上更多得益，但是空间距离的阻碍也减少了子女对老人的生活照料，这一方面使需要帮助的老人的老年保障受到损害，另一方面也加重了作为家庭主要照料者——老年母亲的负担。第三，劳动力外流带来的隔代居住和孙子女照料的增加虽然使老年父母（尤其是老年母亲）得到一定回报，但是从孙子女照料变动所引起的对老年父母经济回报和生活照料增加的可能性判断，子女的回报并不足以弥补老年父母的付出。因此，老年人家庭的代际关系仍然是不对等的，而且由于女性在家庭中的性别角色和分工，老年母亲为子女作出了更多的"自我牺牲"。

本章通过分析不同性别老年父母的各项代际支持在模型中表现出的直接影响和影响因素分析中隐含的间接关系，证明了代际支持性别分工分析框架中对老年父母的各项代际支持关联的假设。动态可能性分析内容主要侧重于老年父母居住安排、经济状况、身体健康状况以及子女的外出状况的影响，既是对老年父母性别分工支持量分析的深化，又排除了正式外出升学就业的子女和通过婚姻形式外出的子女对代际支持的影响，确认了子女外出打工对代际支持的影响，其他可变影响因素与代际支持之间的因果关系也进一步得到证明。

第六章　成年子女代际支持的
性别分工模式

第一节　研究设计

一　研究目标和研究假设

在中国农村的社会现实中，性别在决定子女是否为父母提供老年支持中起着关键作用。与西方家庭相比，以男性为中心的父系家族体系对中国社会的影响更为深远。中国传统观念中，儿子才能传宗接代，是家族香火和家庭财产的继承者，而女儿被认为是"嫁出去的姑娘——泼出去的水"。因此，基于文化传统和性别角色的期望，家庭代际支持往往根据子女的性别有所分工。但是，伴随着社会主义现代化进程的劳动力迁移改变了传统代际支持模式赖以生存的社会和文化背景，劳动力迁移对农村家庭养老的影响可能会表现为传统代际支持性别分工的再安排，农村地区传统的养老模式可能发生改变。

本章将从子女角度分析代际支持的性别分工模式。首先，本章将第三章提供的代际支持性别分工模式根据单项代际支持分析框架提供的影响因素细化，按照成年子女的不同性别进行分解，验证关于代际支持的子女性别分工模式的影响因素。由于儿子与女儿在外出原因的差异，对于代际支持的支持量分析无法完全将因婚姻的外出与打工导致的外出分开，动态可能性分析将有助于进一步确认外出打工对子女代际支持分工的影响。因此，以下对代际支持在子女与老年父母之间经济支持、生活照料和情感支持三方面的影响研究，均以交换的支持量和提供或获得支持的变动可能性为对象，研究假设也将从代际交换的支持量和变动可能性两方面提出，以更加科学地揭示成年子女代际支持性别分工。

由于子女外出以后职业、经济状况和价值观念的相对变动，以及为老年父母提供劳务性帮助的时间成本增加，导致外出子女调整代际支持分工。根据合作群体模式的行为动机，为了优化家庭代际支持资源配置，子女根据其相对外部资源（与家庭内其他子女相比）和提供代际支持的绝对成本（时间、空间、金钱）调整个人的代际支持行为。同一家庭内部的子女之间会寻求一种成本最小的分工模式，达到资源配置的效益最大化（Becker & Tomes，1979）。外出带来的居住距离增加了子女提供生活照料的成本，因此随着成年子女居住距离的增加，老年父母得到的个人照料下降（Chen, Short et al.，2000；Sun，2002）；但是，居住距离的增加却使金钱帮助增多（Sun，2002）。因此，与父母相距较远的子女倾向于提供经济支持，而与父母较近的子女往往提供劳务性服务。由于"男娶女嫁"的婚姻制度，女儿一般外嫁到本村以外；而儿子则更多地因为工作原因外出。由于外出原因的不同，引出本章关于外出子女代际支持性别分工的假设为：

H1a：外出居住距离越远的女儿向父母提供的经济支持越多，提供的生活照料和情感支持越少；而距离远近对儿子提供代际支持的影响不明显。

H1b：外出的女儿比儿子提供经济支持增加的可能性更大，而提供生活照料和情感支持增加的可能性更小。

由于中国农村普遍缺乏日间照料服务，老年父母往往承担着照料孙子女的责任（Chen, Short et al.，2000），这也可以看做出于增加家庭收入的预期，是合作群体家庭达到代际共同利益最大化的一种短期策略。由于女儿与父母之间的代际交换是相对没有滞后的"平衡交换"，这就决定了与儿子提供帮助相比，女儿得到老年父母的孙子女照料帮助时会回馈以更多的报偿。据此关于子女的第二个假设为：

H2a：得到孙子女照料帮助的女儿比儿子提供的经济支持更多。

H2b：得到孙子女照料增加的女儿比儿子提供经济支持增加的可能性更大。

由于居住安排更多是基于老年父母的需要（Logan, Fuqin et al.，1998），因此与子女同住的老年父母会得到更多的支持帮助。共同居住（特别是与儿子）促进了代际交换的进行，同时进一步明确了子女间的养老责任，老人可能会为同住子女提供更多的回报，以换取未来更稳定的养老保障，代际的情感也更为融洽。为避免变量之间的共线性，据此提出的假设为：

H3：与女儿相比，转换为与老年父母同住的儿子与父母之间代际交换增加的可能性更大。

最后，作为代际支持质量的重要标志，以及对潜在支持资源的测量，本章提出关于不同性别的子女情感支持与经济支持及生活照料关系的假设：

H4a：与儿子相比，情感支持水平上升导致女儿提供的经济支持和生活照料水平更高。

H4b：与儿子相比，提供经济支持和生活照料增加的女儿与父母情感支持增加的可能性更大。

二　研究方法

本章采用的分析数据来自"安徽省老年人生活福利状况"抽样调查分别在2001年、2003年和2006年获得的纵向调查数据，三次调查中都能匹配的有4067名存活子女，对应着1025位老人。由于本章的研究目标是子女与其老年父母之间的代际交换机制，对有拒答或回答不出来的问题的案例进行删除后，用于分析的子女样本有4047个成年子女，其中包括2143个成年儿子（52.95%），1904个成年女儿（47.05%）。由于匹配的子女样本中，子女本人或其对应的老人在2003年或2006年的跟踪调查时存在死亡或失访的情况，因此最后用于性别分工支持量分析的是全部参与了三次调查的老人的能完全匹配的子女案例，共有11925个（3975位子女）成年子女—老年父母配对样本，其中包括6306个（2102位成年儿子）儿子—老年父母的配对样本（52.88%），5619个（1873位成年女儿）女儿—老年父母的配对样本（47.12%）。而在动态可能性分析中，由于模型的适用条件放宽，则尽量覆盖了所有信息完全的可匹配的成年子女案例。

与老年父母的代际支持性别分工分析相似，本章依据第三章构建的代际支持性别分工分析框架，将子女的代际支持划分为经济支持、生活照料和情感支持，按照代际支持的流向分为子女提供给父母（子女→父母）的支持和父母提供给子女（父母→子女）的支持，作为测量每个子女与老年人之间的双向感情亲密程度的指标，对情感支持未进行分流。按照单项代际支持性别分工分析框架，分别对儿子和女儿不同类型的代际支持建立模型，分析子女的外出状况、社会经济状况以及老年父母的人口特征、社会经济状况和身体健康状况对子女代际支持性别分工的影响。在考察子女经济支持和生活照料行为时，将对应的反向支持以及情感支持纳入模型自变量中，而在考察情感支持的影响因素时将实际代际支持行为也作为模型的自变量。

在本章以子女为对象的实证研究部分中，每一位存活子女作为一个案例，因此来自同一家庭的子女会具有某些共同特征，比如父母的经济状况、身体状况等等。为了避免同一家庭的子女因为上述某些共同特征而产生相关性，将模型变量分为子女特征和家庭特征变量两部分，利用分层模型控制家庭特征变量的影响，并且引入随机因子来消除子女因为来自同一家庭而产生的整群效应（Goldstein，1987），即对单个子女代际支持行为分析所采用的模型形式是引入随机效应（Random Effects）的分层嵌套模型。因此，在对子女代际支持的支持量分析中，我们应用三层线性模型，模型的第一层因变量是子女的代际支持，每个子女的各期观测记录为第一层的单元，子女是第二层上的单元，对应的老年父母是第三层上的单元。

与二层线性模型的原理相似，建立子女状况影响其代际支持水平的三层线性模型。模型的表达式如下所示（以子女提供的经济支持为例）。

层一：

$Y = P0 + P1 *$ 时间 $+ P2 *$ 婚姻状况 1（时间）$+ P3 *$ 婚姻状况 2（时间）$+ P4 *$ 职业（时间）$+ P5 *$ 外出距离 1（时间）$+ P6 *$ 外出距离 2（时间）$+ P7 *$ 外出距离 3（时间）$+ P8 *$ 外出距离 4（时间）$+ P9 *$ 外出距离 5（时间）$+ P10 *$ 孙子女照料（时间）$+ P11 *$ 获得的经济支持（时间）$+ P12 *$ 情感支持（时间）$+ e$

层二：

$P0 = B00 + B01 *$ 基期年龄 $+ B02 *$ 教育程度 1 $+ B03 *$ 教育程度 2 $+ B04 *$ 相对教育程度 $+ R0$

$P1 = B10 + R1$

$P2 = B20$

$P3 = B30$

$P4 = B40$

P5 = B50

P6 = B60

P7 = B70

P8 = B80

P9 = B90

P10 = B100

P11 = B110

P12 = B120

层三：

B00 = G000 + G001 * 老人年龄 1 + G002 * 老人年龄 2 + G003 * 老人性别 + G004 * 老人婚姻 + G005 * 老人职业 + G006 * 老人独立经济收入 + G007 * 老人教育程度 + G008 * 老人行为能力 + U00

B01 = G010

B02 = G020

B03 = G030

B04 = G040

B10 = G100 + U10

B20 = G200

B30 = G300

B40 = G400

B50 = G500

B60 = G600

B70 = G700

B80 = G800

B90 = G900

B100 = G1000

B110 = G1100

B120 = G1200

在此模型中因变量 Y 是子女提供的经济支持水平，是一个连续变量。层一模型中的时间是指自基期观测以来的观测编号，其取值从 0 到 2，0 代表 2001 年，1 代表 2003 年，2 代表 2006 年。之所以将 2001 年取为 0，目的在于使截距有意义，即表示基期（2001 年）的代际支持水平。P0 和 P1 是两个增长参数，它们也是个体增长模型中最重要的两个参数。截距 P0 表示子女在 2001 年基期调查时代际支持水平，第一层上的截距 P0 继而成为模型第二层（子女）方程中的结果变量，表示该截距项在不同子女之间的随机变化，且增加了子女不随时间变化的特征变化来解释这种变化；在模型的第三层上，第二层上的截距 B00 又成为结果变量，表示该截距系数在第三层单元（即老人）之间随机变化，并增加老人的特征作为解释变量。而斜率 P1 则表示子女代际支持水平在观测期内的变化率。如果 P1 显著不等于零，那么表示代际支持水平在观测期内发生了显著变化。同样，我们只考虑子女代际支持水平的变化率在层二、层三的不同个体（子女或老人）间存在差异，而不考察造成这种差异的因素。所有第二层的解释变量和第三层的解释变量的斜率被假定是恒定的，没有随机成分；除了截距和变化率被允许有随机变异成分，以分离出基期代际支持水平及其变化率在不同子女之间和不同老人之间的变异。

同样，在以单个子女为对象的动态可能性分析中，除了调整同一观测对象不同观测值带来的内部相关性（intra-subject correlation）（Liang & Zeger，1986），也要考虑子女嵌套于家庭而产生的群体效应，这就需要引入三层模型控制子女的特征变量和家庭特征变量的影响。我们利用指数 i, j 和 k 分别代表不同的观测点、观测对象（子女）和家庭（老年父母），由于因变量是代际支持水平是否增加的二分变量，所以采用随机效应的对数混合模型（mixed model）来估计子女的各种特征变化的影响，模型采用如下公式（Rabe – Hesketh，Pickles et al. ，2004）：

$$\log\left(\frac{P_{ijk}}{1 - P_{ijk}}\right) = \alpha_k + \beta x_{ijk} + \varepsilon_{jk} + \varepsilon_k \qquad (4-1)$$

P_{ijk} 表示第 k 个家庭中的第 j 个子女提供在观测时点 i 该类支持的可能性，a_k 作为家庭标志变量，控制家庭的特征变量对子女特征的影响。ε_{jk} 表示第 k 个家庭中的第 j 个子女的随机截距，而 ε_k 表示第 k 个家庭的随机截距，且 ε_{jk}，ε_k 假设是独立的，并服从正态分布。x_{ijk} 指第 k 个家庭中的第 j 个子女在观测点 i 的各个支持变量。

三　变量的测量

下面将简要论述以成年子女代际支持的性别分工研究中所需变量的定义、测量方法和基本描述统计特征。显然，在分析子女代际支持时也需要同样纳入相关的老年父母的特征变量作为家庭层面的控制变量。由于老人的社会经济和婚姻状况，以及家庭结构分布趋势大致不变，因此本章对老年父母的基本统计信息不再赘述。

1. 支持量分析中变量的测量

（1）因变量

根据代际支持的内容，将本章研究模型中的因变量分别设置为子女提供和接受的经济支持、生活照料水平和子女与老年人间的情感支持。

子女提供的经济支持是指该子女（包括其配偶）为被调查老人提供的现金、礼物、食品等物品的总价值。子女获得的经济支持是指被调查老人（包括其配偶）为该子女（包括子女家庭中的配偶和未成年孙子女）提供的现金、礼物和食品等物品的总价值。以该子女获得或提供的经济支持水平的对数值作为其在模型中对应的经济支持水平。具体测量方法同老年父母的经济支持回归分析中对单个子女经济支持的测量相同。

子女提供的生活照料是指该子女（包括其配偶）为被调查者提供的家务帮助，以及个人生活起居照料。子女获得的生活照料是指被调查老年人为该子女（包括其配偶）提供的上述帮助。将该子女及其配偶为老人提供帮助的得分进行累加，得到子女提供生活照料的水平值；按照同样原则累加得到子女获得的生活照料。具体的频率赋值方法同老年父母代际支持的回归分析中对个人生活照料频率的赋值规则相同。

情感支持指该子女与被调查老人之间的感情亲密程度，得分取值范围为 3~9 分，三次调查的量表的 Alpha 信度系数分别为 0.86、0.96 和 0.83，稳定性较高。具体测量方法同老年父母的情感支持回归分析对单个子女情感支持的测量相同。

（2）自变量

作为自变量进入模型的子女个人特征包括年龄、婚姻状况、职业、受教育程度、相对教育程度、居住距离和孙子女照料等。

由于现有户籍制度、社会福利政策及外出人员自身从业条件的限制，许多农村劳动力（通常是男性）外出时，将自己的配偶留在家中从事生产活动、照顾父母和子女（刘怀廉，2004）。为了考察这种特有婚姻现象对代际支持的影响，作者将子女的婚姻状况划分为：①未婚、离婚或丧偶；②已婚与配偶同住；③已婚，因工作问题分居。考虑到子女受教育水平普遍高于父母，且有明显的差异，因此对该变量进行了更详细的划分：①未受过教育；②小学；③初中及以上。子女的相对教育程度则分为：①不高于家庭所有子女的平均教育程度；②高于家庭所有子女的平均教育程度。

居住距离是影响代际交换的重要因素之一（Eggebeen & Hogan，1990；Montgomery & Hirshorn，1991）。研究表明，近的居住距离有助于增加代际的生活照料、家务帮助和情感交流（Crimmins & Ingegneri，1990），但居住距离对中国农村老年人生活照料的影响远远大于对情感支持的影响（Zimmer & Kwong，2003）。外出务工的成年子女往往离家很远，因此有可能影响他（她）们对父母的生活照料；而另一方面，外出务工子女离开村子的距离越远，付出的物质和感情成本越高，也意味着期望获得更高的回报。因此可以推断，离家较远的外出子女更有可能获得较高的经济收入。考虑到不同居住距离所蕴涵的经济含义以及对代际支持的阻碍作用，本研究将子女的居住距离纳入自变量，并进行分段划分：①与老人共同居住；②本村；③本乡镇；④本县；⑤本市；⑥本省、外省及国外。

子女得到老人孙子女照料的帮助以过去一年里老人照看该成年子女的子女（孙子女）的频率来衡量。具体的频率赋值方法同老年父母代际支持的回归分析中对老人提供孙子女照料频率的赋值规则相同。

对子女代际支持的回归分析中，将父母的个人信息及家庭特征作为分层控制变量，也就是第三层的变量纳入模型，以消除来自同一家庭的子女所具有的共同特征的影响。将与父母的代际支持提供和需求密切相关的因素作为控制变量，引入的相关特征变量来自以父母为研究对象的回归分析，在此不作重复描述。

2. 动态可能性分析中变量的测量

对子女的动态分析以子女的各种代际支持是否增加为因变量，以他们的职业、居住安排以及外出的变动为自变量，以子女的其他非变动的影响因素为普通控制变量，以老年父母的经济状况、身体健康状况变化等动态和个人非变动的特征信息作为分层控制变量。因此，对子女代际支持回归分析中的部分控制变量与老年父母的动态分析重合。

（1）因变量

根据代际支持的内容，模型的因变量设置为子女提供和接受的经济支持、生活照料和情感支持水平是否增加。

a）经济支持是否增加

将每个时间间隔中在时间 2 单个子女提供的经济支持水平与时间 1 该子女提供的经济支持水平相比较，判断该子女提供的经济支持水平是否增加。同理，可以判断时间 2 该子女获得的经济支持水平是否增加。分"是，否"两级测量。回归模型将"否"作为基准参考类型。

b）生活照料是否增加

将单个子女及其配偶在时间 2 为老年人提供生活照料的总频率与时间 1 的对应支持量进行对比，判断该子女为老人提供的生活照料水平是否增加。同样，将时间 2 子女及其配偶得到的老年父母的生活照料总频率与时间 2 获得的对应帮助水平进行比较，以对应的生活照料是否增加作为模型中生活照料变动的测量指标，分"是，否"两级测量。回归模型将"否"作为基准参考类型。

c）情感支持是否增加

比较时间 1 和时间 2 之间单个子女与其老年父母之间的感情亲近程度得分，判断时间 2 该子女对老年父母的情感支持水平是否比时间 1 有所增加，分"是，否"两级测量。回归模型将"否"作为基准参考类型。

（2）自变量

a）孙子女照料

比较时间间隔内单个子女得到老人孙子女照料的频率，得到在时间 2 老人提供的孙子女照料的水平是否有所增加，分"是，否"两级测量。回归模型将"否"作为基准参考类型。

b）外出状况

被调查老年人的子女在每个时间间隔内外出状态可能会发生变化，而这种变化会直接影响到他们对父母的代际支持行为。两个时间点之间可能的外出状况有以下几种状态转移模式：① 一直未外出，即未外出→未外出；②外出，即未外出→外出；③一直外出，即外出→外出；④回流或返回，即外出→未外出。

c）居住安排

时间 1 和时间 2 之间子女与老年人的居住安排可能会发生如下的状态转换：①一直与父母分开居住；②与父母分开居住→同住；③一直与父母同住；④与父母同住→分开居住。引起子女与父母之间的居住安排变化的主要原因有两种：第一，子女的外出使该子女与父母分开居住；第二，父母年老体弱，需要子女照料，因此提供共同居住的安排。

d）职业

对比时间 1 和时间 2 子女最后或最近的职业状况，会发现部分子女的职业发生变化，两个时点的职业状态之间会存在如下几种转换：① 农业→农业；②农业→非农业；③非农业→非农业；④非农业→农业。

e）子女的其他特征变量

子女的年龄、受教育程度以及相对教育程度等状况均属于未变动的信息，具体的描述统计信息可以参考表 6－1 中 2001 年和 2003 年的描述统计。子女的婚姻状况因为受样本数量限制和发生变动的子女比例过低的缘故，以及为了消除婚姻与子女外出和职业变动的高度相关性，没有将其动态变化引入自变量。

在本章的回归模型中，涉及的老年父母的性别、年龄、婚姻、职业、受教育程度、身体健康以及经济状况的变动等作为控制变量的测量方法和统计分布已经在第五章作过详细描述。

第二节　成年子女代际支持性别分工及相关影响因素

一　子女代际支持性别分工及相关影响因素现状

图 6－1 的统计结果显示，随着时间推移，子女对老年父母的经济支持有明显增加。女儿对父母的经济支持随父母的年龄增加而下降，而儿子对不同年龄的老年父母的经济帮助相对平衡。在计算全部的经济支持时，女儿为父母提供的经济支持高于儿子。造成上述差异的主要原因是在传统父系家庭体系下，出嫁后的女儿"回娘家"探访父母时会遵循传统礼节，为老人带去衣服、食品等礼物，与儿子提供的粮食、医疗费用以及其他满足老人日常需要的开销相比，礼品的价值相对较低。为消除这种低价值礼品

所带来的影响，仅计入总价值超过 100 元的经济帮助时，儿子提供的经济支持超过女儿。由此可以推断，农村家庭中仍是儿子为老年父母提供关键性的经济支持。如图 6-2 所示，随着时间推移以及父母年龄的增加，子女获得的经济支持逐渐下降，这种趋势与图 5-3 老年父母提供的经济支持与年龄之间的关系相一致。而且从图 6-2 中还可以看出，儿子得到老年父母的经济支持超过女儿。图 6-3 则显示，随着老年父母年龄的增加，儿子对其提供的经济支持的净值明显增加，而女儿则不明显。对相对年轻的老人，女儿提供的经济支持净值超过儿子，而对于年龄较大的老人，儿子提供的经济支持净值明显高于女儿。

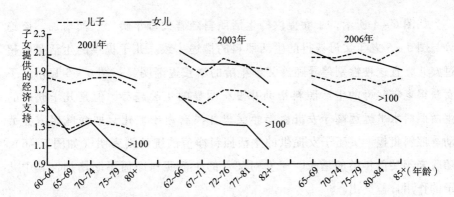

图 6-1 子女提供的经济支持、子女提供的经济支持（>100）

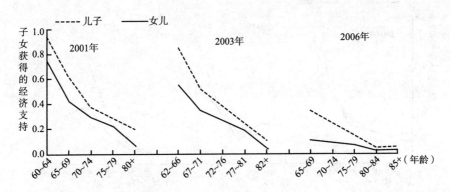

图 6-2 子女获得的经济支持

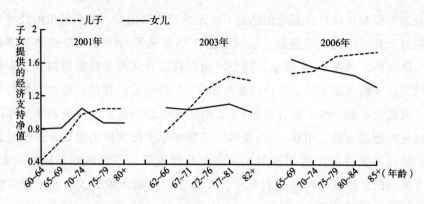

图 6 – 3　子女提供的经济支持 > 100（对数） – 子女获得的经济支持（对数）

　　如图 6 – 4 所示，子女提供的生活照料随着父母年龄增长而增加，该趋势与图 5 – 5 老年父母获得的生活照料的描述一致。儿子提供的生活照料超过女儿，且这种性别差异随着父母年龄的增长逐渐明显。图 6 – 5 显示，子女获得老年父母的生活照料帮助并没有明显的年龄趋势，但是儿子获得的生活照料水平远远高于女儿。老年父母并没有由于老化衰弱而减轻家务劳动等照料负担。关于子女提供的生活照料净值的统计则表明（如图 6 – 6），随着老年父母年龄的增长，子女对父母的生活照料净值不断增加，其中儿子的作用日益突出。

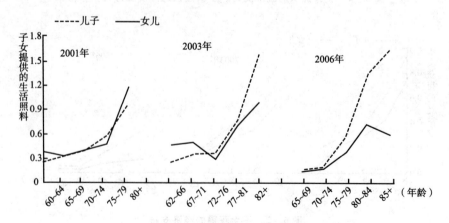

图 6 – 4　子女提供的生活照料

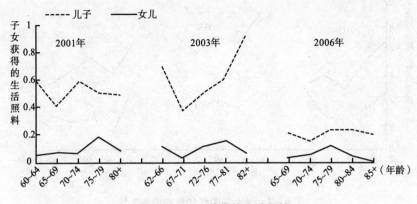

图6-5 子女获得的生活照料

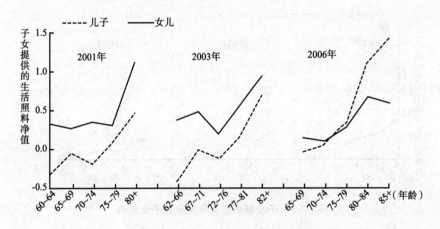

图6-6 子女提供的生活照料净值

图6-7显示，女儿与老年父母的感情亲密程度超过儿子。但是，女儿与父母的情感支持随着父母的年龄增长而逐渐下降，而儿子对老年父母的情感支持则随着父母年龄增加经历了先下降后上升的过程。

如图6-8所示，子女得到的老年父母孙子女照料随着父母年龄增长和时间的推移不断下降，这种趋势与图5-9老年父母提供的孙子女照料与其年龄之间的关系相吻合。而且儿子得到的孙子女照料超过女儿，显示出明显的性别差异。

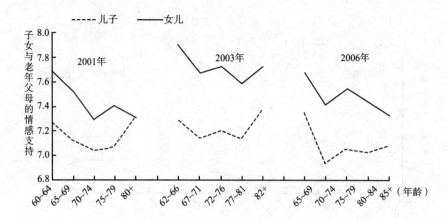

图 6 – 7　子女与老年父母的情感支持

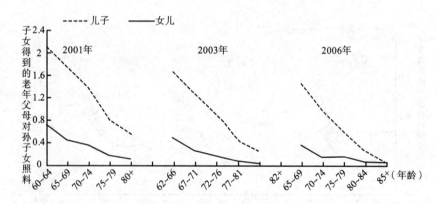

图 6 – 8　子女得到的老年父母孙子女照料

　　分性别的成年子女代际支持回归模型中有关子女个人的统计描述信息参见表 6 – 1。统计结果显示，女儿中未婚、离婚或丧偶的比例较低，这是由于传统"重男轻女"男孩生育偏好造成的性别比失衡带来女性在婚姻市场中的优势。而性别歧视也导致家庭在子女教育投资上的性别差异以及带来女儿的社会经济地位较低。表 6 – 1 的结果显示，超过 50% 的女儿未受过任何正规教育，这一比例远远高于儿子（18%）。且有 65% 的女儿受教育程度低于家中子女的平均受教育水平，而只有 26% 的儿子的受教育程度较低。此外，从事非农业的女儿比例也明显低于儿子。

表 6 – 1　子女代际支持面板数据分析的相关变量描述信息：
2001 年、2003 年和 2006 年

变　量	儿　子		女　儿	
	均　值	标准差	均　值	标准差
代际支持				
子女提供的经济支持（对数值）				
Wave 1（2001 年）	1.81	1.01	1.95	0.72
Wave 2（2003 年）	1.95	1.04	2.00	0.78
Wave 3（2006 年）	2.05	1.1	2.03	0.88
子女获得的经济支持（对数值）				
Wave 1	0.57	0.92	0.43	0.76
Wave 2	0.50	0.90	0.34	0.72
Wave 3	0.20	0.7	0.07	0.38
子女提供的生活照料				
Wave 1	0.42	2.08	0.45	2.02
Wave 2	0.50	2.35	0.52	2.41
Wave 3	0.58	2.56	0.34	1.94
子女获得的生活照料				
Wave 1	0.52	2.11	0.08	0.82
Wave 2	0.57	2.41	0.09	0.99
Wave 3	0.20	1.27	0.05	0.74
情感支持				
Wave 1	7.15	1.57	7.48	1.44
Wave 2	7.20	1.57	7.73	1.37
Wave 3	7.10	1.6	7.51	1.42
子女状况（随时间变化）				
得到的孙子女照料				
Wave 1	1.51	2.29	0.45	1.30
Wave 2	1.07	2.09	0.26	1.11
Wave 3	0.83	1.91	0.20	0.96
婚姻状况：未婚、离婚或丧偶（Wave 1）	0.12	0.32	0.06	0.24
已婚与配偶同住（Wave 1）	0.75	0.43	0.81	0.39
已婚因工作问题分居（Wave 1）	0.13	0.33	0.12	0.33
Wave 2	0.11	0.31	0.06	0.24
Wave 2	0.76	0.43	0.83	0.38
Wave 2	0.13	0.34	0.11	0.32
Wave 3	0.08	0.28	0.05	0.21
Wave 3	0.79	0.41	0.82	0.38
Wave 3	0.13	0.33	0.13	0.33

变　量	儿　子		女　儿	
	均　值	标准差	均　值	标准差
居住距离：与父母同住（Wave 1）	0.12	0.32	0.02	0.13
本村（Wave 1）	0.37	0.48	0.18	0.39
本乡镇（Wave 1）	0.05	0.22	0.26	0.44
本县（Wave 1）	0.05	0.22	0.23	0.42
本市（Wave 1）	0.01	0.09	0.02	0.14
本省、外省或国外（Wave 1）	0.40	0.49	0.29	0.45
Wave 2	0.12	0.32	0.02	0.14
Wave 2	0.35	0.48	0.17	0.38
Wave 2	0.05	0.21	0.24	0.43
Wave 2	0.05	0.22	0.23	0.42
Wave 2	0.01	0.12	0.02	0.15
Wave 2	0.42	0.49	0.31	0.46
Wave 3	0.14	0.35	0.02	0.14
Wave 3	0.33	0.47	0.19	0.39
Wave 3	0.05	0.22	0.25	0.43
Wave 3	0.05	0.22	0.19	0.39
Wave 3	0.01	0.11	0.03	0.16
Wave 3	0.41	0.49	0.33	0.47
职业：非农业				
Wave 1	0.50	0.50	0.35	0.48
Wave 2	0.53	0.50	0.37	0.48
Wave 3	0.57	0.49	0.42	0.49
子女特征变量（不随时间变化）				
年龄（Wave 1）	38.7	8.48	38.5	8.73
受教育程度：未上过学（Wave 1）	0.18	0.38	0.53	0.5
小学（Wave 1）	0.35	0.48	0.28	0.45
初中及以上（Wave 1）	0.47	0.50	0.18	0.39
相对教育程度：				
高于子女平均教育水平（Wave 1）	0.74	0.44	0.35	0.48
样本数	2102		1873	

数据来源：根据 2001 年、2003 年和 2006 年"安徽省老年人生活福利状况"跟踪调查数据计算。

表 6 – 1 中关于儿子和女儿的居住距离的分布显示，儿子与父母同住、

在本村居住以及在本市以外居住的比例明显较高，而女儿在本乡镇和本县居住的几率较高。在第五章已经解释过，在传统婚姻中，女儿离开父母的家庭出嫁到本村或者附近村落，因此婚姻是离家的主要原因，也决定了其离家的距离局限在附近村落。而大多数儿子通常与父母同住或就近居住，所以儿子中本村或与父母同住的比例高于女儿，而女儿在本乡镇和本县居住的比例超过儿子。儿子和女儿都有可能因为工作原因外出（包括由于工作引起的永久性迁移和临时打工造成的暂时性迁移），但是两性在受教育机会上的不平等决定了儿子在外面获得永久性工作机会的可能性超过女儿，而外出打工人群中存在的性别差异也说明女儿外出打工的可能性低于儿子。因此，儿子由于工作原因外出的可能性大大超过女儿，而这类外出产生的空间距离要超过其他原因引起的外出。

二　子女代际支持性别分工及相关影响因素的变动

表 6 - 2 的描述统计显示，儿子提供经济支持增加的可能性略高于女儿（59.11% Vs 58.62%）。虽然并未表现出明显性别差异，但是儿子在获得的经济支持以及与父母的生活照料交换中却有明显的优势，其上述代际支持增加的比例高于女儿。而子女情感支持增加的比例没有明显的性别差异。从代际支持流向来看，子女为老年父母提供的经济支持的增加最高，超过 50%。情感支持增加的比例仅次于子女提供的经济支持。在老年父母为子女提供的实质性支持中，儿子和女儿获得的经济支持增加的比例均超过生活照料。

表 6 - 2　子女代际支持动态分析的变量描述信息

单位：%

变　量		儿　子	女　儿
代际支持			
子女提供的经济支持增加：	否	40.89	41.38
	是	59.11	58.62
子女获得的经济支持增加：	否	87.85	92.06
	是	12.15	7.94
子女提供的生活照料增加：	否	88.77	92.69
	是	11.23	7.31

变　量		儿　子	女　儿
子女获得的生活照料增加：	否	85.75	96.29
	是	14.25	3.71
子女与父母间的情感支持增加：	否	66.46	66.59
	是	33.54	33.41
子女的状况			
老人的孙子女照料增加：	否	89.92	96.21
	是	10.08	3.79
外出状况：未外出→未外出		37.21	13.69
未外出→外出		10.43	5.77
外出→外出		42.89	74.21
外出→未外出		9.47	6.33
居住安排：一直与父母分开居住		82.95	97.54
与父母分开居住→同住		5.30	0.72
一直与父母同住		7.44	1.14
与父母同住→分开居住		4.31	0.61
职业：农业→农业		35.35	55.86
农业→非农业		13.17	11.60
非农业→非农业		41.71	23.06
非农业→农业		9.77	9.48
样本数		4246	3777

数据来源：根据 2001 年、2003 年和 2006 年"安徽省老年人生活福利状况"跟踪调查数据计算。

在子女的外出状况方面，绝大部分的子女外出状态并未发生变化，其中未外出的子女中以儿子居多（37.21% Vs 13.69%），将近75%的女儿不在本村，远远高于儿子（42.89%）。外出状态发生变动的子女中，儿子的比例超过女儿。造成这种性别差异的原因与劳动力迁移的性别差异有关，男性是外出人员的主力，而女性更多地留在农村负责照料子女和父母，因此儿子的外出状态发生变动的可能性超过女儿。同时，儿子回流的比例也高于女儿（9.47% Vs 6.33%），这进一步验证了婚姻是造成女儿外出的主要原因，因此女儿大多是永久性外出，回流比例较低。

表6-2中关于居住安排变动的统计结果表明，超过80%的子女与老年父母分开居住。由于在传统的父系家庭体系下，老年人与成年后代特别是儿子一起居住是一种文化传统（Hashimota，1991；Mason，1992；Cooney & Shi，1999），儿子是老年父母共同居住的主要选择，因此儿子在居住安排方面发生变化的比例超过女儿。

大部分子女的职业状态在两个时点内未发生转变，大部分仍旧从事农业。其中，儿子中务农者的比例低于女儿（35.35% Vs 55.86%）；而儿子从事非农业的比例则超过女儿（41.71% Vs 23.06%）。在发生职业变动的子女中，由农业转换为非农业的比例超过由非农业转换为农业的比例，而且儿子变动的比例高于女儿。值得注意的是，儿子中从事非农业的比例已经高于务农者的比例，而女儿中务农仍然占大多数，农业的女性化趋势凸显（高小贤，1994；金一虹，2000）。

第三节 子女代际支持性别分工的支持量分析

一 子女经济支持性别分工

1. 回归结果

（1）子女提供的经济支持

表6-3关于子女经济支持的多水平模型的回归结果表明，获得较多经济帮助的子女会为父母提供更多的经济回报；而与父母感情融洽的子女也会提供较多的经济支持。有配偶、受教育程度越高、从事非农业的子女对老年父母的经济支持水平较高，这说明经济条件较好的子女向其父母提供的经济支持更多。从不同性别的子女的状况来看，得到老人孙子女照料帮助的女儿提供的经济回报越多，而对儿子的影响却不明显。居住距离反映着一定经济意义，对女儿来说，一般距离越远，提供的经济支持越多，而儿子却没有这种趋势。

表6-3 单个子女的经济支持多水平线性回归模型估计值（N=3975）

层一变量系数	层二变量	层三变量	儿子		女儿	
			儿子→父母	父母→儿子	女儿→父母	父母→女儿
代际支持						
子女提供的经济支持（对数）			0.064**		0.072***	
子女获得的经济支持（对数）				0.029*		0.033**
子女提供的生活照料						
子女获得的生活照料						
情感支持			0.150***	0.012+	0.137***	0.033***
随时间变动的子女状况						
婚姻：未婚、离婚或丧偶						
已婚与配偶同住			0.434***	-0.089*	0.199**	-0.055
已婚因工作分居			0.231***	-0.112+	0.191**	-0.004
职业：非农业			0.064*	0.048+	0.159**	0.054**
居住距离：与父母同住						
本村			-0.041	-0.068+	0.409**	-0.097
本乡镇			0.091	0.042	0.485***	-0.111
本县			0.229**	-0.038	0.488***	-0.106
本市			0.094	0.084	0.466**	-0.036
本省及以外			0.186**	-0.017	0.430**	-0.132
老人对孙子女照料			0.012	0.110***	0.043***	0.104***
代际支持水平均变化率			0.123***	-0.164***	0.054***	-0.175***
对基期代际支持水平的影响			-0.030	0.124	0.078	-0.024
基期代际支持水平的均值			-0.001	-0.003	-0.003	-0.002
子女特征						
基期年龄						
教育程度：没上过学						

续表 6－3

层一变量系数	层二变量	层三变量	儿 子		女 儿	
			儿子→父母	父母→儿子	女儿→父母	父母→女儿
	小学		0.175***	0.005	0.091***	0.057*
	初中及以上		0.231***	0.076+	0.156***	0.123***
相对教育程度：其他						
不低于子女均教育水平			0.011	-0.060+	-0.019	-0.053
		老人特征				
		年龄组：60~69岁				
		70~79岁	0.060	-0.107**	-0.037	-0.039
		80岁及以上	0.004	-0.073	-0.079	-0.015
		性别：女	0.126**	0.007	-0.051	0.029
		婚姻：已婚有配偶	0.020	0.086**	0.001	0.081**
		职业：非农业	-0.082	0.144+	-0.015	0.130*
		独立经济收入：有	-0.280***	0.105**	-0.187***	0.064*
		教育程度：上过学	0.115*	0.078+	-0.050	0.024
		行为能力	0.003	0.007***	0.009*	0.005*
方差成分（随机效应部分）						
层一截距 U0			0.049***	0.002***	0.018***	0.001***
层一时间斜率 U1			0.003***	0.0006***	0.004***	0.0003***
层一 R			0.646	0.422	0.364	0.230
层二截距 U00			0.203***	0.306***	0.093***	0.274***
层二时间斜率 U10			0.087***	0.082***	0.067***	0.067***
子女样本			2102	2102	1873	1873

注：***P<0.001，**P<0.01，*P<0.05，+P<0.1；斜体为各分类变量的参照项。省略的参照项为：男、离婚、丧偶或未婚、农业、无独立经济收入，没上过学。

数据来源：根据2001年、2003年和2006年"安徽省老年人生活福利状况"跟踪调查数据计算。

（2）子女获得的经济支持

回归结果显示，提供经济支持越多的子女获得的老年父母经济帮助越多，与老年父母感情更亲近的子女得到的经济支持更多。得到老人孙子女照料帮助越多的子女获得的经济帮助也越多。有配偶的儿子得到的父母经济帮助较少；与跟老年父母同住的儿子相比，本村的儿子得到的经济支持较少；而低于子女平均教育水平的儿子得到父母的经济帮助较多。对于女儿来说，教育程度越高或从业非农业的女儿获得的经济支持明显更多。

（3）老年父母对子女经济支持行为的影响

与第五章模型的回归结果相似，老年父母的状况也成为影响子女经济支持行为的家庭因素。老年母亲或上过学的老年父母得到儿子的经济帮助较多。有独立经济收入的老年父母获得的经济支持较少。从事非农业及有独立经济收入的老人经济状况稳定，对子女的经济支持较多；有配偶或行为能力好的老年父母对外界的依赖较少，并有帮助子女的能力，对子女的帮助也更多。

2. 讨论

表 6-3 对子女经济支持的多水平模型回归结果说明子女与老年父母之间的经济交换符合合作群体模式，孙子女成为代际支持交换的重要约束因素。由于合作群体模型认为，成年子女向其老年父母提供支持的能力依赖于父母最初转移给他们的资源，老年父母对孙子女的照料提高了成年子女回报老年父母的能力（Silverstein, Cong et al., 2007）。而在父系家庭体系下，女儿在得到老年父母的孙子女照料帮助时，会提供更多的经济回报作为补偿，说明女儿与父母之间的代际交换是相对没有延迟的等价的"平衡交换"，而儿子则更接近"一般交换"形式，假设 H2a 得到验证。

较高的受教育水平意味着父母提供的大量人力资本投资，同时也表明该子女获得较高经济收入的可能性更高，因此，他们给予父母较多经济回报。相应的，从事非农业的子女往往经济收入也更高，提供给父母的经济帮助也更多。处于正常婚姻状态的子女（包括已婚与配偶同居和因工作问题分居的子女）家庭中的经济收入是夫妻共同努力的结果，通常其经济状况要优于陷入婚姻危机中或单身的其他子女，为父母提供经济支持的能力较强，因此他们为父母提供的经济帮助要超过其他子女。上述分析说明子女的外部资源和能力决定了其供养老年父母的水平。

与老人居住距离较远的子女包括两部分，一部分居住在本乡镇或本县的其他乡镇，以女儿为大多数；还有一部分距离更远的，居住在本市以外，以儿子为主。对于女儿来说，传统婚姻家庭体系下特有的风俗使本乡镇或本县的女儿往往在"回娘家"时为老人提供以食品、礼物为主的较低价值的经济支持，这些礼节性的经济往来使其为老年父母提供的经济支持明显多于与父母同住的女儿，也高于同村的女儿。但是，当女儿的距离更远、在本市以外时，其与父母家庭的联系变得不方便，回家探望的成本更高，情感联络也更少，因此对父母的经济支持水平反而变低。总起来看，女儿离老年父母的距离越远，其提供给父母的经济支持越多，因此与儿子相比，女儿提供经济支持受居住距离的影响更明显，假设 H1a 中的经济支持部分得到验证。但正如前文所分析的那样，这些经济支持并不能解决老人经济上的根本需求。"养儿防老"的文化和经济含义决定了儿子对老年父母的重要性。分析结果显示，在本县和本省以外的儿子提供的经济支持明显较多，这主要是因为这部分儿子是外出打工人员，包括在本县乡镇企业就业或从事非农技术性行业的，以及去本省或外省大城市打工的，其通常会获得高于其在农村时的收入，因此他们为老人提供经济支持的能力也大大提高。而子女的居住距离对老年父母向其提供经济帮助的多少并没有显著的影响；唯一例外的是，本村邻近的儿子获得的经济支持水平低于与老年父母同住的儿子。这说明是否同住确定了儿子之间的养老责任，在所有儿子中，老年父母也往往避免向同村的儿子提供帮助，以免发生责任不清或因不公平感带来的家庭矛盾。

二 子女生活照料性别分工

1. 回归结果

（1）子女提供的生活照料

表 6-4 关于子女生活照料的多水平回归分析结果表明，获得较多生活照料帮助的儿子会为父母提供较多的回报，而与老年父母间的感情融洽的子女，不管是儿子还是女儿也会提供更多的照料帮助。与老年父母同住的子女是提供生活照料的最主要人选；从不同性别的子女来看，女儿为老人提供生活照料的频率基本与其居住距离成反比，而对儿子的影响趋势则没那么明显。得到老年父母孙子女照料帮助越多的女儿提供的照料帮助越多，

表6-4 单个子女的生活照料多水平线性回归模型估计值（N=3975）

层一变量系数	层二变量	层三变量	儿子		女儿	
			儿子→父母	父母→儿子	女儿→父母	父母→女儿
代际支持						
子女提供的经济支持（对数）						
子女获得的经济支持（对数）						
子女提供的生活照料			0.153***	0.100***	0.165	0.025
子女获得的生活照料						
情感支持			0.103***	0.013	0.091***	0.010
随时间变动的子女状况						
婚姻：未婚、离婚或丧偶						
已婚与配偶同住			-0.182	-0.312**	0.308	-0.112
已婚因工作分居			-0.155	-0.132	0.158*	-0.114
职业：非农业			-0.242**	-0.109	-0.018	0.032
居住距离：与父母同住						
本村			-1.737***	-1.572***	-4.325***	-2.741***
本乡镇			-1.733***	-1.565***	-4.928***	-2.772***
本县			-1.815***	-1.553***	-4.984***	-2.758***
本市			-1.762***	-1.290***	-5.085***	-2.773***
本省及以外			-1.827***	-1.666***	-5.058***	-2.786***
老人对孙子女照料			-0.008	0.124***	0.075***	0.019
代际支持水平平均变化率			0.107***	-0.135***	-0.050	-0.015
对基期代际支持水平的影响			2.523***	0.796*	5.078***	2.674***
基期代际支持水平的均值			-0.001	0.0001	0.003	0.0001
	子女特征					
	基期年龄					
	教育程度：没上过学					

续表 6－4

层一变量系数	层二变量	层三变量	儿子		女儿	
			儿子→父母	父母→儿子	女儿→父母	父母→女儿
	小学		0.058	0.030	-0.161[+]	0.001
	初中及以上		0.085	0.073	-0.292*	0.012
	相对教育程度:其他					
		不低于子女平均教育水平	0.009	-0.044	0.260*	0.053
		老人特征				
		年龄组:60~69岁				
		70~79岁	0.149*	0.009	-0.034	0.036
		80岁及以上	0.477*	-0.022	0.057	-0.021
		性别:女	-0.010	0.246***	0.083	0.013
		婚姻:已婚有配偶	-0.162*	-0.060	-0.231*	-0.034
		职业:非农业	-0.127	-0.104	0.373	-0.022
		独立经济收入:有	0.053	0.023	0.010	0.022
		教育程度:上过学	-0.051	-0.040	-0.238**	-0.019
		行为能力	-0.027**	0.027***	-0.018*	0.003
方差成分(随机效应部分)						
层一截距　U0			0.016***	0.772***	0.009***	0.112***
层一时间斜率　U1			0.163***	0.112***	0.002**	0.004***
层一　R			3.937	2.819	2.973	0.474
层二截距　U00			0.334***	0.256***	0.796***	0.010**
层二时间斜率　U10			0.241***	0.040	0.123**	0.001*
子女样本			2102	2102	1873	1873

注:*** P<0.001,** P<0.01,* P<0.05,+ P<0.1;斜体为各分类变量的参照项。省略的参照项为:男、离婚、丧偶或未婚、农业、无独立经济收入,没上过学。

数据来源:根据2001年、2003年和2006年"安徽省老年人生活福利状况"跟踪调查数据计算。

但对儿子的影响也不显著。在所有女儿中，因工作问题分居的女儿提供的生活照料最多，教育程度越高的女儿提供的生活照料越少，但是其中相对教育程度较高的女儿对老年父母的生活照料水平较高。对儿子来说，提供生活照料的多少主要受职业的影响，与从事农业的儿子相比，在非农产业就业的儿子对老年父母的生活照料较少。

（2）子女获得的生活照料

表 6－4 的回归结果显示，提供生活照料越多的儿子获得老年父母照料帮助越多；已婚与配偶同住的儿子得到父母生活照料帮助较少。一般来说，居住距离越远的子女得到父母生活照料的帮助越少，但是在距离比较近的儿子中，本村的儿子得到的生活照料最少。

（3）老年父母对子女生活照料行为的影响

有配偶的老年父母可以得到配偶的日常照料，身体健康状况好的老人对外界生活照料的需求较少，因此，子女为这些老人提供的生活照料帮助较少。儿子得到的老年母亲的照料帮助比父亲的帮助要多，这是由于老年女性在家庭中的传统照料者角色决定了她们成为帮助子女料理家务、照看孩子的主要人选，而且身体健康的老人更有能力提供生活照料。

2. 讨论

表 6－4 对不同性别的子女提供和获得生活照料的回归结果表明，子女与老年父母之间的生活照料符合合作群体模式，且孙子女是交换的一个重要约束因素。与代际经济支持的交换相同，女儿得到老年父母的孙子女照料越多，回报给老年父母的生活照料帮助越多，说明女儿与老年父母间的代际交换是"均衡交换"的形式，而儿子与父母的代际交换则是一种更长期的"契约"。

影响代际生活照料帮助的另一个因素是不同性别的子女的社会经济状况对其提供该帮助的能力的影响不同。教育程度越高的女儿提供生活照料越少，这是由于教育程度较高更可能获得正式的非农业工作，有相对固定的工作和休息时间，对父母提供生活照料的可能性相对较小；而对于儿子来说，虽然已婚的儿子承担照顾家中老人的社会责任，实际上其配偶（儿媳）才是生活照料的主要贡献者（费孝通，1985；Liu & Kendig，2000），因此即使从事非农业的儿子同样提供的生活照料较少，但往往不是由于职业造成的时间可及性的限制，而是因为从事非农业的儿子经济收入相对较多，更倾向于提供更多的经济支持来换取低收入儿子的服务性支持。

回归结果显示，子女的居住距离是影响其与老年父母之间生活照料水平的最主要因素。与老年父母同住的子女是提供生活照料帮助的最主要人选，也是老年父母提供该类帮助最多的人。由于空间距离的阻碍作用（Zimmer & Kwong，2003），一般来说，子女与老人之间的居住距离越远，他们提供生活照料的水平越低。在所有子女中，父母倾向于为同住的子女提供较多的生活照料帮助，其他子女获得的照料帮助较少。虽然空间距离的阻碍对父母提供的生活照料仍然有显著的影响作用，但是对儿子和女儿却有明显的性别差异——女儿的空间距离与得到的生活照料频率基本成反比；而在儿子中，除了外省以外的儿子，本村的儿子获得帮助最少（这一结果验证了假设 H1a 的生活照料部分）。造成这种情况的原因在于老年父母为避免本村子女（尤其是儿子）之间的摩擦和责任推诿，而选择减少对本村子女的帮助，并通过为同住子女提供较多的经济支持和生活照料帮助来换取稳固的养老保障，同时增强养老责任人提供保障的能力。

三　子女情感支持性别分工

1. 回归结果

（1）子女的情感支持

表 6-5 对子女情感支持的多水平模型的回归分析结果显示，儿子对老年父母提供的经济支持和生活照料越多，与父母之间的感情越亲近；女儿与老年父母之间的经济支持和生活照料交流越多，代与代之间越融洽。但是得到老年父母孙子女照料越多的女儿，与老人的感情越不好。年龄越大，相对教育程度越高的子女与老年父母的情感交流越弱。与父母同住的子女其代际关系最为融洽；对于不同性别的子女来说，本村的儿子与老年父母的情感最为冷淡，而女儿与老年父母感情好坏则基本与其居住距离正相关。

表 6 – 5　单个子女的情感支持多水平线性回归模型估计值（N = 3975）

层一变量系数	层二变量	层三变量	儿子	女儿
代际支持				
子女提供经济支持（对数）			0.369 ***	0.437 ***
子女获得的经济支持（对数）			0.034	0.174 ***
子女提供的生活照料			0.029 ***	0.033 **
子女获得的生活照料			0.009	0.047 *
情感支持				
随时间变动的子女状况				
婚姻：未婚、离婚或丧偶				
已婚与配偶同住			– 0.059	– 0.089
已婚因工作分居			– 0.085	– 0.086
职业：非农业			0.003	0.047
居住距离：与父母同住				
本村			– 0.395 ***	– 0.255 +
本乡镇			– 0.138	– 0.293 *
本县			– 0.181 *	– 0.334 *
本市			– 0.259	– 0.273
本省及以外			– 0.332 ***	– 0.364 *
老人对孙子女照料			0.007	– 0.039 *
代际支持水平平均变化率			– 0.043	0.020
对基期代际支持水平的影响				
基期代际水平的均值			6.739 ***	6.509 ***
	子女特征			
	基期年龄		– 0.018 ***	– 0.010 **
	教育程度：没上过学			
	小学		0.097	0.068
	初中及以上		0.201 *	0.111
	相对教育程度：其他			
	不低于子女平均教育水平		– 0.120 *	– 0.102 +
		老人特征		
		年龄组：60 ~ 69 岁		
		70 ~ 79 岁	0.073	0.030

续表 6 – 5

层一变量系数	层二变量	层三变量	儿子	女儿
		80 岁及以上	0.448 **	0.259 *
		性别：女	0.180 *	0.204 **
		婚姻：已婚有配偶	0.036	0.001
		职业：非农业	– 0.004	– 0.080
		独立经济收入：有	0.006	0.017
		教育程度：上过学	0.207 *	0.180 *
		行为能力	0.013 *	0.017 **
方差成分（随机效应部分）				
层一截距 U0			0.008 ***	0.002 ***
层一时间斜率 U1			0.002 ***	0.001 ***
层一 R			1.409	1.107
层二截距 U00			0.944 ***	0.800 ***
层二时间斜率 U10			0.362 ***	0.600 ***
子女样本			2102	1873

注： *** P < 0.001， ** P < 0.01， * P < 0.05， + P < 0.1；斜体为各分类变量的参照项。省略的参照项为：男，离婚、丧偶或未婚，农业，无独立经济收入，没上过学。

数据来源：根据 2001 年、2003 年和 2006 年"安徽省老年人生活福利状况"跟踪调查数据计算。

（2）老年父母对情感支持的影响

表 6 – 5 的回归结果与第五章老年父母的特征对其与子女之间的情感交流的影响基本一致。高龄老人与子女的感情更为融洽。这可能是由于中国农村老年人的养老期望和养老标准极低，老人进入高龄后，几乎完全丧失劳动能力，只能靠子女赡养、与子女同住。在传统观念的影响和监督下，子女对于长寿老人会更为积极主动地"尽孝"，代际关系更为融洽。如第五章分析，女性老人在与子女的沟通交流方面具有先天优势，因此子女与老年母亲的感情更为亲近。此外，身体健康状况较好的老人对代际的实际帮助需求较少，因此对于往往被要求提供烦琐的实务性支持的女儿来说，减少了压力和摩擦。

2. 讨论

回归结果显示，子女对老年父母提供的经济支持和生活越多，代与代之间越融洽，且与儿子相比，情感支持水平上升导致女儿提供的实际性支持水平更高，假设 H4a 得到验证。上述结果与以往的研究结果相符，即可能代际的感情因素在促使女儿提供实际性支持帮助上起直接作用，而对儿子来说，情感因素则是通过加强社会联系而起到促使提供帮助的间接作用（Silverstein, Parrott et al., 1995）。这也从侧面说明了，儿子似乎更基于义务提供代际支持，而女儿并不承担主要的养老责任，提供的义务之外的补偿性支持更多。

与对经济支持和生活照料的影响明显不同的是，女儿得到老年父母的孙子女照料越多，与父母的感情越不融洽。这说明女儿虽然给予提供帮助的父母更多的经济支持和照料帮助作为回报，但未成年子女经常由老人照料，难免增加老人的负担；尤其"嫁出去的女儿——泼出去的水"，对于已是外姓人的女儿，虽然老人的付出有所回报，但传统的性别偏好使老人对儿子"自我牺牲"，对女儿则是"额外"帮助，由此导致家庭中的摩擦与冲突增多，对代与代之间的感情交流产生不利影响。

虽然受教育程度较高的子女获得正式工作、较高经济收入的可能性较大，为父母带来极大的荣耀和满足，但是在子女中相对教育程度较低的子女与老年父母的感情更亲近。这可能是由于在家庭中相对资源较少的子女与亲属的联系更密切，更依赖于强关系，因此与父母和其他子女的交往更多、更亲密。而子女的年龄越大，离开父母独立的时间越长，家庭负担增加，与老年父母之间的感情逐渐淡漠。

表 6-5 对不同性别的子女情感支持的回归结果还显示，居住距离阻碍了代际情感交流，与老人同住的子女与老年父母的情感交流最为密切。但是居住距离对不同性别子女的情感支持影响有所不同。对于女儿来说，基本上其与老年父母之间的感情交流随着距离的增加而不断减弱；而在儿子中，非同住的本村儿子与老年父母的感情最冷淡，这主要由于同村居住的多个儿子之间容易发生摩擦，进而影响到他们与父母之间的关系。因此，女儿与父母的感情融洽程度受居住距离的影响更明显，假设 H1a 的情感支持部分得到验证。结合第五章老年父母情感支持分工的结果进行分析，可以推断，本村非同住的儿子对老年人家庭代际和谐造成了消极影响；尤其是老年母亲由于对子女的依赖性更大，造成本村儿子之间养老责任的推诿，使家庭代际关系蒙上阴影。

第四节　子女代际支持性别分工的动态可能性分析

一　子女经济支持性别分工

1. 回归结果

（1）子女提供的经济支持

表6－6关于不同性别子女的经济支持的动态回归分析结果显示，对于女儿来说，代与代之间的经济交换有相互促进的作用，随着女儿获得的经济支持的增加，其为父母提供经济帮助增加的可能性也逐渐上升，但对于儿子却没有影响。情感支持的增加提高了子女提供经济支持增加的可能性。得到孙子女照料增加、一直从事非农业或者年龄较大的子女其提供经济支持增加的可能性较高。对女儿而言，在时间间隔内一直外出的女儿提供经济帮助增加的可能性高于一直在本村的女儿，相对教育程度较高的女儿增加对老年父母经济支持的可能性也高于其他女儿，而一直与父母同住的女儿经济支持增加的可能性低于一直与父母分开居住的女儿，由非农业转换为农业的女儿增加经济支持的可能性也较低。对于儿子来说，由与父母分开居住转变为共同居住的儿子经济支持增加的可能性高于一直与父母分开居住的儿子，受教育程度越高的儿子对老年父母经济帮助增加的可能性越大。

表6－6　分性别的子女经济支持增加可能性 Logistic 模型估计值（N＝8023）

变量	儿子		女儿	
	儿子→父母	父母→儿子	女儿→父母	父母→女儿
代际支持				
子女提供的经济支持（对数）	0.309 ***		− 0.173 ***	
子女提供经济支持增加：（否）是		1.005		1.380 *
子女获得经济支持（对数）		0.209 ***		− 0.138 ***
子女获得经济支持增加：（否）是	1.083		1.451 **	
子女提供的生活照料				
子女提供生活照料增加：（否）是				
子女获得的生活照料				

变　　量	儿　子		女　儿	
	儿子→父母	父母→儿子	女儿→父母	父母→女儿
子女获得生活照料增加：（否）是				
子女与老人的情感支持				
情感支持增加：（否）是	1.319 ***	0.973	1.292 ***	1.532 **
子女状况				
孙子女照料	1.054 **	1.239 ***	1.034	1.224 **
孙子女照料增加：（否）是	1.305 *	2.661 ***	1.484 *	2.816 ***
外出状况：未外出→未外出				
未外出→外出	1.212	1.242	1.043	0.063 +
外出→外出	1.068	0.882	1.267 *	0.324 *
外出→未外出	0.864	0.597	1.169	0.316
居住安排：（一直与父母分开居住）				
与父母分开居住→同住	1.423 *	1.601 +	1.332	2.258
一直与父母同住	1.050	1.364	0.090 *	2.067
与父母同住→分开居住	0.730	0.484	0.903	0.166
职业：农业→农业				
农业→非农业	1.116	1.034	1.042	1.589 *
非农业→非农业	1.257 *	1.272	1.397 ***	1.074
非农业→农业	1.127	1.114	0.702 *	0.918
教育程度：未上过学				
小学	1.306 *	1.134	1.097	1.369
初中及以上	1.378 *	1.569 +	0.975	1.998 *
相对教育程度：低于子女平均教育水平				
不低于子女平均教育水平	0.948	0.395 **	1.208 +	0.370 *
年龄	1.011 *	0.937 ***	1.010 +	0.915 ***
老年人状况				
年龄组：（60~69 岁）				
70~79 岁	1.283 **	0.731	1.228 *	0.351 *
80 岁以上	1.026	0.335	0.948	– 1.145 **
性别：（男性）女性	1.198 +	0.880	1.114	0.655
婚姻状况：（离婚或丧偶）有配偶	0.925	1.711 **	1.030	2.184 ***

变　量	儿　子		女　儿	
	儿子→父母	父母→儿子	女儿→父母	父母→女儿
教育程度：（未上过学）上过学	1.067	1.174	0.974	0.848
职业：（农业）非农业	1.204	1.309	0.921	1.858 *
独立经济收入（对数）	0.944	1.187 **	1.001	1.159
独立经济收入减少：（否）是	1.148	0.701 +	0.985	0.407 *
行为能力	1.001	0.977 *	1.034 ***	0.974 +
行为能力下降：（否）是	0.922	0.391 ***	0.659 ***	0.374 **
－ 2LL	2738.056	1292.727	2373.064	836.618
样本	4246	4246	3777	3777

注：＊＊＊ P＜0.001，＊＊ P＜0.01，＊ P＜0.05，＋ P＜0.1；斜体为各分类变量的参照项。

数据来源：根据 2001 年、2003 年和 2006 年 "安徽省老年人生活福利状况" 跟踪调查数据计算。

（2）子女获得的经济支持

对老年父母提供经济支持的增加或情感支持的增加提高了女儿获得老年父母经济帮助的可能性，但是对儿子获得父母经济帮助的增加没有显著影响。得到孙子女照料增加的子女获得父母经济支持增加的可能性较高。与一直在本村的女儿相比，外出女儿得到经济帮助增加的可能性较低，其中一直在外的女儿获得帮助增加的可能性最低。而由农业转为非农业活动的女儿获得父母的经济帮助增加的可能性比一直从事农业的女儿要高。对于儿子来说，与一直与父母同住的儿子相比，由与父母分开居住转换为共同居住的儿子获得经济帮助增加的可能性更高。此外，相对教育程度较高、年龄较大的子女获得父母经济支持增加的可能性较低，但是初中以上文化程度的子女得到经济帮助增加的可能性较高。

2. 讨论

表 6 - 6 关于子女经济支持的动态可能性回归结果表明，与儿子相比，女儿对经济支持的交换水平更敏感，女儿与父母代际的交互经济支持有相互促进的作用，而儿子的经济交换则不受反向的经济支持影响。这说明在调查的时间间隔内，女儿与其父母的经济交换往往是即时的，在短期内达到相对平衡；而儿子与父母的经济交换则具有长期性，代际的经济回馈往往并不即时发生，而是在较长时间里的 "一般交换"。

　　子女的外出是影响代际经济支持的重要因素。与子女经济支持的支持量分析结果一致，外出子女对老年父母经济支持增加的可能性显著上升，而获得经济支持增加的可能性显著下降。这是由于子女外出以后经济状况和价值观念的相对变动，以及提供生活照料的绝对成本上升，都促使外出子女调整代际支持分工，增加对老人的经济支持以弥补生活照料的不足。但是我们的结果发现，外出只对女儿提供经济支持有促进作用，对儿子的影响却不显著。这可能是由于子女的外部资源所起的作用。回归结果显示，在成年子女普遍教育水平较低的中国农村（绝大多数在初中以下），家庭中相对教育程度较高的女儿比其他女儿更有可能离开本村，从事非农业劳动，获得高于在农村时的收入和社会经济地位，她们为老年父母提供经济支持的能力也随之大大提高。虽然随着受教育水平的增加，儿子对父母经济支持增加的可能性显著上升，但这只能说明父母对儿子的教育资本投资与儿子的经济回馈成正比；由于传统上儿子即是老年父母供养的主要提供者，因此外出并未对儿子提供经济支持的增加产生影响。

　　如前文所述，共同居住是一种代际确定养老责任人、老年父母与子女建立养老"契约"的方式。结果显示，与老年父母开始共同居住的儿子与父母的经济交换水平大大提高，老人为强化与该儿子的契约而增强对其帮助。共同居住的儿子获得的经济支持增加的可能性既超过其他儿子，也超过其为老人提供的相应帮助增加的几率，假设 H3 中的经济支持部分得到验证。由此可以推断，为弥补生活照料不足，非同住儿子增加的对老年父母的经济支持会由老人部分转移到同住儿子身上，以换取该儿子的劳务付出。而如果与父母同住的是女儿，则其提供经济支持增加的可能性反而降低，说明在父系家庭体系下，与女儿同住的老年父母可能牺牲一定的经济利益，以换取女儿对老人的照顾。

　　结果还发现，由于祖父母通常是照料孙子女的主要对象，子女会对老人的照料帮助提供经济回报；而老人也经常通过为孙子女提供食物、零用钱或教育费用等方式部分或者全部返还给子女。因此，得到父母孙子女照料增加的子女与父母经济交换的可能性也相应提高，尤其是女儿回报上述帮助增加的可能性更高，假设 H2b 得到验证。

　　综上所述，我们可以推断，虽然居住安排的影响以及老年父母对与儿子同住的偏好间接反映了儿子在提高经济支持方面的优势，但是由于外部资源因素的影响作用，外出的女儿社会经济状况显著提高，对老年父母经济支持增加的可能性大于外出儿子增加的可能性，这一结果验证了假设 H1b 的经济支持部分。因此，在提供经济支持增长的可能性方面，儿子的潜力不及女儿，子女在经济支持的性别分工有缩小的趋势。

二 子女生活照料性别分工

1. 回归结果

（1）子女提供的生活照料

表 6-7 关于不同性别子女生活照料的动态可能性回归分析结果表明，随着老年父母对儿子生活照料帮助的增加，儿子对父母的生活照料增加的可能性也随之上升，但是女儿提供生活照料的增加并不受上述帮助增加的影响。而且子女增加对老年父母的生活照料与代与代之间情感支持的增加也不相关。外出明显降低了子女对父母生活照料增加的可能性。除了一直外出的子女，在时间间隔内转换为外出的女儿以及回流的女儿对其老年父母生活照料增加的可能性都有明显下降。同样，在女儿中从事非农业的女儿对老年父母生活照料增加的可能性低于其他女儿，尤其是一直从事非农业活动的女儿增加的可能性最低。而与父母同住则提高了子女增加生活照料的可能性，尤其是一直与父母同住的子女增加照料的可能性最高。另外，对儿子来说，与一直与父母分开居住的儿子相比，由同父母同住转换为单独居住的儿子对父母生活照料增加的可能性更高。

表 6-7 分性别的子女生活照料增加可能性 Logistic 模型估计值 （N = 8023）

变 量	儿 子		女 儿	
	儿子→父母	父母→儿子	女儿→父母	父母→女儿
代际支持				
子女提供的经济支持（对数）				
子女提供经济支持增加：（否）是				
子女获得经济支持（对数）				
子女获得经济支持增加：（否）是				
子女提供的生活照料	0.824***		0.725***	
子女提供生活照料增加：（否）是		1.733***		1.483

变　量	儿　子		女　儿	
	儿子→父母	父母→儿子	女儿→父母	父母→女儿
子女获得的生活照料		0.831 ***		0.781 ***
子女获得生活照料增加：(否) 是	1.702 ***		1.580	
子女与老人的情感支持				
情感支持增加：(否) 是	1.176	0.946	1.122	0.554
子女状况				
孙子女照料	1.133 ***	1.411 ***	1.093	1.603 ***
孙子女照料增加：(否) 是	0.998	4.484 ***	0.654	6.338 ***
外出状况：未外出→未外出				
未外出→外出	0.676	1.536 *	− 0.529 ***	0.401
外出→外出	0.086 ***	1.159	− 0.815 ***	0.069 *
外出→未外出	0.968	0.811	0.267 *	0.184
居住安排：(一直与父母分开居住)				
与父母分开居住→同住	3.048 ***	2.887 ***	3.411 ***	3.922 **
一直与父母同住	3.232 ***	3.397 ***	4.319 ***	4.379 ***
与父母同住→分开居住	1.698 *	0.802	1.076	1.563
职业：农业→农业				
农业→非农业	0.726	1.083	0.177 *	1.819 *
非农业→非农业	0.743	1.049	0.398 *	1.714 *
非农业→农业	0.663	1.248	1.137	0.053 +
教育程度：未上过学				
小学	0.782	0.813	0.795	0.930
初中及以上	1.101	0.572 +	1.219	1.226
相对教育程度：低于子女平均教育水平				
不低于子女平均教育水平	0.984	1.005	0.911	0.965
年龄	0.991	0.934 ***	0.985	0.957 *
老年人状况				
年龄组：(60 ~ 69 岁)				
70 ~ 79 岁	1.258	0.886	0.979	1.055
80 岁以上	1.727 *	0.772	1.470	− 0.524
性别：(男性) 女性	1.429 *	1.032	1.402	0.794

变　　量	儿　子		女　儿	
	儿子→父母	父母→儿子	女儿→父母	父母→女儿
婚姻状况:(离婚或丧偶)有配偶	0.231 ***	0.655 *	0.578 +	0.587
教育程度:(未上过学)上过学	0.970	0.664 *	1.006	0.970
职业:(农业)非农业	1.148	1.236	1.614	1.210
独立经济收入(对数)	0.874	1.039	1.034	0.989
独立经济收入减少:(否)是	1.384 +	0.737 +	1.142	1.059
行为能力	0.933 ***	0.990	0.947 ***	0.936 **
行为能力下降:(否)是	1.663 ***	0.711 *	1.948 ***	0.536
- 2LL	1151.541	1140.899	827.438	303.733
样本	4246	4246	3777	3777

注:*** P < 0.001,** P < 0.01,* P < 0.05,+ P < 0.1;斜体为各分类变量的参照项。

数据来源:根据 2001 年、2003 年和 2006 年"安徽省老年人生活福利状况"跟踪调查数据计算。

（2）子女获得的生活照料

与不同性别的子女提供生活照料相似,对老年父母提供生活照料增加提高了儿子获得父母生活照料的可能性,但是与女儿获得父母生活照料的增加没有关系。而且子女与老年父母情感交流的增加与其获得老年父母的生活照料增加的可能性也不相关。但是孙子女照料的增加明显提高了子女获得老年父母生活照料增加的可能性。与父母同住的子女获得生活照料增加的可能性也高于其他子女,尤其是一直与父母同住的子女增加的可能性最高。对于女儿来说,从事非农业的女儿得到父母生活照料增加的可能性高于其他女儿,其中又以刚发生职业转换的女儿为最,但是如果女儿由非农业转换为农业,其获得生活照料增加的可能性则明显降低,甚至低于一直从事农业劳动的女儿。外出对于子女生活照料增加的可能性的影响表现出明显的性别差异,一直外出的女儿获得老年父母生活照料增加的可能性低于其他女儿,而儿子由未外出转换为外出后,老年父母对其生活照料帮助增加的可能性反而上升。此外,年龄越大的子女获得老年父母生活照料增加的可能性越低。

2. 讨论

表 6 - 7 关于不同性别子女的生活照料的动态可能性回归结果表明,与

女儿相比，儿子对生活照料的交换水平更敏感。儿子与父母代际的生活照料交换有相互促进的作用，女儿的生活照料则不受反向的此类帮助的影响。而对经济支持的动态可能性回归结果显示，女儿对经济支持的交换水平更敏感，这与子女在父母养老中扮演的角色和分工密切相关，男性成年子女被期望提供经济性日常照顾，而女性成年子女则被要求提供烦琐的实务性支持，因此对于儿子来说，不论得到老年父母的经济支持是否增加，都要供养父母，而对于女儿提供生活照料的要求亦是如此。因此，转换为与老年父母同住的儿子与父母之间代际交换增加的可能性低于女儿，假设 H7 在生活照料部分未通过验证。

回归结果发现，外出明显降低了子女对父母生活照料增加的可能性，且对女儿的影响更大。这可能是由于在中国农村，基于传统孝亲观念的深远影响，儿子比女儿在照顾家中老年父母生活所需的参与上具有更大的责任和义务（Liu & Kendig, 2000），不能轻易推卸；另一方面的原因则是，虽然已婚的儿子承担照顾家中老人的社会责任，实际上其配偶（儿媳）才是生活照料的主要贡献者（费孝通，1985；Liu & Kendig, 2000），因此，外出对儿子增加生活照料可能性的影响作用并不明显，而女儿提供生活照料增加的可能性则明显变小。假设 H1b 的生活照料部分得到验证。另外，值得注意的是，子女外出后带来的空间距离阻碍和经济条件改变导致生活照料的相对和绝对成本发生变化，为实现资源优化配置，子女重新调整其之间家庭代际支持的分工。结果发现，子女外出虽然减少了对老年父母的生活照料，但是父母对外出子女的帮助可以通过留在家中的其他家庭成员（如子女的配偶或未成年孩子）实现。父母对刚外出的儿子增加生活照料帮助的可能性高于其他儿子（包括一直外出的儿子），而同时刚外出的儿子对父母增加生活照料的可能性也没有明显下降，这说明，老年父母对儿子的外出采取了支持的态度，为了消除外出子女的后顾之忧，并满足老人对子女个人发展的期望，在儿子外出后，父母增加了对其生活照料上的帮助。通常这种帮助有两种方式，帮助留守的儿媳或孙子女。但是，对于女儿来说，在父系家庭体系和性别偏好的影响下，女儿就较少得到老年父母此类的帮助和支持，即使是回流的女儿。不过，由于回流缩短了居住距离，回流的女儿也更多地为父母提供生活照料帮助，作为回报父母对该女儿的生活照料也相应增加，因此回流女儿获得父母生活照料增加的可能性还是高于那些外出的女儿。

由表6-7关于不同性别的子女生活照料的回归分析结果可以推断，子女的职业转换也是影响代与代之间生活照料交换水平变动的重要因素，对女儿的影响尤为明显。由于生活照料受时间和空间可及性限制，与非农业相比，农业活动的季节性较强，对每天劳动时间的固定性要求较低，而且每年的平均劳动时间低于其他职业。因此相对来说，从事非农业活动使照料老人和家庭的时间缩短，增加生活照料帮助的可能性下降。但是，由于女性是家庭的主要照料者，因此只有从事非农业劳动的女儿增加生活照料的可能性降低；而对儿子没有显著性影响。另一方面，当女儿由从事农业活动转换为非农业活动以后，可以用于照料老人和家庭的时间缩短，而需要父母帮助照料家庭的可能性上升。特别是对刚从事非农业活动的女儿而言，需要投入更多工作时间，父母对其提供的帮助也最多；相反，由非农业转为农业的女儿时间价值下降，对父母提供经济支持的能力下降，得到父母生活照料的可能性也明显降低。

由此可见，当子女的经济状况改变、单位时间价值变化后，其之间的相对定位和代际分工也会相应进行调整。由于职业变动带来的时间可及性变化对女儿的影响更大，原先主要提供照料工作的女儿根据需要调整了对老年父母的帮助和支持——增加经济性的帮助，减少了实务性的支持。总的来看，虽然子女与父母代际生活照料的性别差异并未消失，但女儿社会经济地位的提高诱使老年父母对其的照料帮助更加频繁，传统的生活照料的性别分工差异缩小。

三 子女情感支持性别分工

1. 回归结果

表6-8关于不同性别子女情感支持的动态可能性回归结果显示，子女提供经济支持和生活照料增加促进了代际情感支持的增加的可能性，尤其对于女儿来说，提供实际性支持增加的女儿代际情感交流增加的可能性更高，且获得父母经济支持增加的女儿与父母的感情亲近程度增加的可能性也较高。对于儿子来说，得到父母孙子女照料增加的儿子与父母间情感支持增加的可能性上升，一直外出的儿子与老年父母感情亲近程度增加的可能性高于一直在本村的儿子，共同居住则有利于儿子与父母的情感交流，

尤其是一直与父母同住的儿子代际情感亲近程度增加的可能性最高。对于女儿来说，回流促进了其与父母的感情亲近程度，一直从事非农业活动的女儿与父母的感情交流增加的可能性也较高。此外，年龄越大、教育程度越高的子女与父母情感支持增加的可能性越高。

表 6 - 8　分性别的子女情感支持增加可能性 Logistic 模型估计值（N = 8023）

变　　量	儿　子	女　儿
代际支持		
子女提供的经济支持（对数）		
子女提供经济支持增加：（否）是	1. 602 ***	1. 699 ***
子女获得经济支持（对数）		
子女获得经济支持增加：（否）是	1. 124	1. 577 *
子女提供的生活照料		
子女提供生活照料增加：（否）是	1. 453 **	1. 539 *
子女获得的生活照料		
子女获得生活照料增加：（否）是	1. 005	0. 690
子女与老人的情感支持	- 0. 219 ***	- 1. 004 ***
情感支持增加：（否）是		
子女状况		
孙子女照料	0. 986	1. 105 +
孙子女照料增加：（否）是	1. 307 +	1. 578
外出状况：未外出→未外出		
未外出→外出	1. 250	1. 210
外出→外出	1. 566 ***	1. 275
外出→未外出	1. 156	1. 576 *
居住安排：（一直与父母分开居住）		
与父母分开居住→同住	1. 626 **	1. 386
一直与父母同住	2. 078 ***	0. 862
与父母同住→分开居住	1. 493 *	0. 073
职业：农业→农业		
农业→非农业	1. 195	1. 183
非农业→非农业	1. 173	1. 484 **
非农业→农业	1. 301	1. 157

变　量	儿　子	女　儿
教育程度：*未上过学*		
小学	1.452 *	1.464 *
初中及以上	1.606 **	1.534 +
相对教育程度：*低于子女平均教育水平*		
不低于子女平均教育水平	1.061	0.916
年龄	1.042 ***	1.064 *
老年人状况		
年龄组：（*60~69 岁*）		
70~79 岁	1.101	1.634 **
80 岁以上	1.421 +	1.940 **
性别：（*男性*）女性	1.735 ***	2.206 ***
婚姻状况：（*离婚或丧偶*）有配偶	1.423 **	1.795 ***
教育程度：（*未上过学*）上过学	1.499 **	1.252
职业：（*农业*）非农业	1.115	1.410
独立经济收入（对数）	1.000	0.896
独立经济收入减少：（*否*）是	1.241 +	1.390 *
行为能力	1.088 ***	1.210 ***
行为能力下降：（*否*）是	0.672 **	0.472 ***
- 2LL	1996.450	1482.927
样本	4246	3777

注：*** $P < 0.001$，** $P < 0.01$，* $P < 0.05$，+ $P < 0.1$；斜体为各分类变量的参照项。

数据来源：根据 2001 年、2003 年和 2006 年"安徽省老年人生活福利状况"跟踪调查数据计算。

2. 讨论

不同性别子女的情感支持的动态可能性回归结果表明，子女对老年父母提供的经济支持和生活照料的增加促进了其与父母间情感增加的可能性；且提供经济支持和生活照料增加的女儿与父母情感支持增加的可能性更大。一方面，由于代际的情感支持伴随着经济支持和生活照料进行，而情感支持的增加也会促进代际的实际性支持，因此经济支持、生活照料等实际性支持与情感支持的增长是相互促进的动态过程；另一方面，由于儿子承担养老的主要责任，在"社区情理"中儿子提供赡养支持往往被视为理所应当，因此提供的实际性支持增加并没有促进儿子与父母感情亲近程度。这一结果验证了假设 H4b 的情感支持部分。

共同居住安排则进一步明确子女（尤其是儿子）的内部分工，保障了老年人的福利，而老年父母与同住儿子之间频繁的帮助交换也促进了代与代之间的情感交流。而且，父母与同住儿子之间的"契约"随着同住时间的推移不断得到强化（从回归系数上推断），假设 H3 关于情感支持的论述得到验证。

儿子的外出降低了本村儿子间以及儿子与老年父母间产生摩擦的可能性，赡养老年父母的责任在本村以及外出儿子之间进一步明确。而且外出的儿子往往经济状况更好，增加了老人的荣耀感，从而增进了代际的感情融洽。对于女儿来说，由于女性在家庭中的照料角色及分工，回流的女儿与老年父母的距离阻碍消失，是老年父母照料的重要提供者，而且与儿媳相比，女儿与父母之间相互包容和体谅的程度更高，因此与老年父母的感情更为亲近。另外，回归结果证实，子女对老年父母的情感支持更多地受到性别角色意识的影响，当传统性别角色意识较弱（绝对教育程度高）时，子女情感支持增加的可能性越高，且绝对教育程度越高的儿子增加感情支持的可能性大于女儿，说明性别角色意识对儿子情感支持的影响大于对女儿的影响。这或者是由于外出的选择性（教育程度高的子女更可能离开本村），或者是由于教育程度高更容易接受新思想、带来观念的转变（儿子的教育程度往往高于女儿），又或者是由于老年父母对儿子寄予更多的"光宗耀祖"的期望，外出的儿子与老年父母情感支持增加的可能性大于外出女儿增加的可能性（假设 H1b 的情感支持部分得到验证）。并由此可以推断，代际情感支持的性别分工差异将缩小。

第五节　小结

关于本章子女代际支持性别分工研究具体的假设验证情况见表 6-9，在此不再赘述。以下的小结部分将对分析结果进行总结讨论。

表 6 - 9 代际支持老年父母性别分工假设的验证情况

研究假设	验证情况		
	经济支持	生活照料	情感支持
H1a：外出居住距离越远的女儿向父母提供的经济支持越多，提供的生活照料和情感支持越少；而距离远近对儿子提供代际支持的影响不明显。	通 过	通 过	通 过
H1b：外出的女儿比儿子提供经济支持增加的可能性更大，而提供生活照料和情感支持增加的可能性更小。	通 过	通 过	通 过
H2a：得到孙子女照料帮助的女儿比儿子提供的经济支持更多。	通 过	/	/
H2b：得到孙子女照料增加的女儿比儿子提供经济支持增加的可能性更大。	通 过	/	/
H3：与女儿相比，转换为与老年父母同住的儿子与父母之间代际交换增加的可能性更大。	通 过	未通过（生活照料未得到验证）	通 过
H4a：与儿子相比，情感支持水平上升导致女儿提供的经济支持和生活照料水平更高。	通 过	通 过	通 过
H4b：与儿子相比，提供经济支持和生活照料增加的女儿与父母情感支持增加的可能性更大。	通 过	通 过	通 过

　　从对子女代际支持性别分工的支持量分析结果来看，子女在提供代际支持方面存在显著性别差异，儿子为老年父母提供更多的经济支持帮助，同时也获得更多的父母经济支持和生活照料的帮助，女性的性别角色决定了女儿在情感支持方面有着显著优势。而子女提供生活照料的性别差异不显著也是由于女性的性别角色和在家庭中性别分工造成的。老年父母与子女之间经济支持和生活照料帮助方面的性别差异与传统父系家族体系下儿子是家庭养老的主要承担者这一事实有关。父母为子女提供的代际支持则是一方面出于对责任内化的原因，另一方面也是提高其获得老年保障的可能性，而儿子在两方面的显著作用促使父母提供更多帮助，这一点符合合作群体模式下交换的目的是增强回报能力的原则。但同时，我们也发现女儿得到老年父母的支持帮助（例如孙子女照料）时，回报给老年父母的经济支持和生活照料更多，这说明女儿与老年父母的代际交换更多的是补偿性的"均衡交换"形式，而儿子与父母的关系则是一种更长期的"契约"，子女养老的约束机制因性别不同而存在差异。

　　子女外出进一步明确了子女之间的代际支持分工，并带来家庭代际支持资源的重新整合。从整体来讲，与老年父母同住的子女是为父母提供生活照料和情感支持的最主要人选，而外出工作的子女是老年父母经济支持的最主要来源。空间距离增加了外出打工的子女提供生活照料的成本，其较高的经济收入也意味着付出的劳动具有超过本村子女的时间价值，因此，外出子女以较低成本的经济帮助来换取低收入子女的劳动付出可以进一步优化家庭资源配置，符合合作群体模式中的交换规则。但是，我们也发现，女儿与父母之间的代际支持受空间距离的影响更明显，而对于儿子来说，本村非同住的儿子与父母之间的实际代际支持和情感交流水平最低，这说明养老责任不确定往往造成本村儿子的责任推诿和矛盾摩擦，老年父母只有通过共同居住以确定养老契约，并为同住的子女提供更多的支持帮助以增强养老责任人提供保障的能力。由此可见，传统养老观念对子女代际支持行为的约束逐渐弱化，老年人家庭中赡养老人已让位于子女对自身发展和利益的关注，并促使对父母代际支持的竞争。

　　本章关于子女代际支持性别分工的动态可能性回归分析则是通过子女的职业变换、外出状况变动以及与父母之间的居住安排变化，确认了子女外出打工对代际支持分工的影响。进一步结合对性别分工因素的考察，我们发现虽然儿子有经济支持方面的优势，但是由于外部资源因素的影响作用，外出的女儿社会经济状况显著提高，子女在经济支持方面的性别分工有缩小的趋势。在生活照料方面，职业转换带来的时间和空间可及性的变化使女儿提供生活照料增加的可能性明显降低，但是社会经济地位的提高诱使老年父母对女儿的照料帮助更加频繁，女儿提供生活照料的净值减少，传统生活照料的性别分工差异缩小。而外出使儿子与父母之间的情感融洽程度更高，代际的情感支持的性别分工差异也将缩小。因此，虽然子女与老年父母之间代际支持的性别差异并未消失，但是劳动力外流使儿子与女儿的养老功能差异不断缩小，并且有可能从根本上改变农村家庭养老的性别分工模式。

第七章 代际支持健康后果的
性别差异研究

第一节 研究设计

一 研究目标和研究思路

在中国社会转型时期，传统的养老文化和家庭体系受到一定挑战的情况下，目前有关代际交换模式和老年人健康状况关系的性别差异的研究还很欠缺，对家庭在老年健康福利所起的作用还需要进一步研究。本章的研究目的是，在中国传统父系家庭体系的代际关系中，从代际支持的三个方面，即经济支持、生活照料、情感支持，研究代际支持对老年人健康状况影响的性别差异模式。本章主要有两个研究目标：（1）老年父亲与老年母亲的健康状况是否存在差异；（2）代际交换模式对老年男性和老年女性健康状况的影响是否存在差异。

本章将从代际支持后果的角度分析代际支持对老年父母健康状况影响的性别模式。首先，本章将提出各项代际支持（经济支持、生活照料和情感支持）对不同性别老年父母健康状况（健康自评和心理福利）影响的分析框架，并建立统计分析模型；其次，总结分析各项代际支持对不同性别的老年父母健康自评和心理福利影响的回归模型统计结果；最后，讨论代际支持对不同性别老年人健康状况影响分析框架的准确性及其影响机制。根据上述研究思路，本章提出具体分析框架（见图 7-1）。

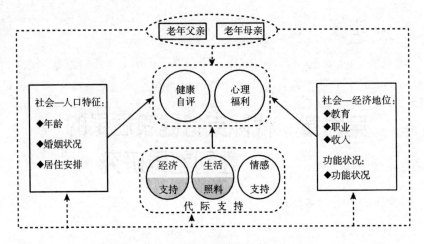

图 7 - 1　健康后果性别差异的分析框架

二　研究方法

分析采用的分析数据来自 "安徽省老年人生活福利状况" 抽样调查分别在 2001 年、2003 年和 2006 年获得的纵向调查数据, 研究对象是在三次调查都参与了的 1034 名有存活子女的老人, 对有拒答或回答不出来的问题的案例进行删除后, 最后用于数据分析的尽量覆盖了有完全信息的老人案例, 共包括 2036 个案例, 其所有子女均已成年。

研究依据本章提出的分析框架, 从生理健康和心理健康两个方面对老年父母代际支持的健康后果进行考察。对代际支持的相关内容, 则将其划分为经济支持、生活照料和情感支持, 按照代际支持的流向分为子女提供给父母的支持和父母提供给子女的支持, 但是, 作为测量子女与老年人之间的双向感情亲密程度的指标, 对情感支持未进行分流。

随着年龄增加, 老年人的衰弱和患病率会明显增加, 年龄常常作为测量老年人主观健康状况的一个代理变量 (陈皆明, 1998)。年龄是影响子女和父母代际支持行为的显著因素。由于衰老, 老人的经济状况和健康状况随着年龄有不同程度的下降, 父母为子女提供的帮助随着年龄的增加而减少, 而子女为父母提供的支持则相反, 因此在不同年龄水平下, 老年人的健康状况和代际支持水平存在差异。在本章中, 首先, 分年龄段研究男性和女性健康状况的差异。按年龄将样本老年人分为 64 岁以下、65～69 岁、

70～74岁、75～79岁和80岁以上五组，分性别考察各年龄组老人跟踪调查期的自评健康好的百分比和变动情况。其次，利用西安交通大学2001～2006年"安徽省老年人生活福利状况"纵向调查数据，依据本章构建的分析框架，在控制了老年人年龄、婚姻、社会经济状况和功能状况等健康风险因素后，研究农村老年父亲和老年母亲与子女的代际交换变动对其健康状况影响的差异，即代际交换模式对老年人健康状况的影响是否存在性别差异。

三　变量的测量

根据研究背景和本章的研究问题，首先选择分析采用的适当因变量和自变量。下面将分别简要论述代际支持的健康后果分析中所需变量的定义、测量方法和基本描述统计特征。

1. 生理健康分析中变量的测量

对老年父母代际支持健康后果的性别差异分析以健康后果是否变化为因变量，以老年父母的代际支持的状态变动为自变量，以其他静态影响因素为控制变量，研究自变量的状态迁移对因变量状态变化可能性的影响。

（1）因变量

本研究中老年人的健康状况以"健康自评"作为测量指标。健康自评常常被用来评价个人的整体健康状况，衡量的是主观健康状况，是生理、心理、行为、社会等一些难以测量因素的综合反映。调查中的老年人健康自评状况，即问题"您认为您自己现在身体健康状况……"，答案采取"很好，好，一般，不好"四级测量。在本章中，将"很好，好，一般"三级合并，分"好，不好"两级测量。将时间1和时间2老年父母的健康自评水平相比较，分为"变好，没变好"两级测量，回归模型将健康自评"没变好"的状况作为基准参考类型。

（2）自变量

代际支持变动，包括经济支持、生活照料及情感支持的变动。本章使用了代际支持的时间1和时间2代际支持水平比较是否增加为测量指标。由于各种代际支持是否增长，不仅取决于影响因素的变动状况，而且也受代际支持基期水平的限制，因此我们将对应的时间1各项代际支持的水平也引入模型作为自变量。

a）经济支持

老年父母经济支持的获得的定义为子女"有没有给过您（或与您同住的、仍健在的配偶）钱、食品和礼物"，以测量调查前 12 个月内子女为父母提供的现金与实物的货币价值，"没有"赋值 0，"有"则采用具体数值或 9 个区间来表示支持数量：①50 元以下；②50~99 元；③100~199 元；④200~499 元；⑤500~999 元；⑥1000~2999 元；⑦3000~4999 元；⑧5000~9999 元；⑨10000 以上。若被调查者没有提供具体支持数量，则用各区间中点值代表每个子女的经济支持水平。将每位老年父母得到的经济支持数量加总，取对数得到老年父母获得子女经济支持的水平。依据以上方法，分别计算时间 1 和时间 2 老年父母获得子女经济支持的水平，比较后得到跟踪调查时老年父母经济支持的获得是否比基期调查时有所增加，分"是，否"两级测量。回归模型将经济支持的获得增加"否"作为基准参考类型。老年父母经济支持的提供的定义为"您（或与您同住的、仍健在的配偶）有没有给过这个孩子钱、食品和礼物"，测量方法同获得的经济支持的测量方法相同。

b）生活照料

老年父母生活照料的获得包括老年人获得子女提供的如打扫卫生、洗衣服、洗碗等家务帮助，及帮助洗澡、穿衣服等生活起居上的日常照料。在问卷中通过询问为老年父母提供家务帮助和日常照料的子女（包括其配偶、孙子女）及其帮助频率，来衡量老年父母获得子女生活照料的水平。问卷中，提供家务帮助和日常照料的分四级测量：①每天都做 = 7.5；②每周至少一次 = 1.5；③每月几次 = 0.5；④很少 = 0。将老年父母得到子女（包括子女的配偶、孙子女及其配偶）家务帮助和日常照料的频率进行累加，得到老年父母获得子女提供的家务帮助和日常照料的总量，即子女对老年父母的生活照料水平。得分越高，表示老年父母获得生活照料的水平越高。依据以上方法，分别计算出时间 1 和时间 2 老年人获得子女生活照料的水平，比较跟踪调查时老年父母生活照料的获得是否比基期调查时有所增加，分"是，否"两级测量。回归模型将生活照料的获得增加"否"作为基准参考类型。老年人对子女生活照料的提供通过询问老年人向其提供家务帮助（如打扫卫生、洗衣服、洗碗等）和生活起居上照料（帮助洗澡、穿衣服等）的子女（包括其配偶、孙子女）及其帮助频率，来衡量老年父母对子女提供生活照料的水平。测量方法同老年父母获得子女生活照料是否增加的测量方法相同。

c）情感支持

情感支持指所有存活子女与老年父母间的平均感情亲密程度，其本质是测量代际双方感情投入程度的变量，所以不再按照流向分别建立模型进行回归分析。问卷中对于老人与子女的感情亲近程度通过询问以下三个问题进行测量：①"从各方面考虑，您觉得和这个孩子感情亲近吗？"②"总的来讲，您觉得自己和这个孩子相处得好吗？"③"当您跟这个孩子讲自己的心事或困难时，您觉得他/她愿意听吗？"答案采用三级测量标准，三个问题的累加得分为与该子女亲近程度的总得分，得分取值范围为3~9分，将所有子女的量表得分进行平均，得到老年父母与子女群体的感情亲密程度得分。三次调查的量表的 Alpha 信度系数分别为 0.86、0.96 和 0.83，稳定性较高。与经济支持以及生活照料不同，老人与子女间的平均感情亲近程度比总量更能够表明代际关系的质量。因此，本章采用平均值测量代际的情感支持水平。同时，也避免了情感支持与子女数量产生多重共线性。比较时间 1 和时间 2 老年父母与子女情感交流的水平，得到跟踪调查时老年父母与子女情感交流的水平是否比基期调查时有所提高，分"是，否"两级测量。回归模型将情感交流增加"否"作为基准参考类型。

（3）控制变量

在回归模型中考虑了年龄、婚姻状况、居住安排等反映个人基本信息的变量。老年人的婚姻状况分为已婚有配偶和因未婚、离婚或丧偶而无配偶两组人群。为了考察子女外出对老人的影响，在居住安排中将后者分为三类：单独或与配偶居住、与子女（或其配偶）同住、与孙子女隔代居住。社会经济地位方面，包括职业和收入。按照曾经主要从事的职业将老年人分为两类：一类从事农业、养殖业、渔业，代表着较低的社会经济地位；一类属于较高的社会经济地位，主要从事非农业工作。是否有固定的经济收入是老年人经济状况的重要标志，以老年人及其配偶是否有养老金、退休金或从工作中有净收入为衡量指标。研究中采用老年人的基本生活自理能力（Physical Activity of Daily Living，PADL）作为健康指标。对基本日常生活自理能力的测量是采用 Katz 量表（Katz，1983），共有 6 个项目：洗澡、吃饭、穿衣、下床、房间内走动、上厕所。若一项有困难，则认为存在一项功能限制。

2. 心理健康分析中变量的测量

（1）因变量

老年人的心理福利采用 CES-D 量表进行测量。量表包括 9 项，其中 3 项代表积极的情感（心情好，过得不错，有乐趣），2 项表示消极的情感（孤单，难过），2 项表示被排斥感（觉得没用，无事可做），还有 2 项代表躯体症状（没胃口，失眠）。分三级测量：0 = 没有；1 = 有时；2 = 经常。将积极情感问题的方向调整之后，各问题得分累加为老人心理福利水平的得分。取值范围为 0 ~ 18 分，得分越高表示老人的抑郁程度越高，心理福利状况越差。量表的 Alpha 信度系数是 0.78。比较时间 1 和时间 2 的老年父母心理福利水平，分为"变好，没变好"两级测量，回归模型将心理福利"没变好"的状况作为基准参考类型。

（2）自变量

代际支持变动，包括经济支持、生活照料及情感支持的变动。本章使用了代际支持的时间 1 和时间 2 代际支持水平比较是否增加为测量指标。由于各种代际支持是否增长，不仅取决于影响因素的变动状况，而且也受代际支持基期水平的限制，因此我们将对应的时间 1 各项代际支持的水平也引入模型作为自变量。

a）经济支持

老年父母经济支持的获得的定义为子女"有没有给过您（或与您同住的、仍健在的配偶）钱、食品和礼物"，以测量调查前 12 个月内子女为父母提供的现金与实物的货币价值，"没有"赋值 0，"有"则采用具体数值或 9 个区间来表示支持数量：①50 元以下；②50 ~ 99 元；③100 ~ 199 元；④200 ~ 499 元；⑤500 ~ 999 元；⑥1000 ~ 2999 元；⑦3000 ~ 4999 元；⑧5000 ~ 9999 元；⑨10000 以上。若被调查者没有提供具体支持数量，则用各区间中点值代表每个子女的经济支持水平。将每位老年父母得到的经济支持数量加总，取对数得到老年父母获得子女经济支持的水平。依据以上方法，分别计算时间 1 和时间 2 老年父母获得子女经济支持的水平，比较后得到跟踪调查时老年父母经济支持的获得是否比基期调查时有所增加，分"是，否"两级测量。回归模型将经济支持的获得增加"否"作为基准参考类型。老年父母经济支持的提供的定义为"您（或与您同住的、仍健在的配偶）有没有给过这个孩子钱、食品和礼物"，测量方法同获得的经济支持的测量方法相同。

b）生活照料

老年父母生活照料的获得包括老年人获得子女提供的如打扫卫生、洗衣服、洗碗等家务帮助，及帮助洗澡、穿衣服等生活起居上的日常照料。在问卷中通过询问为老年父母提供家务帮助和日常照料的子女（包括其配偶、孙子女）及其帮助频率，来衡量老年父母获得子女生活照料的水平。问卷中，提供家务帮助和日常照料的分四级测量：①每天都做 = 7.5；②每周至少一次 = 1.5；③每月几次 = 0.5；④很少 = 0。将老年父母得到子女（包括子女的配偶、孙子女及其配偶）家务帮助和日常照料的频率进行累加，得到老年父母获得子女提供的家务帮助和日常照料的总量，即子女对老年父母的生活照料水平。得分越高，表示老年父母获得生活照料的水平越高。依据以上方法，分别计算出时间 1 和时间 2 老年人获得子女生活照料的水平，比较跟踪调查时老年父母生活照料的获得是否比基期调查时有所增加，分"是，否"两级测量。回归模型将生活照料的获得增加"否"作为基准参考类型。老年人对子女生活照料的提供通过询问老年人向其提供家务帮助（如打扫卫生、洗衣服、洗碗等）和生活起居上照料（帮助洗澡、穿衣服等）的子女（包括其配偶、孙子女）及其帮助频率，来衡量老年父母对子女提供生活照料的水平。测量方法同老年父母获得子女生活照料是否增加的测量方法相同。

c）情感支持

情感支持指所有存活子女与老年父母间的平均感情亲密程度，其本质是测量代际双方感情投入程度的变量，所以不再按照流向分别建立模型进行回归分析。问卷中对于老人与子女的感情亲近程度通过询问以下三个问题进行测量：①"从各方面考虑，您觉得和这个孩子感情亲近吗?"②"总的来讲，您觉得自己和这个孩子相处得好吗?"③"当您跟这个孩子讲自己的心事或困难时，您觉得他/她愿意听吗?"答案采用三级测量标准，三个问题的累加得分为与该子女亲近程度的总得分，得分取值范围为 3~9 分，将所有子女的量表得分进行平均，得到老年父母与子女群体的感情亲密程度得分。三次调查的量表的 Alpha 信度系数分别为 0.86、0.96 和 0.83，稳定性较高。与经济支持以及生活照料不同，老人与子女间的平均感情亲近程度比总量更能够表明代际关系的质量。因此，本章采用平均值测量代际的情感支持水平。同时，也避免了情感支持与子女数量产生多重共线性。比较时间 1 和时间 2 老年父母与子女情感交流的水平，得到跟踪调查时老年父母与子女情感交流的水平是否比基期调查时有所提高，分"是，否"两级测量。回归模型将情感交流增加"否"作为基准参考类型。

（3）控制变量

在回归模型中考虑了年龄、婚姻状况、居住安排等反映个人基本信息的变量。老年人的婚姻状况分为已婚有配偶和因未婚、离婚或丧偶而无配偶两组人群。为了考察子女外出对老人的影响，在居住安排中将后者分为三类：单独或与配偶居住、与子女（或其配偶）同住、与孙子女隔代居住。社会经济地位方面，包括职业和收入。按照曾经主要从事的职业将老年人分为两类：一类从事农业、养殖业、渔业，代表着较低的社会经济地位；一类属于较高的社会经济地位，主要从事非农业工作。是否有固定的经济收入是老年人经济状况的重要标志，以老年人及其配偶是否有养老金、退休金或从工作中有净收入为衡量指标。研究中采用老年人的基本生活自理能力 PADL（physical activity of daily living）作为健康指标。对基本日常生活自理能力的测量是采用 Katz 量表（Katz，1983），共有 6 个项目：洗澡、吃饭、穿衣、下床、房间内走动、上厕所。若一项有困难，则认为存在一项功能限制。

第二节　代际支持对老年父母生理健康影响的性别差异

首先分性别描述了三次调查中老年父母生理健康状况及变动状况，按照本章的分析框架中的相关影响因素，给出了老年父母生理健康状况影响因素的基本描述，以及在此基础上的有关代际支持变动对老年父母健康状况影响的动态可能性分析。

一　老年父母的生理健康及相关影响因素现状

表 7 - 1 说明了在时间 1 健康自评好的老年人在各年龄组（间距为 5 岁）按性别不同的分布。总体上看，年龄越老认为自己健康状况好的老年父母越少。在各年龄段，健康自评好的老年父亲都比老年母亲所占比重大。但在高龄年龄组，老年父亲和老年母亲健康自评的差异不显著，说明随着老化，主

观健康的性别差异变得越来越不明显。而且在时间 1 和时间 2 之间健康自评变好的男性老人的比例也大于女性，虽然这种变动的性别差异并不显著。

表 7 - 1　老年父母健康自评的性别差异：时间 1 和变动 （N = 2036）

年龄组		时间 1 健康自评 "好"			健康自评变动 "变好"		
		老年父亲	老年母亲	差　异	老年父亲	老年母亲	差　异
60 ~ 64 岁	样本数	N = 101	N = 57		N = 51	N = 36	
	比　例	42.26	28.93	**	21.25	18.18	n. s.
65 ~ 69 岁	样本数	N = 124	N = 66		N = 52	N = 38	
	比　例	43.21	25.10	***	17.99	14.45	n. s.
70 ~ 74 岁	样本数	N = 75	N = 55		N = 32	N = 28	
	比　例	44.12	27.09	**	18.82	13.79	n. s.
75 ~ 79 岁	样本数	N = 63	N = 72		N = 29	N = 30	
	比　例	36.21	26.67	*	16.57	11.11	+
80 + 岁	样本数	N = 16	N = 36		N = 12	N = 24	
	比　例	33.33	20.34	+	24.00	13.48	+

注：*** P < 0.001， ** P < 0.01， * P < 0.05， + P < 0.1。
数据来源：根据 2001 年、2003 年和 2006 年 "安徽省老年人生活福利状况" 跟踪调查数据计算。

图 7 - 2 的结果也显示，老年母亲的健康自评水平明显低于老年父亲。从各个年龄组来看，总体上，老年父母的健康自评水平随着年龄增长趋于下降，但是中高龄年龄组的下降趋势趋于变缓，尤其是高龄老年父亲的健康自评水平比其他年龄组的老年父亲并没有明显降低。

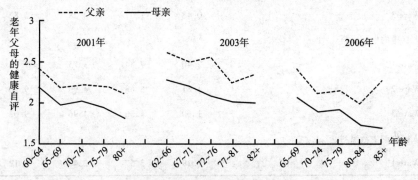

图 7 - 2　老年父母的健康自评

分性别的老年父母健康自评回归模型中的自变量和因变量的具体描述
信息见表7-2。老年母亲健康自评状况以及社会经济状况与老年男性相比
处于明显劣势，她们获得的经济支持、生活照料和情感支持平均水平也相
应超过男性；且随着年龄增加，老年父母的健康状况、社会经济状况有不
同程度的恶化，使之更依赖于子女。

表7-2 代际支持对老年父母健康自评影响的相关变量
描述信息：2001 年、2003 年和 2006 年

变 量	老年父亲		老年母亲	
	均 值	标准差	均 值	标准差
健康自评				
Wave 1（2001 年）	2.28	0.84	2.01	0.81
Wave 2（2003 年）	2.49	0.96	2.13	0.86
Wave 3（2006 年）	2.19	0.95	1.88	0.80
代际支持				
老人获得的经济支持（对数）				
Wave 1（2001 年）	2.74	0.69	2.71	0.67
Wave 2（2003 年）	2.86	0.66	2.79	0.73
Wave 3（2006 年）	2.88	0.82	2.97	0.62
老人提供的经济支持（对数）				
Wave 1	1.25	1.23	0.86	1.12
Wave 2	1.04	1.23	0.79	1.13
Wave 3	0.48	1.07	0.28	0.82
老人获得的生活照料				
Wave 1	2.40	7.34	3.75	7.23
Wave 2	1.81	5.68	4.99	9.20
Wave 3	1.60	4.36	4.96	9.08
老人提供的生活照料				
Wave 1	1.19	3.57	2.48	5.12

变　量	老年父亲		老年母亲	
	均　值	标准差	均　值	标准差
Wave 2	1.30	4.32	2.51	5.98
Wave 3	0.42	1.86	1.10	3.64
老人与子女的平均情感支持				
Wave 1	7.22	1.23	7.30	1.20
Wave 2	7.43	1.26	7.45	1.18
Wave 3	7.24	1.36	7.28	1.24
老人特征变量				
年龄（Wave 1）	68.38	5.96	71.08	7.01
婚姻状况：已婚有配偶（Wave 1）	0.79	0.41	0.51	0.50
居住安排：独居或与配偶同住（Wave 1）	0.36	0.48	0.28	0.45
与子女或其配偶同住（Wave 1）	0.41	0.49	0.54	0.50
与孙子女隔代居住（Wave 1）	0.23	0.42	0.18	0.38
职业：非农业（Wave 1）	0.09	0.28	0.05	0.22
教育程度：上过学（Wave 1）	0.44	0.50	0.06	0.25
独立经济收入：有（Wave 1）	0.71	0.45	0.39	0.49
健康状况：功能限制（Wave 1）	1.71	2.98	4.60	4.45

数据来源：根据 2001 年、2003 年和 2006 年"安徽省老年人生活福利状况"跟踪调查数据计算。

二　代际支持对不同性别老年父母生理健康的影响

1. 回归结果

在控制了老年人的各种健康风险因素之后，本节考察不同性别的老年人与子女的代际支持对其健康状况的影响模式。从表 7－3 可以看出，老年父亲基期向子女提供的经济支持使其健康自评变好的可能性更大（OR = 1.199），获得生活照料的增加使老年父亲健康自评变好的可能性降低（OR = 0.502）。而对于老年母亲来说，向子女提供生活照料的增加使老年母亲健康自评变好的可能性更大（OR = 1.914），与子女情感交流增加也同样增加了其健康自评变好的可能性（OR = 2.352）。

表 7 – 3　分性别的代际支持对健康自评变动的影响分析（N = 2036）

变　　量	老年父亲	老年母亲
健康自评	0.310 ***	0.424 ***
代际支持		
老年人获得的经济支持（对数）	1.076	0.846
老年人获得经济支持增加：（否）是	1.179	0.966
老年人提供的经济支持（对数）	1.199 *	0.993
老年人提供经济支持增加：（否）是	0.998	1.277
老年人获得的生活照料	1.025 *	1.013
老年人获得生活照料增加：（否）是	0.502 *	1.014
老年人提供的生活照料	0.982	1.003
老年人提供生活照料增加：（否）是	1.079	1.914 **
老年人与子女的平均情感支持	1.072	1.086
情感支持增加：（否）是	1.352	2.352 ***
控制变量		
年龄组：（60 ~ 69 岁）		
70 ~ 79 岁	1.047	0.820
80 岁以上	2.013 +	1.205
婚姻状况：（离婚或丧偶）已婚有配偶	0.940	0.555 *
居住安排：（独居或与配偶同住）		
与子女同住	1.687 *	0.741
隔代居住	1.977 *	0.814
教育程度：（未上过学）上过学	0.976	1.688
职业：（农业）非农业	0.704	1.442
独立经济收入：（无）有	0.827	1.066
功能限制	0.869 ***	0.874 ***
N	922	1112
chi2	305.16 ***	412.76 ***

注：*** P < 0.001，** P < 0.01，* P < 0.05，+ P < 0.1；斜体为各分类变量的参照项。

数据来源：根据 2001 年、2003 年和 2006 年"安徽省老年人生活福利状况"跟踪调查数据计算。

　　另外，婚姻状况、居住安排和功能状况对老年人主观健康状况的影响也存在着性别差异。例如，我们发现，有配偶的老年母亲，其健康自评变好的可能性更低（OR = 0.555）。而与子女同住或与孙子女隔代同住的老年父亲比单独居住的老年父亲健康自评变好的可能性更大（OR = 1.687 和 OR = 1.977）。

2. 讨论

　　不同性别老年父母的健康自评变动回归分析结果表明代际支持对老年

父母健康自评的影响存在性别差异。对老年父亲来说，获得子女生活照料的增加不利于其健康自评。这说明老人在自理能力尚可的情况下，是不需要子女给予生活照料和帮助的；往往是在生活不能自理、身体状况已经很差的情况下，才需要别人的照料。因此，获得更多的子女生活照料反而造成老人的精神负担，增加其健康的风险。另外，男性父亲向子女提供经济支持的增加有利于其健康自评。这说明了男性老人在经济上并不依赖子女的帮助，对子女经济上的支持也在老人的能力范围内，没有对其健康福利造成不利影响，反而促进了健康状况。同样，这种基于需要的交换模式也体现在代际交换对老年母亲健康自评的影响上。老年母亲对子女生活照料的增加则显著改善了前者健康自评状况；而与子女情感交流的增加也有利于其健康自评状况。

通过以上分析，中国农村老年人与子女之间的代际支持体现了一种基于需要的交换模式。对老人过多的支持和帮助不仅没有改善老人的主观健康状况，反而给老人造成心理上负担，对其健康产生不利的影响。因此，子女对老人经济和照料的增加暗含了老人健康状况的恶化。而老年人对子女的支持和帮助通常在其能力范围之内，对子女经济支持和生活照料的增加不仅没有对老人产生不利影响，反而加强了老人与子女间的互惠关系，使有经济能力或有余力向子女提供支持的老人得到子女的回馈。子女的回馈补偿及心理上的满足促进了老年人的主观健康状况。而老年父亲与老年母亲的差异则体现在由于两性在自有资源和社会分工的不同，老年父亲的健康自评对向子女提供经济支持和获得子女生活照料的变动更敏感；而老年母亲则对其提供生活照料的变动更敏感。同时我们发现，与子女情感交流的增加更有利于老年母亲的健康自评状况，因此应重视家庭中子女与老年人尤其是女性老人之间的情感交流，促进代际和谐。

第三节　代际支持对老年父母心理健康影响的性别差异

一　老年父母的心理健康及相关影响因素现状

表 7-4 说明老年父母在时间 1 的心理福利水平以及时点间心理福利

"变好"的比例在各年龄组（间距为 5 岁）按性别不同的分布。总体上看，年龄越老，抑郁水平趋于上升，心理健康状况越差。在各年龄段，老年母亲的抑郁水平都比老年父亲高。但是，在时间 1 和时间 2 之间，心理福利"变好"的老年父亲和老年母亲的比例没有统计上的显著差异。

表 7 - 4 老年父母心理福利的性别差异：时间 1 和变动 （N = 2036）

年龄组	时间 1 心理福利 （平均值）			心理福利变动 "变好" （比例）		
	老年父亲	老年母亲	差异	老年父亲	老年母亲	差异
60 ~ 64 岁	13.47	14.59	**	46.67	42.93	n. s.
65 ~ 69 岁	14.06	15.19	***	44.29	42.59	n. s.
70 ~ 74 岁	14.53	15.29	*	43.53	42.36	n. s.
75 ~ 79 岁	14.97	16.41	**	37.14	38.15	n. s.
80 ⁺ 岁	13.98	17.07	***	34.00	42.70	n. s.

注：*** $p < 0.001$；** $p < 0.01$；* $p < 0.05$；+$p < 0.1$。
数据来源：根据 2001 年、2003 年和 2006 年"安徽省老年人生活福利状况"跟踪调查数据计算。

图 7 - 3 的结果也显示，随着老龄化，老年父母的抑郁水平越来越高，且老年母亲在各个年龄段抑郁水平都高于老年父亲。且老年父母的抑郁水平随着年龄增加和时间推移有上升趋势。老年父母抑郁水平的性别差异并未随着老龄化而有缩小的趋势。

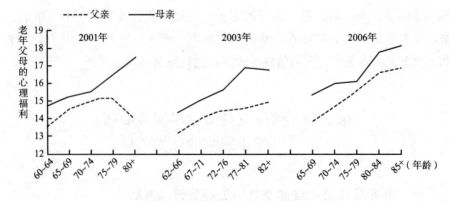

图 7 - 3 老年父母的心理福利

分性别的老年父母心理福利回归模型中的自变量和因变量的具体描述信息见表 7 - 5。老年母亲心理福利状况与老年男性相比处于明显劣势。根据前文分析的结果，老年母亲的社会经济状况也处于相对劣势地位，而她们获得的经济支持、生活照料和情感支持的平均水平则超过老年父亲。

表 7 - 5　代际支持对老年父母心理福利影响的相关变量
描述信息：2001 年、2003 年和 2006 年

变　　量	老年父亲		老年母亲	
	均　　值	标准差	均　　值	标准差
心理福利				
Wave 1（2001 年）	14.41	3.73	15.75	3.78
Wave 2（2003 年）	13.95	3.65	15.68	3.92
Wave 3（2006 年）	14.89	3.98	16.56	3.78
代际支持				
老人获得的经济支持（对数）				
Wave 1（2001 年）	2.74	0.69	2.71	0.67
Wave 2（2003 年）	2.86	0.66	2.79	0.73
Wave 3（2006 年）	2.88	0.82	2.97	0.62
老人提供的经济支持（对数）				
Wave 1	1.25	1.23	0.86	1.12
Wave 2	1.04	1.23	0.79	1.13
Wave 3	0.48	1.07	0.28	0.82
老人获得的生活照料				
Wave 1	2.40	7.34	3.75	7.23
Wave 2	1.81	5.68	4.99	9.20
Wave 3	1.60	4.36	4.96	9.08
老人提供的生活照料				
Wave 1	1.19	3.57	2.48	5.12
Wave 2	1.30	4.32	2.51	5.98
Wave 3	0.42	1.86	1.10	3.64

变　量	老年父亲		老年母亲	
	均　值	标准差	均　值	标准差
老人与子女的平均情感支持				
Wave 1	7.22	1.23	7.30	1.20
Wave 2	7.43	1.26	7.45	1.18
Wave 3	7.24	1.36	7.28	1.24
老人特征变量				
年龄（Wave 1）	68.38	5.96	71.08	7.01
婚姻状况：已婚有配偶（Wave 1）	0.79	0.41	0.51	0.50
居住安排：独居或与配偶同住（Wave 1）	0.36	0.48	0.28	0.45
与子女或其配偶同住（Wave 1）	0.41	0.49	0.54	0.50
与孙子女隔代居住（Wave 1）	0.23	0.42	0.18	0.38
职业：非农业（Wave 1）	0.09	0.28	0.05	0.22
教育程度：上过学（Wave 1）	0.44	0.50	0.06	0.25
独立经济收入：有（Wave 1）	0.71	0.45	0.39	0.49
健康状况：功能限制（Wave 1）	1.71	2.98	4.60	4.45

数据来源：根据 2001 年、2003 年和 2006 年"安徽省老年人生活福利状况"跟踪调查数据计算。

二　代际支持对不同性别老年父母心理健康的影响

1. 回归结果

在控制了基期老年人的各种健康风险因素之后，本节考察不同性别的老年父母与子女的代际支持对前者心理福利变动的影响模式。从表 7 - 6 可以看出，老年父亲获得生活照料的增加降低了其心理福利变好的可能性（OR = 0.411），而情感交流的增加则增加了心理福利变好的可能性（OR = 1.563）。而对于老年母亲来说，基期获得的经济支持和经济支持的增加都降低了心理福利变好的可能性（分别为 OR = 0.693 和 OR = 0.739），向子女提供经济支持的增加则提高了老年母亲心理福利变好的可能性（OR = 1.582）。

表 7 – 6 分性别的代际支持对老年父母心理福利的影响分析 (N = 2036)

变 量	老年父亲	老年母亲
心理福利	1.222 ***	1.263 ***
代际支持		
老年人获得的经济支持（对数）	0.756 *	0.693 **
老年人获得经济支持增加：（否）是	0.963	0.739 *
老年人提供的经济支持（对数）	1.041	1.049
老年人提供经济支持增加：（否）是	1.132	1.582 *
老年人获得的生活照料	1.014	1.000
老年人获得生活照料增加：（否）是	0.411 ***	0.789
老年人提供的生活照料	0.999	1.008
老年人提供生活照料增加：（否）是	1.210	0.964
老年人与子女的平均情感支持	0.858 **	0.786 ***
情感支持增加：（否）是	1.563 **	1.255
控制变量		
年龄组：（60~69 岁）		
70~79 岁	0.534 ***	0.626 **
80 岁以上	0.440 *	0.650 +
婚姻状况：（离婚或丧偶）已婚有配偶	0.581 **	0.532 **
居住安排：（独居或与配偶同住）		
与子女同住	0.574 **	0.506 **
隔代居住	0.938	0.602 **
教育程度：（未上过学）上过学	0.977	1.543
职业：（农业）非农业	0.883	1.879 +
独立经济收入：（无）有	0.616 **	0.885
功能限制	0.921 **	0.950 **
N	924	1112
chi2	165.16 ***	208.07 ***

注：*** P < 0.001，** P < 0.01，* P < 0.05，+ P < 0.1；斜体为各分类变量的参照项。

数据来源：根据 2001 年、2003 年和 2006 年"安徽省老年人生活福利状况"跟踪调查数据计算。

另外，年龄、婚姻状况、居住安排、收入状况以及功能状况也对老年父母的心理健康存在影响。回归结果显示，对于老年父亲来说，老龄化降低了其心理福利变好的可能性（OR = 0.534 和 OR = 0.440），而对于老年母亲来说，则没有明显的年龄模式。同样，有独立经济收入也降低了老年父亲心理福利变好的可能性（OR = 0.616）。而虽然与子女同住对老年父母的心理福利不利（老年父亲 OR = 0.574；老年母亲 OR = 0.506），但是与孙子女隔代居住降低了老年母亲心理福利变好的可能性（OR = 0.602），对老年父亲则没有显著影响。

2. 讨论

不同性别老年父母的心理福利变动的回归分析结果表明代际支持对老年父母心理福利变动的影响存在性别差异。与对生理健康研究的结果相似，对老年父亲来说，获得子女生活照料的增加不利于其心理健康的改善。这说明子女提供更多的生活照料更可能造成老年父亲的精神负担，增加其心理健康的风险。但是代际的情感交流增加，体现了融洽的代际关系，而融洽的代际关系及与子女的交往是抑制老年人抑郁的关键因素，因此情感交流的增加对老年父亲的心理福利有显著的改善作用。而对老年母亲来说，不论是基期获得的经济支持还是经济支持的增加都不利于老年母亲的心理福利。这说明虽然老年母亲获得的经济支持及增量与老年父亲没有差别，但由于相对劣势的经济地位，老年母亲在经济上对子女的依赖关系可能对其造成心理上的负担；甚至过多的关注和支持反而破坏了老年母亲对自我效用的评价，对其心理健康产生不利的影响。而相反，老年母亲对子女经济支持的增加有利于其心理健康。这说明了因经济上的需求一旦满足，对子女提供帮助而获得的生活自立感和社会交换感对老年母亲的心理福利有显著影响。这在一定程度上也体现了代际关系中的交换模式，即老人对子女的支持可能在家庭地位和子女回馈中得到补偿。

通过上述分析，同样证明老年父母与其子女之间的代际支持体现了一种基于需要的交换模式。对老人过多的支持和帮助可能引起老人不良的心理感受，给老人造成心理上的负担，对其心理健康产生不利的影响。而对子女提供帮助是老人独立性和价值感的一种表现，也加强了老人与子女间的互惠关系，使有经济能力或有余力向子女提供支持的老人得到子女的回馈。子女的回馈补偿及心理上的满足有助于改善老年人的心理健康状况。尤其是对于老年母亲来说，由于经济上对家庭和子女的依赖性，老年母亲心理健康状况的改善更容易受到与子女经济交换的影响。虽然随着老龄化和生理健康的衰退，老年人为成年子女提供经济帮助的数量和价值不断减少，但是能够为子女提供帮助，意味着老人与子女的经济交往既保持了一定独立性，又得到精神慰藉而避免了孤独感。

第四节　小结

小结部分将对本章分析结果进行总结讨论。

本章研究不同性别老年父母提供和获得代际支持对其健康状况影响的性别差异。从生理健康和心理健康两个方面，研究老年父母的婚姻状况、居住安排、社会经济状况，以及与子女的代际支持的变动对其健康状况变动可能性的影响。研究结果表明，农村老年人与子女之间的代际支持体现了一种基于需要的交换模式。对老人过多的支持和帮助往往会给老人造成心理上的负担，对其健康产生不利的影响。因此，子女对老人经济和照料的增加暗含了老人健康状况的恶化。而老年人对子女的支持和帮助通常在其能力范围之内，对子女经济支持和生活照料的增加不仅没有对老人产生不利影响，反而加强了老人与子女间的互惠关系，子女的回馈补偿及心理上的满足促进了老年人的心理健康。而老年父亲与老年母亲的差异则体现在由于两性在自有资源和社会分工的不同，对于老年母亲来说，由于经济上对家庭和子女的依赖性，其心理健康状况的改善对与子女经济交换的变动更为敏感；而健康自评变动则对提供生活照料的变动更为敏感。同时我们发现，与子女情感交流的增加更有利于老年母亲的健康自评状况，因此应重视家庭中子女与老年人之间的情感交流，促进代际和谐。

第八章　研究结论

第一节　代际支持性别分工模式的整合验证

一　研究框架的验证过程

对本书研究框架的验证过程见图 8 - 1。

本研究根据已有的代际支持的相关研究和中国农村独特的具有明显性别特征的社会文化背景，对传统的合作群体模式进行改进，提出代际支持性别分工的整体分析框架，也就是本研究的理论模型。为了验证提出的整体分析框架，本研究随后根据代际支持模式的原理和单项代际支持之间的相互关联，结合性别分工因素，对代际支持性别分工进行系统分析；并根据国内外已有的研究结果，结合劳动力外流对家庭的影响，建立了劳动力外流背景下的子女与老年父母的单项代际支持性别分工分析框架。随后，在代际支持性别分工分析框架的基础上提出了验证代际支持性别分工模式假设的思路，并利用数据进行实证分析。在本研究的实证部分，根据单项代际支持性别分工分析框架，从老年父母和成年子女两个角度，对不同性别的老年父母和成年子女代与代之间的支持方式，以及同一家庭不同性别子女内部的代际支持性别分工模式进行分析，验证研究假设。同时，在每个角度的研究中，本研究的支持量分析揭示了代与代之间以及同代之间的代际支持性别分工的运作机制，而动态可能性分析则说明了代际支持的供给和需求能力的变动以及性别分工因素变化的影响，并进一步确认了支持量分析中的因果关系。但是，由于对框架的验证是从两个角度（老年父母/成年子女）分别进行的，因此还需要从理论上进行进一步的整合分析。

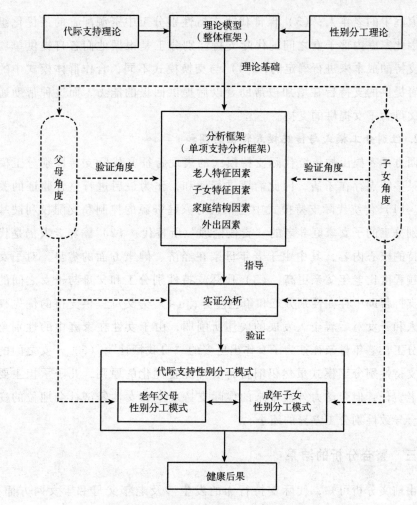

图 8－1 代际支持性别分工模式的验证过程

二 代际支持性别分工模式整合验证的关键点

1. 传统合作群体模式的特征

按照西方学者对传统代际支持性别分工模式特点的描述，合作群体模式的特点表现如下：（1）家庭资源由一位公正的家庭成员（通常为家庭中的年长者）控制并且有效分配；（2）合作群体模式又称为利他模型（Altruism Model），该模型中的资源配置要达到家庭成员福利的最大化，为了有效地提高资源的边际效应，所以最需要帮助的人得到的帮助最多，而这个人通常是家庭中的老年人；（3）保证代际支持性别分工中资源配置的最优化组合，因此家庭内部子女之间的代际支持性别分工是根据他们各自提供单项代际支持的成本来进行确定的；（4）与交换模式不同，合作群体模式中的帮助者提供的支持旨在增加被帮助者以后提供回报的能力，而这种帮助通常是父母为子女提供的支持。

2. 性别分工模式与传统模式特征的调和

西方学者提出的传统代际支持模式的表现特征与代际支持性别分工模式的某些特点存在矛盾，因此需要进行调和，作为最后进行整合验证的关键点。（1）传统代际支持模式中老年人对家庭资源的控制和支配权利被基于性别分工的子女家庭养老的"责任伦理"所替代；（2）赡养老人仍是代际支持的核心内容，其中由于老年母亲在经济、健康方面的劣势，对子女的依赖程度比老年父亲更高；（3）代际支持性别分工和父母与子女之间的代际支持帮助中存在性别分工和角色差异；（4）为父母提供支持的优先权被老人和子女对后者个人发展的关注所削弱，由于女性在家庭中的性别角色和分工，老年母亲往往为子女作出更多的"自我牺牲"；（5）子女之间的代际支持性别分工模式虽然仍旧符合资源配置优化的原则，儿子承担主要的养老责任，但劳动力外流带来的代际支持成本和女性经济社会地位的变化，会导致性别分工差异的缩小。

三 整合分析的结果

由前文分析可知，代际支持行为的发生涉及老年父母和子女两方面，对代际支持的分析应该同时从老年父母和子女两个角度出发，分别以老年父母和子女为对象进行分析。这一方面是由于代际思想观念上存在差异，父母和子女在进行代际交换时所依据的行为准则可能有所不同；父母与子女关系的日趋平等也决定了一方不能迫使另一方按照自己的准则行事，子女与父母间及子女内部的分工模式未必统一。另一方面则是因为，当同时将父母和子女纳入研究范围时，两代人的比例是很难确定的，一位老人可能会对应多个子女，接受帮助的老年人的比例与提供该类帮助的子女的比例往往并不相等。因此，根据提出的分析框架，利用实地调查数据，本研究以老年父母和成年子女为对象分别对其代际支持性别分工进行分析，得到以下结果。

1. 以老年父母为对象的结果分析

从对老年父母代际支持性别分工的分析结果来看，由于家庭中的性别角色和分工，老年父母与子女之间的代际交换存在性别分工，老年母亲在补偿性代际支持中作用更大、受益更多。

第一，不同性别老年人的家庭代际支持行为模式符合合作群体模式，且在老年父母对家庭资源支配能力不断弱化的情况下，基于性别分工的家庭养老责任的"内化"成为促使子女为老人提供帮助的主要约束。在这种约束机制下，虽然满足父母的需要仍然是代际支持的主要目标，但是由于老年父母尤其是老年母亲在经济、健康方面的劣势，对子女的依赖程度更高。而传统观念赋予父母对子女的责任也促使其尽可能地为子女提供帮助，老年父母也以这种方式增强子女养老能力、增加子女的养老负债，巩固与子女的养老契约。

第二，由于老年母亲固有的家庭照料者角色和对子女较多的依赖，老年母亲与子女（尤其是儿子）的代际交换水平更高，属于"高流动契约"，老年母亲往往选择加强与子女的代际交换，以获得子女更多的补偿性支持。例如，老年母亲对子女提供的孙子女照料更多，获得的回报也更多。

第三，传统的养老约束机制在城市化进程带来的经济利益驱动下逐渐淡化，养老责任的"内化"不断弱化。主要表现在无论是经济支持、生活照料还是情感支持，与老年父母分开居住的本村儿子作出的贡献最少。本村非同住子女对老人代际支持作用的弱化说明本村的非同住儿子之间往往对养老责任互相推诿、摩擦不断，老年父母尤其是处于弱势的老年母亲只好不断退让，加强与同住子女的代际支持以保障养老。研究发现，老年母亲与同住的儿子之间的代际支持最多，以增加后者提供养老保障的能力，保证养老契约的实现。

第四，虽然子女外出使老年父母在经济上更多得益，但是空间距离的阻碍也减少了子女对老人的生活照料，这使需要帮助的老人的老年保障受到损害。而且动态可能性分析结果显示，劳动力外流带来的隔代居住和孙子女照料的增加虽然使老年父母（尤其是老年母亲）得到一定回报，但是从孙子女照料变动所引起的对老年父母经济回报和生活照料增加的可能性判断，子女的回报并不足以弥补老年父母的付出。因此，老年人家庭的代际关系仍然是不对等的，而且由于女性在家庭中的性别角色和分工，老年母亲为子女作出了更多的"自我牺牲"。

2. 以子女为对象的结果分析

从对子女代际支持性别分工的分析结果来看，儿子和女儿的家庭代际支持存在明显的性别分工，儿子承担养老的主要责任，女儿提供的补偿性支持较多，且对老年父母代际支持的性别差异逐渐缩小。

第一，子女与老年父母的代际支持存在显著的性别差异，女性的性别角色决定了女儿在情感支持方面有着显著优势，之所以子女与老年父母之间的经济支持和生活照料帮助存在性别差异，主要是因为传统父系家族体系下儿子是家庭养老的主要承担者。父母为子女提供的代际支持则是一方面出于对责任内化的原因，另一方面也是提高其获得老年保障的可能性，因此儿子在两方面的显著作用促使父母提供更多帮助，这一结果符合合作群体模式下交换的目的是增强回报能力的原则。但是，我们也发现女儿得到老年父母的支持帮助（例如孙子女照料）时，回报给老年父母的经济支持和生活照料更多，这说明女儿与老年父母的代际交换更多的是补偿性的"均衡交换"形式，而儿子与父母的关系则是一种更长期的"契约"，子女养老的约束机制因性别不同而存在差异。

第二，子女外出进一步明确了子女之间的代际支持分工，并带来家庭代际支持资源的重新整合。一般来说，与老年父母同住的子女是为父母提供生活照料和情感支持的最主要人选，而外出工作的子女是老年父母经济支持的最主要来源。空间距离增加了外出打工的子女提供生活照料的成本，其较高的经济收入也意味着付出的劳动具有超过本村子女的时间价值，因此，外出子女以较低成本的经济帮助来换取低收入子女的劳动付出可以进一步优化家庭资源配置，符合合作群体模式中的交换规则。

第三，传统养老观念对子女代际支持行为的约束逐渐弱化。研究结果发现，女儿与父母之间的代际支持受空间距离的影响更明显，而对于儿子来说，本村非同住的儿子与父母之间的实际代际支持和情感交流水平最低，这说明养老责任不确定往往造成本村儿子的责任推诿和矛盾摩擦。与老年父母同住的儿子与父母的代际交换增加的可能性更大，说明老年父母通过共同居住（主要是承担养老责任的儿子）以确定养老契约，并为同住的儿子提供更多的支持帮助以增强养老责任人提供保障的能力。

第四，进一步结合对性别分工因素的考察，研究结果发现虽然儿子有经济支持方面的优势，但是由于外部资源因素的影响作用，外出的女儿社会经济状况显著提高，子女在经济支持的性别分工有缩小的趋势。在生活照料方面，职业转换带来的时间和空间可及性的变化使女儿提供生活照料增加的可能性明显降低，但是社会经济地位的提高诱使老年父母对女儿的照料帮助更加频繁，女儿提供生活照料的净值减少，传统生活照料的性别分工差异缩小。而外出使儿子与父母之间的情感融洽程度更高，代际的情感支持的性别分工差异也将缩小。总之，劳动力外流使儿子与女儿的养老功能差异不断缩小，有可能从根本上改变农村家庭养老的性别分工模式。

3. 小结

由前文分析可知，由于从老年父母和成年子女两种角度进行研究的对象并不相同，从老年父母角度分析的目标是老年父母的特征与其代际支持性别分工之间的关系，而从子女的角度分析的结论却是关于家庭内部子女之间的代际支持性别分工模式，本书的研究分析将上述两类方法结合，对双方行为分别进行考察后，得到有关老年人家庭整体以及子女内部代际支持性别分工的详细和准确的描述，两个角度的结果相互印证，确定了老年父母和子女双方的代际支持性别分工模式，即由于家庭中的性别角色和分工，老年父母和子女双方的代际支持存在性别分工，女性在补偿性代际支持中作用更大、受益更多。从老年父母的角度来说，老年父亲从子女外出中直接受益更多，老年母亲则更多地获得子女补偿性支持；从子女的角度来说，儿子承担养老的主要责任，女儿提供的补偿性支持较多，且对老年父母代际支持的性别差异逐渐缩小。

第二节 研究结论

经过整合验证分析，本研究主要结论如下。

第一，有关不同性别的老年父母与子女的代际支持方面。不同性别老年人的家庭代际支持行为模式符合合作群体模型。由于老年母亲经济、健康方面的劣势，对子女的依赖程度更高，老年母亲与子女更多的代际交换，以获得子女更多的补偿性支持。而传统观念赋予父母对子女的责任也促使其尽可能地为子女提供帮助；基于家庭中的照料角色和自身资源的缺乏，老年母亲尤其以上述方式增强子女养老能力，巩固与子女的养老契约。总起来说，由于老年父母在家庭中的弱势地位，老年父亲和母亲之间资源往往共享以达到最优配置。

第二，子女外出对老年父母代际支持的影响。劳动力外流带来的隔代居住和孙子女照料的增加虽然使老年父母（尤其是老年母亲）得到一定回报，但是从孙子女照料变动所引起的对老年父母经济回报和生活照料增加的可能性判断，子女的回报并不足以弥补老年父母的付出。因此，老年人家庭的代际关系仍然是不对等的，而且由于女性在家庭中的性别角色和分工，老年母亲为子女作出了更多的"自我牺牲"。

第三，子女外出进一步明确了子女之间的代际支持性别分工。从整体来讲，与老年父母同住的子女是为父母提供生活照料和情感支持的最主要人选，而外出工作的子女以较低成本的经济帮助来换取低收入子女的劳动付出可以进一步优化家庭资源配置，符合合作群体模式中的交换规则。但是，我们也发现，女儿与父母之间的代际支持受空间距离的影响更明显，而对于儿子来说，本村非同住的儿子与父母之间的实际代际支持和情感交流水平最低，这说明养老责任不确定往往造成本村儿子的责任推诿和矛盾摩擦，老年父母只有通过共同居住以确定养老契约，并为同住的子女提供更多的支持帮助以增强养老责任人提供保障的能力。由此可见，传统养老观念对子女代际支持行为的约束逐渐弱化，老年人家庭中赡养老人已让位于子女对自身发展和利益的关注，并促使对父母代际支持的竞争。

第四，子女外出打工对代际支持性别分工的影响。进一步结合对性别分工因素的考察，我们发现虽然儿子有经济支持方面的优势，但是由于外部资源因素的影响作用，外出的女儿社会经济状况显著提高，子女在经济支持上的性别分工有缩小的趋势。在生活照料方面，职业转换带来的时间和空间可及性的变化使女儿提供生活照料的净值减少，传统生活照料的性别分工差异缩小。而外出使儿子与父母之间的情感融洽程度更深，代际的情感支持的性别分工差异缩小。因此，虽然子女与老年父母之间代际支持的传统性别分工并未消失，但是劳动力外流使儿子与女儿的养老功能差异不断缩小，并且有可能从根本上改变农村家庭养老的性别分工模式。

第五，子女与老年父母之间情感支持与实际性支持之间的关系存在性别差异。由于代际的情感支持伴随着经济支持和生活照料进行，而情感支持的增加也会促进代际的实际交流，因此经济支持、生活照料等实际性支持与情感支持的增长是相互的动态过程。但是，由于老年父母的"自我牺牲"，在"社区情理"中老年父母为其儿子提供实际性支持往往被视为理所应当，因此老年父母获得的实际性支持增加促进了与女儿的情感交流，却没有促进儿子与父母感情融洽程度的提高。

第六，老年父母与子女代际交换健康后果的性别差异体现了一种基于需要的交换模式。对老年父母过多的支持和帮助不仅没有改善其健康状况，反而给老人造成心理的负担，对其健康产生不利的影响。而老年人对子女的支持和帮助通常在其能力范围之内，对子女经济支持和生活照料的增加没有对老人产生不利影响，反而加强了老人与子女间的互惠关系，使有经济能力或有余力向子女提供支持的老人得到子女的回馈。子女的回馈补偿及心理上的满足促进了老年人的健康状况。老年父亲与老年母亲的差异则体现在两性在自有资源和社会分工的差异上。

第七，分析结果验证了本研究提出的代际支持性别分工分析框架。不同性别的老年父母和子女的各项代际支持内容之间以及代际支持的双向流动之间存在不同的关系，分析框架中不同性别的代际支持个体行为影响因素对代际支持水平有着不同的影响作用。代际支持性别分工分析框架的验证为中国家庭养老的全面和深入研究提供了另一个有力的视角，具有重要的参考价值。

第三节 研究展望

本书虽然对中国农村老年人家庭代际支持性别分工进行系统而深入的研究，并取得了一些有价值的成果，但是由于受到人力、物力、财力及时间的限制，本研究在某些部分未能够进行更广、更深入的研究。在已有研究的基础上可以在如下几点进一步改进。

第一，在对经济支持和生活照料测量进一步精确的前提下，可以从老年人得到的经济支持和生活照料净值的角度进行分析研究。

第二，受调查人群的教育程度以及职业分布的限制，本研究无法充分验证老年人社会经济状况对代际支持的影响。这一点在对城市老年人群的实证分析中会得到改善。

第三，由于财力的不足，调查的有效样本虽然达到统计验证的要求，但是可能由于样本数不够充分，一些分析受到样本量的制约未能实现（尤其是分性别研究时）。例如，受样本数量以及子女外出比例的影响，子女的婚姻状态的迁移对代际支持变动的影响分析在本研究中无法实现。

第四，由于条件的限制，本研究实证采用的数据仅来自安徽省巢湖市的农村地区，虽然本研究提出的分析框架没有地域限制，但是否在中国的其他地区会得到同样的实证结果，还有待进一步验证。后来者的研究应增加数据来源地区，并进一步增加样本数量深入进行实证研究。

参考文献

[1] 白南生、宋洪远:《回乡,还是进城?——中国农村外出劳动力回流研究》,中国财政经济出版社,2002。

[2] 鲍晓兰:《西方女性主义研究评价》,三联书店,1995。

[3] 陈功:《我国养老方式研究》,北京大学出版社,2003。

[4] 陈其南:《中国人的家族与企业精神》,巨流图书公司,1992。

[5] 陈树强:《成年子女照顾老年父母日常生活的心路历程——以北京市15个案例为基础》,中国社会科学出版社,2003。

[6] 费孝通:《乡土中国 生育制度》,北京大学出版社,1998。

[7] 贺寨平:《社会网络和生存状态》,中国社会科学出版社,2004。

[8] 刘怀廉:《农村剩余劳动力转移新论》,中国经济出版社,2004。

[9] 穆光宗:《家庭养老面临的挑战及社会对策问题——中国的养老之路》,中国劳动出版社,1998。

[10] 齐铱:《中国内地和香港地区老年人生活状况和生活质量研究》,北京大学山版社,1998。

[11] 沈崇麟、杨善华、李东山:《世纪之交的城乡家庭》,中国社会科学出版社,1999。

[12] 沈奕斐:《被建构的女性:当代社会性别理论》,上海人民出版社,2005。

[13] 王沪宁:《当代中国村落家族文化——对中国社会现代化的一项探索》,上海人民出版社,2002。

[14] 王金玲:《女性社会学的本土研究与经验》,上海人民出版社,2002。

[15] 王跃生:《社会变迁与婚姻家庭变动——20世纪30~90年代的冀南农

村》，上海三联书店，2006。

[16] 谢宝耿：《中国孝道精华》，上海社会科学院出版社，2000。

[17] 杨国枢：《中国人孝道的概念分析》，桂冠图书公司，1989。

[18] 杨善华、沈崇麟：《城乡家庭——市场经济与非农化背景下的变迁》，浙江人民出版社，2000。

[19] 杨善华、吴愈晓：《中国农村的社区情理与家庭养老》，社会科学文献出版社，2002。

[20] 姚远：《中国家庭养老研究》，中国人口出版社，2001。

[21] 张纯元：《中国老年人口研究》，北京大学出版社，1991。

[22] 张雷、雷雳、郭伯良：《多层线性模型应用》，教育科学出版社，2003。

[23] 朱楚珠、蒋正华：《中国的女性人口》，河南人民出版社，1991。

[24] 边馥琴、约翰·罗根：《中美家庭代际关系比较研究》，《社会学研究》2001年第2期。

[25] 车茂娟：《中国家庭养育关系中的逆反哺模式》，《人口学刊》1990年第4期。

[26] 陈浩：《中国农村劳动力外流与农村发展》，《人口研究》1996年第7期。

[27] 陈皆明：《投资与赡养——关于城市居民代际交换的因果分析》，《中国社会科学》1998年第6期。

[28] 陈米生、潘建雄、俞云：《上海农村地区老年抑郁症状的流行病学调查》，《中国老年学杂志》1994年第5期。

[29] 崔丽娟、李虹：《城市老年人社会支持网络与生活满意度的研究》，《心理科学》1997年第2期。

[30] 杜芳琴：《华夏族性别制度的形成及其特点》，《浙江学刊》1998年第3期。

[31] 杜鹏、杜夏：《乡城迁移对移出地家庭养老影响的探讨》，《人口研究》2002年第2期。

[32] 杜鹏、武超：《中国老年人的主要经济来源分析》，《人口研究》1998年第4期。

[33] 杜亚军：《代际交换——对老龄化经济学基础理论的研究》，《中国人

口科学》1990 年第 3 期。

[34] 费孝通：《家庭结构变动中的老年赡养问题》，《北京大学学报（社科版）》1983 年第 3 期。

[35] 高小贤：《当代中国农村劳动力转移及农业女性化趋势》，《社会学研究》1994 年第 2 期。

[36] 郭志刚：《中国老年妇女户居类型选择的影响因素》，《人口研究》1996 年第 5 期。

[37] 郭志刚、陈功：《老年人与子女之间的代际经济流量的分析》，《人口研究》1998 年第 1 期。

[38] 洪建设、林修果：《从传统—现代两种视角论差序格局的特质》，《新疆社会科学》2005 年第 4 期。

[39] 胡幼慧：《两性与老人照顾》，《社区发展》1992 年第 58 期。

[40] 胡幼慧：《谈老年妇女长期照顾之问题》，《研考双月刊》1995 年第 19 期。

[41] 黄何明雄、周厚萍、龚淑媚：《老年父母家庭照顾中的性别研究概观——以香港的个案研究为例》，《社会学研究》2003 年第 1 期。

[42] 贾守梅、时玉沽、周浩等：《社区空巢老人焦虑抑郁状况及其影响因素调查》，《护理学杂志》2007 年第 4 期。

[43] 金一虹：《农村妇女发展的资源约束与支持》，《浙江学刊》2000 年第 6 期。

[44] 李建民：《中国农村计划生育夫妇养老问题及其社会养老保障机制研究》，《中国人口科学》2004 年第 3 期。

[45] 李强：《中国大陆城市农民工的职业流动》，《社会学研究》1999 年第 3 期。

[46] 李树茁等：《儿子与女儿：中国农村的婚姻形式和老年支持》，《人口研究》2003 年第 1 期。

[47] 梁鸿：《农村老年人自给自理能力研究》，《人口与经济》1999 年第 4 期。

[48] 刘爱玉、杨善华：《社会变迁过程中的老年人家庭支持研究》，《北京大学学报（哲学社会科学版）》2000 年第 3 期。

[49] 孟琛：《北京市老年人心境变化状况及影响因素》，《首都医学院学

报》1995 年第 16 期。

[50] 孟琛、项曼君:《北京老年人的抑郁状况调查及 CES-D 的结构分析》,《中国心理卫生杂志》1997 年第 1 期。

[51] 穆光宗:《家庭养老面临的挑战以及社会对策问题》,《中州学刊》1999 年第 1 期。

[52] 庞江倩:《北京市老年人生活现状主要需求调查报告》,《市场与人口分析》2000 年第 5 期。

[53] 彭希哲、梁鸿:《家庭规模缩小对家庭经济保障能力的影响:苏南实例》,《人口与经济》2002 年第 1 期。

[54] 石艳:《非农化背景下的农村妇女家庭角色研究》,华中科技大学出版社,2004。

[55] 宋林飞:《中国农村劳动力的转移与对策》,《社会学研究》1996 年第 2 期。

[56] 谭深:《农村劳动力流动的性别差异》,《社会学研究》1997 年第 1 期。

[57] 汤哲、项曼君:《北京市老年人生活自理能力评价与相关因素分析》,《中国人口科学》2001 年增刊。

[58] 王红漫:《中国家庭养老的传统文化基础》,《中国老年学杂志》1999 年第 6 期。

[59] 王金玲:《中国城市家庭冲突的新缘起》,《浙江学刊》1990 年第 6 期。

[60] 王树新、曾宪新:《中国高龄老人自理能力的性别差异》,《中国人口科学》2001 年增刊。

[61] 王树新、马金:《人口老龄化过程中的代际关系新走向》,《人口与经济》2002 年第 4 期。

[62] 吴文源、俞勤奋、张明园:《老年人抑郁症状的影响因素》,《中国心理卫生杂志》1992 年第 6 期。

[63] 熊跃根:《需要理论及其在老人照顾领域中的应用》,《人口学刊》1998 年第 5 期。

[64] 熊跃根:《中国城市家庭的代际关系与老人照顾》,《中国人口科学》1998 年第 6 期。

[65] 徐安琪:《婚姻权力模式:城乡差异及其影响因素》,《社会学刊(台湾大学)》2001 年第 29 期。

[66] 徐安琪：《家务分配及其公平性——上海市的经验研究》，《中国人口科学》2003 年第 3 期。

[67] 徐安琪：《夫妻权利和妇女家庭地位的评价指标：反思与检讨》，《社会学研究》2005 年第 4 期。

[68] 徐莉、约翰逊：《中国农村老年人的社会保障》，《中国人口科学》1999 年第 5 期。

[69] 徐勤：《儿子与女儿对父母支持的比较研究》，《人口研究》1996 年第 5 期。

[70] 鄢盛明等：《居住安排对子女赡养行为的影响》，《中国社会科学》2001 年第 1 期。

[71] 杨本付、刘东光、邵光方：《济宁市老年抑郁情绪的现况及其影响的探讨》，《中国老年学杂志》1999 年第 4 期。

[72] 杨菊华：《从家务分工看私人空间的性别界限》，《妇女研究论丛》2006 年第 5 期。

[73] 杨善华、贺常梅：《责任伦理与城市居民的家庭养老》，《北京大学学报（哲学社会科学版）》2004 年第 1 期。

[74] 姚远：《对中国家庭养老弱化的文化诠释》，《人口研究》1998 年第 5 期。

[75] 姚远：《中国家庭养老研究述评》，《人口与经济》2001 年第 1 期。

[76] 叶苏、叶文振：《人口流动与家务分工——以厦门市流动人口为例》，《中共福建省委党校学报》2005 年第 2 期。

[77] 袁亚愚：《对近年来歧视进城务工农民现象的思考》，《社会科学研究》1997 年第 6 期。

[78] 张洪芹：《代际经济流动方式与我国老年人口问题》，《西北人口》1999 年第 6 期。

[79] 张文娟、李树苗：《农村老年人生活自理能力的性别差异研究》，《人口与经济》2003 年第 4 期。

[80] 张文娟：《劳动力外流背景下中国农村老年人家庭代际支持研究》，西安交通大学博士论文，2004。

[81] 张文娟、李树苗：《劳动力外流背景下的农村老年人居住安排》，《中国人口科学》2004 年第 1 期。

［82］张文娟、李树茁:《劳动力外流对农村家庭养老的影响分析》,《中国软科学》2004 年第 8 期。

［83］张文娟、李树茁:《农村老年人家庭代际支持研究——运用对数混合模型验证合作群体理论》,《统计研究》2004 年第 5 期。

［84］张文娟、李树茁:《代际支持对高龄老人身心健康状况的影响研究》,《中国人口科学》2004 年增刊。

［85］张新梅:《家庭养老研究的理论背景和假设推导》,《人口学刊》1999 年第 1 期。

［86］张友琴:《老年人社会支持网的城乡比较研究》,《社会学研究》2001 年第 4 期。

［87］郑丹丹、杨善华:《夫妻关系"定势"与权力策略》,《社会学研究》2003 年第 4 期。

［88］左际平:《从多元视角分析中国城市的夫妻不平等》,《妇女研究论丛》2002 年第 1 期。

［89］Abolfotouh, M. A., A. A. Daffallah & M. Y. Khan (2001). "Psychosocial assessment of geriatric subjects in Abha City, Saudi Arabia". *East Mediterr Health Journal*, 7: 481 – 491.

［90］Adler, N. E., W. T. Boyce, M. A. Chesney, S. Foldman & L. Syme (1993). "Socioeconomic inequalities in health". *Journal of the American Medical Association*, 269 (24): 3140 – 3145.

［91］Agger, B. & B. A. Shelton (1993). "Shotgun wedding, unhappy marriage, no-fault divorce? Rethinking the feminism-Marxism relationship". *Theory on gender/feminism on Theory*: 25 – 41.

［92］Agree, E. M., A. E. Biddlecom, M. C. Chang & A. E. Perez (2002). "Transfers from older parents to their children in Taiwan and the Philippines". *Journal of Cross Cultural Gerontology*, 17: 269 – 294.

［93］Altonji, J., F. Hayashi & L. Kotlikoff (1992). "Is the extended family altruistically linked? Direct tests using micro data". *American Economic Review*, 85: 1177 – 1198.

［94］Angel, R. J. & P. Thoits (1987). "The Impact of Culture on the Cognitive Structure of Illness". *Culture, Medicine, and Psychiatry*, 11:

465 -494.

[95] Antonucci, T. C. & H. Akiyama (1987). "Social networks in adult life and a preliminary examination of the convoy model". *Journal of Gerontology*, 42: 519 - 527.

[96] Bahr, S. J. & E. T. Peterson (1984). *Aging and the Family*, 68.

[97] Barker, J. C., J. Morrow & L. S. Mitteness (1998). "Gender, informal social support networks, and elderly urban African Americans". *Journal of Aging Studies*, 12 (2): 199 - 222.

[98] Barnett, R. C. & G. K. Baruch (1987). "Determinants of fathers' participation in family work". *Journal of Marriage and the Family*, 49: 29 -40.

[99] Bass, D. M. & L. Noelker (1997). "Family caregiving: A focus for aging research and intervention". In K. F. Ferraro (ed.). *Gerontology: Perspectives and issues*. New York, Spring Publishing Company: 245 - 264.

[100] Baxter, J. (1993). *Work at home: The domestic division of labour*. Queensland, Australia, University of Queensland Press.

[101] Becker, G. (1981). *A Treatise on the Family*. Cambridge, MA, Harvard University Press.

[102] Becker, G. S. (1974). "A theory of social interactions". *Journal of Political Economy*, 82: 1063 - 1093.

[103] Becker, G. S. & N. Tomes (1979). "An equilibrium theory of the distribution of income and intergenerational mobility". *Journal of Political Economy*, 87 (6): 1153 - 1189.

[104] Beiegel, D. E. & R. Schulz (1999). "Caregiving and caregiver interventions in aging and mental illness". *Family Relations*, 48 (4): 345 - 355.

[105] Ben-Porath, Y. (1980). "The F-connection: Families, friends, and firms and the organization of exchange". *Population and Development Review*, 6 (1): 1 - 30.

[106] Bengtson, V. L. (2001). "Beyond the nuclear family: The increasing important of multigenerational relationship in American society". *Journal of Marriage and Family*, 63 (1): 1 - 16.

[107] Benjamin, D., L. Brandt & S. Rozelle (2000). "Aging, wellbeing, and social security in rural northern China". *Population and Development Review*, 26 (Supplement: Population and Economic Change in East Asia): 89 – 116.

[108] Benyamini, Y., E. A. Leventhal & H. Leventhal (1999). "Self-assessments of health: What do people know that predicts their mortality?". *Research on Aging*, 21 (3): 477 – 500.

[109] Berardo, D. H., C. E. Shehan & G. R. Leslie (1987). "A residue of tradition: Jobs, careers, and spouses' time in housework". *Journal of Marriage and the Family*, 49: 381 – 390.

[110] Bernheim, B. D., A. Schleifer & L. H. Summers (1985). "The strategic bequest motive". *Journal of Political Economy*, 93: 1045 – 1076.

[111] Bird, G. W., G. A. Bird & M. Scruggs (1984). "Determinants of family task sharing: A study of husbands and wives". *Journal of Marriage and the Family*, 46: 345 – 355.

[112] Blair, S. L. & D. T. Lichter (1991). "Measuring the division of household labor: Gender segregation of housework among American couples". *Journal of Family Issues*, 12: 91 – 113.

[113] Blieszner, R. & R. R. Hamon (1992). "Filial responsibility: Attitudes, motivators, and behaviors". In J. W. Dwyer and R. T. Coward (eds.). *Gender, families, and elder care*. Newbury Park, CA, Sage: 105 – 119.

[114] Blood, R. O. & D. M. Wolfe (1960). *Husbands and Wives*. Glencoe, IL, Free Press.

[115] Bosworth, H. B. & K. W. Schaie (1997). "The relationship of social environment, social networks, and health outcomes in the Seattle Longitudinal Study: Two analytical approaches". *The Journals of Gerontology: Psychologi-cal Services*, 52B (5): 197 – 205.

[116] Brayfield, A. (1992). "Employment resources and housework in Canada". *Journal of Marriage and Family*, 54: 19 – 30.

[117] Brines, J. (1994). "Economic dependency, gender, and the division of labor at home". *American Journal of Sociology*, 100: 652 – 688.

[118] Brody, E. (1985). "Parent care as a normative family stress". *The Gerontologist*, 25: 19 - 29.

[119] Brody, E. M. & C. B. Schoonover (1986). "Patterns of parent-care when adult daughters work and when they do not". *The Gerontologist*, 26: 372 - 381.

[120] Brown, J. K. (1982). "Cross-cultural perspectives on middle-aged women." *Current Anthropology*, 23: 143 - 156.

[121] Caffrey, R. A. (1992). "Family care of the elderly in Northeast Thailand". *Journal of Cross-Cultural Gerontology*, 7 (2): 105 - 116.

[122] Cai, Q. (2003). "Migrant remittances and family ties: A case study in China". *International Journal of Population Geography*, 9: 471 - 483.

[123] Calasanti, T. M. & C. A. Bailey (1991). "Gender inequality and the division of household labor in the United States and Sweden: A socialist-feminist approach". *Social Problems*, 38: 34 - 53.

[124] Caldwell, C. H., T. C. Antonucci & J. S. Jackson (1998). "Supportive/conflictual family relations and depressive symptomatology: Teenage mother and grandmother perspectives". *Family Relations*, 47 (4): 395 - 402.

[125] Chappell, N. & B. Havens (1980). "Old and female: Testing the double jeopardy hypothesis". *The Sociological Quarterly*, 21 (Spring 1980): 157 - 171.

[126] Chatters, L. M., R. Taylor & J. Jackson (1986). "Aged blacks' choices for an informal helper networks". *Journal of Gerontology*, 41: 94 - 100.

[127] Chen, F., S. E. Short & B. Entwisle (2000). "The impact of grandparental proximity on maternal childcare in China". *Population Research and Policy Review*, 19: 571 - 590.

[128] Chen, J. (1996). Old age support and intergenerational relations in urban China: Maintenance of obligations between older parents and children. Ann Arbor, the University of Michigan. Ph. D. dissertation.

[129] Chen, X. & M. Silverstein (2000). "Intergenerational social support and the psychological well-being of older parents in China". *Research On*

Aging, 22 (1): 43 – 65.

[130] Chi, I. & K. L. Chou (2001). "Social support and depression among elderly Chinese people in Hong Kong". *International Journal of Aging and Human Development*, 52: 231 – 252.

[131] Cho, B. -E. (2000). "Middle-aged women's supporting behavior to elderly parents: The comparison of parents-in-law and own parents". In W. T. Liu and H. Kendig (eds.). *Who should care for the elderly? An east-west value divide*. Singapore, Singapore University Press: 339 – 356.

[132] Cog, W. P. (1974). "Aging and modernization: A revision of theory". In J. Gubrium (ed.). *Later Life: Community and Environ Mental Policies*. New York, Free Press: 123 – 146.

[133] Cohen, M. (1976). *House United, House Divided: The Chinese Family in Taiwan*. New York, Columbia University Press.

[134] Coles, R. L. (2001). "Elderly narrative reflections on the contradictions in Turkish village family life after migration of adult children". *Journal of Aging Studies*, 15: 383 – 406.

[135] Coltrane, S. (1989). "Household labor and the routine production of gender". *Social Problems*, 36: 473 – 490.

[136] Condran, J. G. & J. G. Bode (1982). "Rashomon, working wives, and family division of labor: Middletown, 1980". *Journal of Marriage and theFamily* 44: 421 – 425.

[137] Cong, Z. & M. Silverstein (2008). "Intergenerational time-for-money exchanges in Rural China: Does reciprocity reduce depressive symptoms of older grandparents?". *Research in Human Development*, 5 (1): 6 – 25.

[138] Cooney, R. S. & J. Shi (1999). "Household extension of the elderly in China". *Population Research and Policy Review*, 18: 451 – 471.

[139] Cooney, T. M. & P. Uhlenberg (1992). "Support from parents over the life course: The adult child's perspective". *Social Forces*, 71: 63 – 84.

[140] Coverman, S. (1985). "Explaining husbands' participation in domestic labor". *Sociological Quarterly*, 26: 81 – 97.

[141] Coward, R. T. & J. W. Dwyer (1990). "The association of gender,

sibling network composition, and patterns of parent care by adult children". *Research on Aging*, 12: 158 – 181.

[142] Cowgill, P. (1974). "Aging and modernization: A revision of theory". In J. Gubrium (ed.). *Later life: Community and environmental policies.* New York, Free Press: 123 – 146.

[143] Cox, D. (1987). "Motives for private income transfers". *Journal of Political Economy*, 95: 508 – 546.

[144] Cox, D. & M. R. Rank (1992). "Inter vivos transfers and intergenerational exchange". *Review of Economics and Statistics*, 74: 305 – 314.

[145] Cox, D. & B. J. Soldo (2004). "Motivation for money and care that adult children provide for parents: Evidence from" point-blank "survey questions. CRR WP 2004 – 17".

[146] Crimmins, M. E. & D. G. Ingegneri (1990). "Interaction and living arrangements of older parents and their children: Past trends, present determinants, future implication". *Research on Aging*, 12 (1): 3 – 35.

[147] Das Gupta, M. & S. Li (1999). "Gender bias in China, South Korea and India 1920 – 1990: The effects of war, famine, and fertility decline". *Development and Change*, 30 (3): 619 – 652.

[148] Dean, A., B. Kolody & W. M. Ensel (1989). "The effects of types of social support from adult children on depression in elderly persons". *Journal of Community Pychology*, 17 (4): 341 – 355.

[149] Delphy, C. (1977). *The Main Enemy*. London, Women's Research Resource Centre.

[150] DeVault, M. (1991). *Feeding the family: The social organization of caring and gendered work.* Chicago, University of Chicago Press.

[151] Du, P. & P. Tu (2000). "Population ageing and old age security". *The Changing Population of China*, Blackwell Publishers.

[152] Eggebeen, D. J. & D. P. Hogan (1990). "Giving between generations in American families". *Human Nature*, 1: 211 – 232.

[153] Eggebeen, D. J. (1992). "Family structure and intergenerational exchanges". *Research on Aging*, 14: 427 – 447.

[154] Ellickson, J. (1988). "Never the twain shall Meet: Aging men and women in Bangladesh". *Journal of Cross-Cultural Gerontology*, 3: 53 - 70.

[155] England, P. & G. Farkas (1986). *Households, Employment, and Gender: A Social, Economic, and Demographic View*. New York, Aldine.

[156] Farkas, G. (1976). "Education, wage rates, and the division of labor between husband and wife". *Journal of Marriage and the Family*, 38: 473 - 483.

[157] Ferree, M. M. (1990). "Beyond separate spheres: Feminism and family research". *Journal of Marriage and the Family*, 52: 866 - 884.

[158] Folbre, N. & H. Hartmann (1989). "The persistence of patriarchal capitalism". *Rethinking Marx*, 2 (4): 90 - 96.

[159] Fowers, B. J. (1991). "His and her marriages: A multivariate study of gender and marital satisfaction". *Sex Roles*, 24: 209 - 221.

[160] Frankenberg, E., L. Lillard & R. J. Willis (2002). "Patterns of Intergenerational transfers in Southeast Asia". *Journal of Marriage and Family*, 64: 627 - 641.

[161] Freedman, R., B. Moots, T. Sun & M. Weinberger (1978). "Household composition and extended kinship in Taiwan". *Population Studies*, 32 (1): 65 - 80.

[162] Friedman, J., J. Knodel, B. T. Cuong & T. S. Anh (2003). "Gender Dimensions of Support for the Elderly in Vietnam". *Research on Aging*, 25 (6): 587 - 630.

[163] Gaetano, A. M. (2004). "Filial daughters, modern women: Migrant domestic workers in Post-Mao Beijing". In A. M. Gaetano and T. Jacka (eds.). *On the Move: Women and Rural-to-Urban Migration in Contemporary China*. New York, Columbia University Press.

[164] Geerken, M. & W. R. Gove (1983). *At Home and At Work: The Family's Allocation of Labor*. Beverly Hills, CA, Sage.

[165] Ghuman, S. & M. B. Ofstedal (2004). "Gender and family support for older adults in Bangladesh", PSC Research Report No. 04 - 563, http: //www. psc. isr. umich. edu/pubs/.

[166] Gliksman, M. D., R. Lazarus, A. Wilson & S. R. Leeder (1995). "Social support, marital stutas and living arrangment correlates of cardiovascular disease risk factors in the elderly". *Social Science & Medicine*, 40: 1717 – 1730.

[167] Goldenstein, M. C. & Y. Ku (1993). "Income and family support among rural elderly in Zhejiang Province". *Journal of Cross-Cultural Gerontology*, 8 (3): 197 – 223.

[168] Goldman, N., S. Korenman & R. Weinstein (1995). "Marital status and health among the elderly". *Social Science & Medicine*, 40 (12): 1717 – 1730.

[169] Goldstein, A., G. Zhigang & S. Goldstein (1997). "The relationship of migration to changing household headship patterns in China, 1982 – 1987". *Population Studies*, 51: 75 – 84.

[170] Goldstein, H. (1987). *Multilevel models in educational and social research*. New York, Oxford University Press.

[171] Goldstein, M. C. & C. M. Beall (1981). "Modernization and aging in the third and fourth world: Views from the rural Hinterland in Nepal". *Human Organization*, 40 (1): 48 – 55.

[172] Goode, W. J. (1970). *World Revolution and Family Patterns*. New York, Free Press.

[173] Greenhalgh, S. (1985). "Sexual stratification: The other side of 'growth with equity'in East Asia". *Population and Development Review*, 11: 265 – 314.

[174] Greenstein, T. N. (2000). "Economic dependence, gender, and the division of labor in the home: A replication and extension". *Journal of Marriage and Family*, 62.

[175] Gu, D. & Q. Xu (2007). "Sociodemographic effects on the dynamics of task-specific ADL functioning at the oldest-old ages: The case of China". *Journal of Cross-Cultural Gerontology*, 22: 61 – 81.

[176] Hagestad, G. O. (1986). "The ageing society as a context for family life". *Daedalus*, 115: 119 – 140.

[177] Hardesty, C. & J. Bokemeier (1989). "Finding time and makine do: Distribution of household labor in nonmetropolitan marriages". *Journal of Marriage and Family* (51): 253 - 267.

[178] Hareven, T. K. (1994). "Aging and generational relations: A historical and life course perspectives". *Annual Review of Sociology*, 20: 437 - 461.

[179] Harris, L. (1975). *The Myth and Reality of Aging in America*. Washington, DC, National Council on Aging.

[180] Hartmann, H. (1981). "The family as the locus of gender, class, and political struggle: The example of housework". *Journal of Women in Culture and Society*, 6: 366 - 394.

[181] Hashimota, A. (1991). "Living arrangement of the aged in seven developing countries: A preliminary analysis". *Journal of Cross-Cultural Gerontology*, 6: 359 - 381.

[182] Hatch, L. R. (2000). *Beyond Gender Differences: Adaptation to Aging in Life Course Perspective*. Amityville, NY, Baywood Publishing.

[183] Hayward, M. D., E. Crimmins, T. Miles & Y. Yang (2000). "The significance of socioeconomic status in explaining the racial gap in chronic health conditions". *American Sociological Review*, 65 (Dec): 910 - 930.

[184] Heller, K., M. G. Thompson, I. Vlachos-Weber, A. M. Steffen & P. E. Trueba (1991). "Support interventions for older adults: Confidante relationships, perceived family support, and meaningful role activity". *American Journal of Community Psychology*, 19 (1): 139 - 146.

[185] HelpAge International (2000). *Gender and Aging: A Position Paper*. London, HelpAge International.

[186] Helweg-Larsen, M., M. Kjoller & H. Thoning (2003). "Do age and social relations moderate the relationship between self-rated health and mortality among adult Danes?". *Social Science & Medicine*, 57: 1237 - 1247.

[187] Hennessy, C. H. & R. John (1996). "American Indian family caregivers' perceptions of burden and needed support services". *Journal of Applied Gerontology*, 15 (3): 275 - 294.

[188] Henretta, J. C., M. S. Hill, W. Li, B. J. Soldo & D. A. Wolf

(1997). "Selection of children to provide care: The effect of earlier parental transfers". *Journal of Gerontology: Social Sciences*, 52B: 110 – 119.

[189] Hermalin, A. I., M. C. Chang, H. S. Lin, M. L. Lee & M. B. Ofstedal (1990). "Patterns of support among the elderly in Taiwan and their policy implications". *Comparative Study of the Elderly in Asia Research Reports*. Ann Arbor, Population Studies Center, University of Michigan.

[190] Hermalin, A. I., M. B. Ofstedal & L. Chi (1992). "Kin availability of the elderly in Taiwan: Who is available and where are they?". *Comparative Study of the Elderly in Asia*, Population Studies Center, Universities of Michigan: 92 – 18.

[191] Hermalin, A. I., O. M. B. & C. M. (1996). "Types of Support for the Aged and Their Providers in Taiwan". In T. K. Hareven (ed.). *Aging and Generational Relations over the Life Course: A Historical and Cross-Cultural Perspective*. New York, Walter de Gruyter: 400 – 437.

[192] Hermalin, A. I., M. B. Ofstedal & M. Chang (1996). "Types of supports for the aged and their providers in Taiwan". In T. K. Hareven (ed.). *Aging and Generational Relations*. New York, Aldine De Gruyter: 179 – 215.

[193] Hermalin, A. I., C. Roan & A. E. Perez (1998). "The Emerging Role of Grandparents in Asia. Elderly in Asia Research Report No. 98 – 52". Ann Arbor, MI: University of Michigan.

[194] Hill, R. (1970). *Family Development In Three Generations*. Cambridge, Mass, Schenkman.

[195] Hiller, D. V. (1984). "Power dependence and division of family work". *Sex Roles*, 10: 1003 – 1019.

[196] Hobcraft, J. & R. Little (1982). "Individual level analysis for assessing the contribution of proximate determinants to socioeconomic difference in ferrility. World Fertility Survey, Tech, No. 17".

[197] Hochschild, A. R. (1989). *The second shift*. New York, Avon.

[198] Hong, Y. -Y. & W. T. Liu (2000). "The social psychological perspec-

tive of elderly care". In W. T. Liu and H. Kending (eds.). *Who should care for the elderly? An east-west value divide*. Singapore, Singapore University Press: 165 - 182.

[199] Hooyman, N. R. (1999). "Untapped resources: Women in ageing societies across Asia". *The Gerontologist*, 39 (1): 115 - 118.

[200] Horowitz, A. (1985). "Sons and daughters as caregivers to older parents: Differences in role performance and consequences". *The Gerontologist*, 25: 612 - 617.

[201] House, J. S. & R. L. Kahn (1985). "Measures and concepts of social support". In S. Cohen and L. Syme (eds.). *Social Support and Health*. Orlando, FL, Academic Press: 83 - 108.

[202] House, J. S., K. R. Landis & D. Unberson (1988). "Social relationships and health". *Science*, 241: 540 - 545.

[203] Houser, B. B., S. L. Berkman & P. Bardsley (1985). "Sex and birth order differences in filial behavior". *Sex Roles*, 13: 641 - 651.

[204] Hoyert, D. L. (1991). "Financial and household exchanges between generations". *Research on Aging*, 13: 205 - 225.

[205] Hu, Y. & N. Goldman (1990). "Mortality differentials by marital status: An international comparison". *Demography*, 27 (2): 233 - 250.

[206] Huber, J. & G. Spitze (1983). *Sex Stratification: Children, Housework, and Jobs*. New York, Academic.

[207] Idler, E. L. & S. Kasl (1991). "Health perceptions and survival: Do global evaluations of health status really predict mortality?". *Journal of Gerontology: Social Sciences*, 46: S55 - 65.

[208] Idler, E. L. (1993). "Age differences in self-assessments of health: Age changes, cohort differences, or survivorship?". *Journal of Gerontology: Social Sciences*, 48: S289 - S300.

[209] Idler, E. L. & Y. Benyamini (1997). "Self-rated health and mortality: A review of twenty-seven community studies". *Journal of Health and Social Behavior*, 38 (March): 21 - 37.

[210] Idler, E. L. (2003). "Discussion: Gender differences in self-rated

health, in mortality, and in the relationship between the two". *The Gerontologist*, 43: 372 – 375.

[211] Ikels, C. (1997). "Long-term care and the disabled elderly in urban China". In J. Sokolovsky (ed.). *The cultural context of aging: Worldwide perspectives (Second Edition)*. Westport, CT, Bergin & Garvey: 452 –471.

[212] Jackson, S. (1992). "Towards a historical sociology of housework: A materialist feminist analysis". *Women's Studies International Forum*, 15: 153 – 172.

[213] Joseph, A. E. & D. R. Phillips (1999). "Ageing in rural China: Impacts of increasing diversity in family and community resources". *Journal of Cross-Cultural Gerontology*, 14: 153 – 168.

[214] Kabir, Z. N., M. Szebehely & C. Tishelman (2002). "Support in old age in the changing society of Bangladesh". *Ageing & Society*, 22: 615 – 636.

[215] Kahn, R. L. & T. C. Antonucci (1980). "Convoys over the life course: Attachment, roles, and social support.". In P. B. Baltes and O. G. Brim (eds.). *Life Span Development and Behavior (Vol.* 3). New York, Academic Press: 103 – 123.

[216] Katz, S. (1983). "Active life expectancy". *New England Journal of Medicine*, 209: 1218 –1224.

[217] Khan, M. A. & P. A. Khanum (2000). "Influence of son preference on contraceptive use in Bangladesh". *Asia-Pacific Population Journal*, 15 (3): 43 – 56.

[218] Knodel, J. & C. Saengtienchai (2005). "Rural parents with urban children: Social and economic implications of migration on the rural elderly in Thailand". Population Studies Center Research Report 05 – 574.

[219] Koyano, W. (2000). "Filial piety, co-residence, intergenerational solidarity in Japan". In W. T. Liu and H. Kendig (eds.). *Who should care for the elderly? An east-west value divide*. Singapore, Singapore University Press: 200 – 223.

[220] Krause, N. (1987). "Satisfaction with social support and self-rated health in older adults". *Gerontologist*, 27: 301 – 308.

[221] Krause, N., J. Liang & V. Keith (1990). "Personality, social support, and psychological distress in later life". *Psychology and Aging*, 5 (3): 315 – 326.

[222] Krause, N., J. Liang & S. Gu (1998). "Financial strain, received support, anticipated support, and depressive symptoms in the people's Republic of China". *Psychology and Aging*, 13: 58 – 68.

[223] Kreager, P. (2006). "Migration, social structure and old-age support networks: A comparison of three Indonesian communities". *Ageing & Society*, 26: 37 – 60.

[224] Kuo, H. D. & R. M. Hauser (1996). "Gender, family configuration, and the effect of family background on educational attainment". *Social Biology*, 43: 98 – 131.

[225] Kynaston, C. (1996). "The everyday exploitation of women: Housework and the patriarchal mode of production". *Women's Studies International Forum*, 19: 221 – 237.

[226] Lai, G. (1995). "Work and family roles and psychological well-being in urban China". *Journal of Health and Social Behavior*, 36: 11 – 37.

[227] Lawton, M. P. (1984). "Investigating health and subjective well-being: Substantive. Challenges". *International Journal of Aging and Human Development*, 19 (2): 157 – 166.

[228] Lee, G. R., A. DeMaris, S. Bavin & R. Sullivan (2001). "Gender differences in the depressive effect of widowhood in later life". *Journal of Gerontology: Social Sciences*, 56B: S56 – S61.

[229] Lee, P. S., Y. M. Lee, J. Y. Lim, R. I. Hwang & E. Y. Park (2004). "The relationship of stress, social support and depression in the elderly". *Taehan Kanho Hakhoe Chi*, 34 (3): 477 – 484.

[230] Lee, R. P. L., J. J. Lee, W. S. H. Yu, S. -G. Sun & W. T. Liu (2000). "Liveing arrangments and elderly care: The case of Hong Kong". In W. T. Liu and H. Kendig (eds.). *Who should care for the elderly? An*

east-west value divide. Singapore, Singapore University Press: 269 – 296.

[231] Lee, Y. -J., W. L. Parish & R. J. Willis (1994). "Sons, daughters, and intergenerational support in Taiwan". *The American Journal of Sociology*, 99 (4): 1010 – 1041.

[232] Lee, Y. J. & Z. Xiao (1998). "Children's support for elderly parents in urban and rural China: Results from a national survey". *Journal of Cross-Cultural Gerontology*, 99 (4): 1010 – 1041.

[233] Leone, T., Z. Matthews & G. D. Zuanna (2003). "Impact and determinants of sex preference in Nepal". *International Family Planning Perspectives*, 29 (2): 69 – 75.

[234] Levenson, R. W., L. L. Carstensen & J. M. Gottman (1993). "Long-term marriages: Age, gender, and satisfaction". *Psychology and Aging*, 8: 301 – 313.

[235] Levitt, M. J. (2000). "Social relations across the life span: In search of unified models". *Aging and Human Development*, 51: 71 – 84.

[236] Li, H. & M. B. Tracy (1999). "Family support, financial needs, and health care needs of rural elderly in China: A field study". *Journal of Cross-Cultural Gerontology*, 14: 357 – 371.

[237] Li, L. W., M. M. Seltzer & J. S. Greenberg (1997). "Social support and depressive symptoms: Differential patterns in wife and daughter caregivers". *Journal of Gerontology: Psychology Science and Social Science*, 52B (4): 200 – 211.

[238] Liang, J., J. Bennett, N. Krause, M. Change, H. Lin, Y. Chuang & S. Wu (1999). "Stress, social relations, and old age mortality in Taiwan". *Journal of Clinical Epidemiologist*, 52: 983 – 995.

[239] Liang, K. Y. & S. L. Zeger (1986). "Longitudinal data analysis using generalized linear models". *Biometrika*, 73: 13 – 22.

[240] Lillard, L. A. & L. J. Waite (1995). "Till death do us part: Marital disruption and mortality". *American Journal of Sociology*, 100 (5): 1131 – 1156.

[241] Lillard, L. A. & R. J. Willis (1997). "Motives for intergenerational

transfers: Evidence from Malaysia". *Demography*, 34 (115 – 134).

[242] Lin, J. (1995). "Changing kinship structure and its implications for ol-dage support in urban and rural China". *Population Studies*, 49 (1): 127 – 145.

[243] Litwark, E. & S. Kulis (1987). "Technology, proximity and measure-ment of kin support". *Journal of Marriage and Family*, 49: 649 – 661.

[244] Litwin, H. (1998). "Social network type and health status in a national sample of elderly Israelis". *Social Science & Medicine*, 46: 599 – 609.

[245] Liu, W. T. (2000). "Values and caregiving burden: The significance of filial piety in elder care". In W. T. Liu and H. Kendig (eds.). *Who should care for the elderly? An east-west value divide.* Singapore, Singa-pore University Press: 183 – 199.

[246] Liu, W. T. & H. Kendig (2000). "Critical issues of caregiving: East-west dialogue". In W. T. Liu and H. Kendig (eds.). *Who Should Care for the Elderly: An East-West Value Divide.* Singapore, Singapore Univer-sity Press.

[247] Liu, X., J. Liang & S. Gu (1995). "Flows of social support and health status among older persons in China". *Social Science & Medicine*, 41: 1175 – 1184.

[248] Logan, J. R., B. Fuqin & Y. Bian (1998). "Tradition and change in the urban Chinese family: The case of living arrangements". *Social Forces*, 76: 851 – 882.

[249] Mancini, J. & R. Blieszner (1989). "Ageing parents and adult children: Research themes in intergenerational relations". *Journal of Marriage and Family*, 51: 275 – 290.

[250] Markides, K. & S. Black (1995). "Race, ethnicity and aging: The im-pact of inequality". In R. Binstock and L. George (eds.). *Handbook of Aging and the Social Sciences*, 4th. New York, Academic Press.

[251] Martin, L. G. (1989). "Living arrangement of the elderly in Fiji, Ko-rea, Malaysia, and the Philippines". *Demography*, 26 (November): 627 – 643.

[252] Mason, K. (1992). "Family change and support of the elderly in Asia: What do we know?". *Asia-Pacific Population Journal*, 7 (3): 13 − 32.

[253] McCallum, J., A. Mackinnon, L. Simons & J. Simons (1995). "Measurement properties of the center for epidemiological studies depression scale: An Australian community study of aged persons". *Journal of Gerontology: Social Sciences*, 50 (3): S182 − S189.

[254] McCulloch, B. J. & V. R. Kivett (1998). "Older rural women: Aging in historical and current contexts". In R. T. Coward and J. A. Krout (eds.). *Aging in Rural Settings*. New York, Springer: 149 − 166.

[255] McDowell, L. (1999). *Gender, Identity and Place*. Minneapolis, MI, University of Minnesota Press.

[256] McGarry, K. & R. F. Schoeni (1997). "Transfer behavior within the family: Results from the Asset and Health Dynamics Study". *Journal of Gerontology: Social Sciences*, 52B: 82 − 91.

[257] McLaughlin, D. K. (1998). "Rural women's economic realities". In B. J. McCulloch (ed.). *Old, Female, and Rural*. New York, Haworth Press: 41 − 66.

[258] McMullin, J. (1995). "Theorizing age and gender relations". In S. Arber and J. Ginn (eds.). *Connecting Gender and Ageing: A Sociological Approach*. Bristol, PA, Open University Press: 173 − 199.

[259] Mehta, K. (1997). "The impact of the ageing revolution on Asian women". In K. Mehta (ed.). *Untapped Resources: Women in Ageing Societies Across Asia*. Singapore, Times Academic Press.

[260] Miller, B. & L. Cafasso (1992). "Gender differences in caregiving: Fact of artifact?". *The Gerontologist*, 32: 498 − 517.

[261] Millet, K. (1999). *Sexual Politics*. London, Virago.

[262] Molm, L. & K. Cook (1995). "Social exchange and exchange networks". In K. Cook, G. Fine and J. House (eds.). *Sociological Perspectives on Social Psychology*. Boston, Allyn and Bacon: 209 − 235.

[263] Montgomery, R. J. & Y. Kamo (1989). "Parent care by sons and daughters". In J. A. Mancini (ed.). *Aging Parents and Adult Children*.

Lexington, MA, Lexington Books: 213 - 230.

[264] Montgomery, R. V. & B. A. Hirshorn (1991). "Current and future family help with long-term needs of the elderly". *Research on Aging*, 13: 171 - 204.

[265] Morgan, J. N. (1982). "The redistribution of income by families and institutions and Emergency help patterns". In M. S. Hill (ed.). *Five Thousand American Families*. Ann Arbor, Mich, Institute of Social Research: 1 - 59.

[266] Morgan, P. S. & K. Hirosima (1983). "The persistence of extended family residence in Japan". *American Sociological Review*, 48: 269 - 281.

[267] Ng, A. C. Y., D. R. Phillips & W. K. Lee (2002). "Persistence and challenges to filial piety and informal support of older persons in a modern Chinese society: A case study in Tuen Mun, Hong Kong". *Journal of Aging Studies*, 16: 135 - 153.

[268] Nugent, J. (1985). "The old-age security motive for fertility". *Population and Development Review*, 11 (1): 75 - 97.

[269] Ofstedal, M. B., J. Knodel & N. Chayovan (1999). "Intergenerational support and gender: A comparison of four Asian countries". *Southeast Asian Journal of Social Sciences*, 27 (2): 21 - 42.

[270] Ofstedal, M. B., E. Reidy & J. Knodel (2004). "Gender Differences in Economic Support and Well-being of Older Asians". *Journal of Cross Cultural Gerontology*, 19: 165 - 201.

[271] Okamoto, K. & Y. Tanaka (2004). "Gender differences in the relationship between social support and subjective health among elderly persons in Japan". *Preventive Medicine*, 38: 318 - 322.

[272] Organization, W. H. (1995). *New Horizons in Health*. Geneva.

[273] Pasternak, B. (1972). *Kinship and Community in Two Chinese Villages*. Stanford, Calif., Stanford University Press.

[274] Patrick, J. H., L. E. Cottrell & K. A. Barnes (2001). "Gender, emotional support and well-being among the rural elderly". *Sex Roles*, 45 (1/2): 15 - 29.

[275] Payne, M. (1997). *A Dictionary of Cultural and Critical Theory*, Blackwell Publishers Ltd.

[276] Pedraza, S. (1991). "Women and migration: The social consequence of gender". *Annual Review of Sociology*, 17: 303 – 325.

[277] Pestello, E. G. & P. Voydanoff (1991). "In search of mesostructure in the family: An interactionist approach to division of labor". *Symbolic Interaction*, 14: 105 – 128.

[278] Pezzin, L. E. & B. S. Schone (1999). "Intergenerational household formation, female labor supply and informal caregiving: A bargaining approach". *Journal of Human Resources*, 34 (3): 475 – 500.

[279] Piercy, K. W. (1998). "Theorizing on informal care in the new century? Informal care for elderly people in England to 2031". *Journal of Marriage and the Family*, 60: 109 – 118.

[280] Potuchek, J. L. (1992). "Employed wives' orientations to breadwinning: A gender theory analysis". *Journal of Marriage and the Family*, 54: 548 – 558.

[281] Pramualratana, A. (1990). "Changing Support Systems of the Old in a Rural Community inThailand. Canberra", Australian National University, Department of Demography, Ph. D. dissertation.

[282] Pratt, C. C. (1997). "Ageing: A multigenerational, gendered perspective". *Bulletin on Ageing*, 2 (3): 1 – 9.

[283] Rabe-Hesketh, S., A. Pickles & A. Skrondal (2004). *GLLAMM Manual*, U. C. Berkeley Division of Biostatistics Working Paper Series. Berkeley Electronic Press.

[284] Rahman, M. O. (1999). "Age and gender variation in the impact of household structure on elderly mortality". *Intergenerational Journal of Epidemiology*, 28: 485 – 491.

[285] Rahman, M. O. & J. Liu (2000). "Gender differences in functioning for older adults in rural Bangladesh: The impact of differential reporting?". *Journal of Gerontology: Medical Sciences*, 55A (1): M28 – M33.

[286] Randel, J., T. German & D. Ewing (1999). *The Ageing and Develop-*

ment Report: Poverty, Independence and the World's Older People. London, Earthscan Publications Ltd.

[287] Rexroat, C. & C. Shehan (1987). "The family lifecycle and spouses' time in housework". Journal of Marriage and Family, 49: 737 – 750.

[288] Rogers, R. G. (1996). "The effects of family composition, health, and social support linkages on mortality". Journal of Health and Social Behavior, 37: 326 – 338.

[289] Ross, C. E. (1987). "The division of labor at home". Social Forces, 65: 816 – 833.

[290] Rossi, A. S. & P. H. Rossi (1990). Of Human Bonding: Parent-Child Relations across the Life Course. New York, Aldine de Gruyter.

[291] Rozelle, S., L. Guo, M. Shen, A. Hughart & J. Giles (1999). "Leaving China's farms: Survey results of new paths and remaining hurdles to rural migration". The China Quarterly, 158: 367 – 393.

[292] Rudkin, L. (1993). "Gender differences in economic well-being among the elderly of Java". Demography, 30 (2): 209 – 226.

[293] Sahlins, M. (1972). Stone Age Economics. Chicago, Aldine.

[294] Schone, B. S. & R. M. Weinick (1998). "Health-related behaviors and the benefits of marriage for elderly persons". The Gerontologist, 38 (5): 618 – 627.

[295] Secondi, G. (1997). "Private monetary transfer in rural China: Are families altruistic?". The Journal of Development Studies, 33: 487 – 511.

[296] Seeman, T. E., M. L. Bruce & G. J. McAvay (1996). "Baseline social network characteristics and onset of ADL disability: MacArthur studies of successful aging". Journal of Gerontology: Social Sciences, 51B: S191 –S200.

[297] Shi, L. (1993). "Family financial and household support exchange between generations: A survey of Chinese rural elderly". The Gerontologist, 33 (4): 468 – 480.

[298] Shi, L. (1994). "Elderly support in rural and suburban villages: Implications for future support system in China". Social Science & Medicine,

39: 265 – 277.

[299] Silverstein, M. & L. J. Waite (1993). "Are blacks more likely than whites to receive and provide social support in middle and old age? Yes, no, and maybe so.". *Journal of Gerontology: Social Sciences*, 48 (4): S212 – S222.

[300] Silverstein, M. & V. L. Bengston (1994). "Does intergenerational social support influence the psychological well-being of older parents? The contingencies of declining health and widowhood". *Social Science & Medicine*, 38: 943 – 957.

[301] Silverstein, M., T. M. Parrott & V. L. Bengtson (1995). "Factors that predispose middle-aged sons and daughters to provide social support to older parents". *Journal of Marriage and the Family*, 57 (2): 465 – 475.

[302] Silverstein, M., C. Xuan & H. Kenneth (1996). "Too much of a good thing? Intergenerational social support and the psychological well-being of older parents". *Journal of Marriage and the Family*, 58 (4): 970 – 982.

[303] Silverstein, M. & V. L. Bengtson (1997). "Intergenerational solidarity and the structure of adult child-parent relationships in American families". *American Journal of Sociology*, 103: 429 – 460.

[304] Silverstein, M., S. J. Conroy, H. Wang, R. Giarrusso & V. L. Bengtson (2002). "Reciprocity in parent-child relations over the adult life course". *Journal of Gerontology: Social Sciences*, 57B (1): S3 – S13.

[305] Silverstein, M., Z. Cong & S. Li (2006). "Intergenerational transfers and living arrangements of older people in rural China: Consequences for psychological well-being". *Journal of Gerontology: Social Sciences*, 61B (5): S256 – S266.

[306] Silverstein, M., Z. Cong & S. Li (2007). "Grandparents who care for their grandchildren in rural China: Benefactors and beneficiaries". In P. A. Cook (ed.). *New Perspectives on China and Aging*. New York, Nova Science Publishers.

[307] Skinner, G. W. (1997). "Family systems and demographic processes". In D. I. Kertzer and T. Fricke (eds.). *Anthropological Demography: To-*

ward A New Synthesis. Chicago, Illinois, University of Chicago Press.

[308] Sloan, F. A., H. H. Zhang & J. Wang (2002). "Upstream Intergenerational Transfers". *Southern Economic Journal*, 69 (2): 363 – 380.

[309] Smith, J. P. (1999). "Healthy bodies and thick wallets: The dual relation between health and economic status". *Journal of Economic Perspectives*, 13 (1): 145 – 166.

[310] Snijders, T. A. B. & R. J. Bosker (1999). *Multilevel Analysis: An Introduction to Basis and Advanced Multilevel Modeling*. London, SAGE Publication.

[311] Sobieszczyk, T., J. Knodel & N. Chayovan (2003). "Gender and well-being among older people: Evidence from Thailand". *Ageing and Society*, 23 (6): 701 – 735.

[312] Sokoloff, N. J. (1980). *Between Money and Love: The Dialectics of Women's Home and Market Work*. New York, Praeger.

[313] Soldo, B. J. & V. A. Freedman (1994). "Care of the elderly: Division of labor among the family, market, and state". In L. Martin and S. H. Preston (eds.). *Demography of Aging*. D. C. Washington, National Academy Press.

[314] Soldo, B. J., D. A. Wolf & J. C. Henretta (1999). "Intergenerational transfers: Blood, marriage, and gender effects on household decisions". In J. P. Smith and R. J. Willis (eds.). *Wealth, Work, and Health: Innovations in Survey Measurement in the Social Sciences*. Ann Arbor, MI, University of Michigan Press.

[315] South, S. J. & G. Spitze (1994). "Housework in marital and nonmarital households". *American Sociological Review*, 59: 327 – 347.

[316] Spitze, G. & J. Logan (1990). "Sons, daughters, and intergenerational social support". *Journal of Marriage and the Family*, 52 (2): 420 – 430.

[317] Stacey, J. (1983). *Patriarchy and Socialist Revolution in China*. Berkerly, University of California Press.

[318] Stark, O. (1995). *Altruism and Beyond: An Economic Analysis of Transfers and Exchanges Within Families and Groups*. New York, Cambridge

University Press.

[319] STATA (2005). *STATA version* 9. College Station, TX, STATA Corporation.

[320] Stern, S. (1995). "Estimating family long-term care decisions in the presence of endogenous child characteristics". *Journal of Human Resources*, 30 (3): 551 − 580.

[321] Stokes, J. P. & D. G. Wilson (1984). "The inventory of socially supportive behaviors: Dimensionality, prediction, and gender differences". *American Journal of Community Psychology*, 12: 53 − 69.

[322] Stoller, E. P. (1983). "Parental caregiving by adult children". *Journal of Marriage and the Family*, 45: 851 − 858.

[323] Stoller, E. P. & L. L. Earl (1983). "Help with activities of everyday life: Sources of support for the non-institutionalized elderly". *The Gerontologist*, 23: 64 − 70.

[324] Stoller, E. P. (1985). "Exchange patterns in the informal support networks of the elderly: The impact of reciprocity on morale". *Journal of Marriage and Family*, 47 (2): 335 − 342.

[325] Sugisawa, H., J. Liang & X. Liu (1994). "Social networks, social support, and mortality among older people in Japan". *Journal of Gerontology: Social Sciences*, 49: S3 − S13.

[326] Sun, R. (2002). "Old age support in contemporary urban China from both parents' and children's perspectives". *Research on Aging*, 24 (3): 337 − 359.

[327] Tan, S. (2000). "The relationship between foreign enterprises, local governments and women migrant workers in the Pearl River Delta". In L. A. West and Y. Zhao (eds.). *Rural Labor Flows in China.* , Institute of East Asian Studies, UC. Berkeley.

[328] Thompson, E. E. & N. Krause (1998). "Living alone and neighborhood characteristics as predictors of social support in later life". *Journals of Gerontology: Psychological Sciences and Social Sciences*, 53B (6): 354 − 364.

[329] Thornton, A. & H. S. Lin (1994). *Social Change and the Family in Taiwan*. Chicago, IL, University of Chicago Press.

[330] Troll, L. (1987). "Gender differences in cross-generation networks". *Sex Roles*, 17: 751 – 766.

[331] UN (1998). "A gender perspective on migration and urbanization". *Population Distribution and Migration*, United Nations Publication.

[332] United Nations (2002). *Report of the Second World Assembly on Ageing. Madrid, 8 – 12 April 2002*. New York, United Nations.

[333] Vanwey, L. (2004). "Altruistic and contractual remittances between male and female migrants and households in rural Thailand". *Demography*, 41 (4): 739 – 756.

[334] Verbrugge, L. M. (1985). "Gender and health: An update on hypotheses and evidence". *Journal of Health and Social Behavior*, 26: 156 – 182.

[335] Verbrugge, L. M. (1989). "The twains meet: Empirical explanations for sex differences in health and mortality". *Journal of Health and Social Behavior*, 30: 282 – 304.

[336] Waite, L. J. & E. L. Lehrer (2003). "The benefits from marriage and religion in the United States: A comparative analysis". *Population and Development Review*, 29: 255 – 275.

[337] Waldron, I., C. C. Weiss & M. E. Hughes (1997). "Marital status effects on health: Are there differences between never married women and divorced and separated women". *Journal of Social Science and Medicine*, 45: 1387 – 1397.

[338] Wang, D. (1999). "Flying from the nest: Household formation in a village in Northeastern China". Providence, RI, Brown University. Ph. D. dissertation.

[339] Ware, J. E., M. Kosinski & S. D. Keller (1994). *SF-36 Physical and mental health summary scales: Auser's manual*. Boxton, MA, The Health Institute, New England Medical Center.

[340] West, C. & D. H. Zimmerman (1987). "Doing gender". *Gender & Society*, 1: 125 – 151.

[341] West, C. & S. Fenstermaker (1993). "Power and the accomplishment of gender". In P. England (ed.). *Theory on gender/feminism on theory*. New York, Aldine deGruyter: 151 - 174.

[342] Wethington, E. & R. C. Kessler (1986). "Perceived Support, Received Support, and Adjustment to Stressful Life Events". *Journal of Health and Social Behavior*, 27 (1): 78 - 89.

[343] Whitbeck, L. B., R. L. Simons & R. D. Conger (1991). "The effect of early family relationships on comtemporary relationships and assistance patterns between adult children and their parents". *Journal of Gerontology: Social Sciences*, 46: S301 - S337.

[344] Whyte, M. (2004). "Filial obligations in Chinese families: Paradoxes of modernization". In C. Ikels (ed.). *Filial Piety: Practice and Discourse in Contemporary East Asia*. Stanford, CA, Stanford University: 106 - 127.

[345] Whyte, M. K. (2003). "Introduction: China's revolutions and intergenerational relations". In M. K. Whyte (ed.). *China's Revolutions and Intergenerational Relations*. Michigan, Ann Arbor, Center for Chinese Studies, The University of Michigan: 3 - 30.

[346] Whyte, M. K. & Q. Xu (2003). "Support for aging parents from daughters versus sons". In M. K. Whyte (ed.). *China's Revolutions and Intergenerational Relations*. Ann Arbor, Michigan, Center for Chinese Studies, The University of Michigan: 167 - 196.

[347] William, G. G. & J. B. Slemrod (2000). "Life and death questions about the estate and gift tax". *National Tax Journal* 53: 889 - 912.

[348] Williamson, G. M. & R. Schulz (1992). "Pain, activity restriction, and symptoms of depression among community-residing elderly adults". *Journal of Gerontology*, 47 (6): 367 - 372.

[349] Willis, K. & B. Yeoh (2000). "Introduction". In K. Willis and B. Yeoh (eds.). *Gender and Migration*. xi-xxii. Cheltenham, UK, Edward Elgar.

[350] Wolf, A. P. & C. Hunag (1980). *Marriage and Adoption in China, 1845-1945*. Stanford, Stanford University Press.

[351] Wolf, D. A. & B. J. Soldo (1988). "Household composition choices of older unmarried women". *Demography*, 25: 387 – 404.

[352] Wolf, D. A., V. Freedman & B. J. Soldo (1997). "The division of family labor: Care for elderly parents". *Journals of Gerontology: Psychological Sciences and Social Sciences*, Series B. 52B (Special Issue): 102 –109.

[353] Wright, E. O., K. Shire, S. Hwang, M. Dolan & J. Baxter (1992). "The non-effects of class on the gender division of labor in the home: A comparative study of Sweden and the United States". *Gender & Society*, 6: 252 – 282.

[354] Wu, C. P. (1991). *The aging of population in China*. Malta, Union Print.

[355] Xu, Q. & Y. Yuan (1997). The role of family support in the old-age security in China. 23rd IUSSP general population conference: Symposium on demography of China. C. P. Association. Beijing, Xin Hua Press.

[356] Yan, S., J. Chen & S. Yang (2003). "Living arrangements and old-age support". In M. K. Whyte (ed.). *China's Revolutions and Intergenerational Relations*. Ann Arbor, University of Michigan Center for Chinese Studies.

[357] Yang, H. (1996). "The distributive norm of monetary support to older parents: A look at a township in China". *Journal of Marriage and the Family*, 58 (May): 404 – 415.

[358] Yount, K. M. & Sibai, A. M. (2009). "Demography of Aging in Arab Countries". In P. Uhlenberg (ed.) *International Handbooks of Population*, Volume 1, 277 – 315, Springer Science Publisher.

[359] Yu, S. W. K. & R. C. M. Chau (1997). "The sexual division of care in mainland China and Hong Kong". *International Journal of Urban and Regional Research*, 21 (4): 607 – 619.

[360] Yuan, F. (1987). "The status and role of the Chinese elderly in families and society. Aging China: Family, economics, and government policies in transition". In J. H. Schulz and D. D. Friedmann (eds.). *The Geronto-*

logical Society of America. Washington D. C.

[361] Zhan, H. J. & R. J. V. Montgomery (2003). "Gender and elder care in China: The influence of filial piety and structural constraints". *Gender & Society*, 17 (2): 209 - 229.

[362] Zimmer, Z. & J. Kwong (2003). "Family size and support of older adults in urban and rural China: Current effects and future implications". *Demography*, 40 (1): 23 - 44.

附　录

巢湖地区孩子与养老调查表

被访老人编码　　□□□□□

被访老人的年龄是　　　　　　　　　　　　　□

　　1.60 岁到 74 岁之间　2.75 岁或 75 岁以上

被访老人姓名_____

被访老人住址：_____县（区）_____乡（镇）_____村_____村民小组_____

　　月　　日　时　分　　　如果调查未完成，原因是：

第一次访问　从□□　□□　□□　□□　_____
　　　　　　到□□　□□　□□　□□　_____

第二次访问　从□□　□□　□□　□□　_____
　　　　　　到□□　□□　□□　□□　_____

第三次访问　从□□　□□　□□　□□　_____
　　　　　　到□□　□□　□□　□□　_____

访问员姓名　　　　　_____

核对人姓名　　　　　_____

核对人的检查结果　　　　　合格（　）　不合格（　）

请把下面的这段话读给被访问人：

这是一项由西安交通大学人口研究所主持的老年调查研究。现在我们想知道您是否愿意参加，您参加这项调查研究完全是自愿的，如果您不愿意，您可以选择拒绝参加本次调查。

调查中将询问一些有关您目前日常生活状况的问题，包括您的身体健康、心理状态、生活状况、家庭和社会交往等。我下面将要询问您的一些问题也许会引起您的不快，如果您不愿意回答某个问题，请告诉我，我将跳过这个问题到下一个问题继续进行。您可以因为任何理由，在调查中的任何时候退出调查。您不会为此承担任何风险。

整个调查大约需要 50 分钟。我们不会对您参加本次调查支付报酬，但会送给您一份礼品表示对您的感谢。本次调查收集到的信息是严格保密的，除了合格的研究人员外，任何人不会接触到这些资料。这些资料将会在西安交通大学保存 5 年。您的回答不会和任何能够表明您身份的信息产生联系，只有一些经过我们汇总后的结果被公布。

<u>调查员请注意：请务必要求被调查者在声明上签字，请告诉他们，这个签字表示：他们完全自愿接受访问，他们提供的信息是保密的。</u>

如果被调查者不能签字，请让他们的配偶、子女或代表代签。

第一部分：被访者的个人状况

101 性别：	1. 男　2. 女	□
102 您的出生年月：	公历：_____年_____月	□□□□
103 您的属相是：	01. 鼠 02. 牛 03. 虎 04. 兔 05. 龙 06. 蛇 07. 马 08. 羊 09. 猴 10. 鸡 11. 狗 12. 猪	□□
104 您现在的婚姻状况是：	1. 已婚且夫妻俩住在一起 2. 已婚但未和配偶住在一起 3. 丧偶　4. 离婚 5. 从未结过婚	□
105 您还有几个健在的兄弟姐妹：	兄弟：_____　　姐妹：_____	□□ □□
106 您现在自己住还是和其他人住在一起？	1. 自己一个人住（跳问 201） 2. 与其他人一起住	□
107 除去您自己，您家里有几口人？	_____口人	□□
108 下面有哪些人现在跟您住在一起？ （有请在第一个方格内填"1"，没有请填"0"。如果有子女、儿媳、女婿或孙子女同住，在右边对应的两个方格内填写个数）	1. 配偶 2. 母亲 3. 父亲 4. 岳母 5. 岳父 6. 兄弟 7. 姐妹 8. 其他亲属 9. 其他无亲属关系的人 10. 小于 16 岁的子女（如果有，有几个？_____） 11. 16 岁及以上的子女（如果有，有几个？_____） 12. 儿媳（如果有，有几个？_____） 13. 女婿（如果有，有几个？_____） 14. 孙子女（如果有，有几个？_____）	1 □ 2 □ 3 □ 4 □ 5 □ 6 □ 7 □ 8 □ 9 □ 10 □ □□ 11 □ □□ 12 □ □□ 13 □ □□ 14 □ □□

第二部分：社会和经济状况

201.1 您现在住的房子是：	1. 自己的 2. 和别人共同拥有的 3. 租赁别人的 4. 借住别人的（不交租金）	□
201.2 您受到的最高教育是：	1. 没有上过学 2. 小学 3. 初中 4. 高中 5. 中专或技校 6. 大专 7.大学或大学以上	□
202 您现在还工作吗？	1. 是的，完全工作（和以前一样）跳问 204 2. 是的，部分工作（比以前干活少了）跳问 204 3. 不，没有工作	□
203 您现在不再工作了，那么您：	1. 已经退休了 2. 从未工作过（如家庭主妇）请跳问 205 3. 因为生病或年迈不能工作了 4. 其他原因（请说明_____）	□

204 如果您现在或曾经工作过，那您最后从事的主要职业是：（如果不止一项工作，则以收入最多者为准）	1. 专业技术 3. 商业或服务业 5. 工人 7. 军人	2. 行政管理 4. 农业、养殖业、渔业 6. 业主或企业家 8. 其他（请注明_____）	□
205（仅询问已婚或曾经结婚者）您的配偶最后从事的主要职业是：	1. 专业技术 3. 商业或服务业 5. 工人 7. 军人 9. 其他（请注明_____）	2. 行政管理 4. 农业、养殖业、渔业 6. 业主或企业家 8. 从未工作过（比如做家务）	□

第三部分：健康和日常生活能力

301 在过去的 12 个月里，您有没有一段时间因为生病卧床不起？大约有多长时间？	1. 没有 2. 大约有几天 3. 有一个星期左右 4. 超过一个星期	□
☆302 您认为您自己现在的身体健康状况：（请将选项逐一念给被访者，并请其选择其中一个）	1. 很好 2. 好 3. 一般 4. 不好	□
☆303 和您同龄的人相比，您认为自己的健康状况：	1. 比一般人好 2. 差不多 3. 比一般人差	□
304 您认为自己通常做下面几项日常活动有困难吗？（如果您必须做） 1. 洗澡 2. 穿衣服和脱衣服 3. 下床或从椅子上站起来 4. 在房间里走动 5. 上厕所 6. 吃饭	1. 没有困难 2. 有点困难 3. 自己根本做不了	1 □ 2 □ 3 □ 4 □ 5 □ 6 □
305 您自己完成下面的活动有困难吗？（如果您必须做） 1. 提起或搬动 10 公斤重的东西，比如一袋 10 公斤重的大米 2. 爬一层楼的楼梯或台阶 3. 弯腰、蹲下或跪坐 4. 步行约 100 米	1. 没有困难 2. 有点困难 3. 自己根本做不了	1 □ 2 □ 3 □ 4 □

续表

306 如果让您自己做下面的几项活动，您会不会因为身体不好而有困难？（如果您必须做） 1. 做饭 2. 买东西 3. 自己坐车（汽车或者火车） 4. 做家务（打扫卫生、洗衣服、洗碗等） 5. 管理家里的钱财	1. 没有困难 2. 有点困难 3. 自己根本做不了	1 □ 2 □ 3 □ 4 □ 5 □
307 您现在是不是患有下面的某些疾病：（请逐一询问） 1. 高血压 2. 糖尿病 3. 心脏病 4. 中风 5. 白内障或青光眼 6. 癌症或恶性肿瘤 7. 支气管炎或其他呼吸道疾病 8. 关节炎或风湿病 9. 胃病比如胃溃疡 10. 骨质疏松症 11. 肝脏、胆囊或膀胱类疾病 12. 其他，请说明_____	1. 有 2. 没有 3. 拒绝回答 4. 不知道或答不上来	1 □ 2 □ 3 □ 4 □ 5 □ 6 □ 7 □ 8 □ 9 □ 10□ 11□ 12□
308 您最后一次找医生看病是在什么时候？	1.上个星期　　2. 上个月　　3.一个月以前 4. 一年以前或从未看过医生	□

第四部分：子女状况（下面要询问一些关于您的孩子的情况）

401 您在 2001 年 4 月有几个活着的孩子？（包括抱养和前次婚姻的子女）	_____个（没有填 "00"，请跳问到 501）	□□
402 您现在有几个活着的孩子（包括抱养和前次婚姻的子女）？		□□

下面我们将询问您关于您现在的孩子的情况，请您按照从大到小的顺序逐个告诉我：

询问的问题：	第一个孩子	第二个孩子	第三个孩子	第四个孩子
403 这个孩子（在 2001 年 4 月还存活的孩子中）的大小顺序是：	1	2	3	4
404 孩子的性别：1. 男 2. 女	□	□	□	□
405.1 这个孩子的年龄：（周岁）	□□	□□	□□	□□
405.2 这个孩子现在还活着吗？1. 是 2. 否（跳问下一个孩子）	□	□	□	□
406 这个孩子的受教育水平： 1. 从未上过学 2. 小学 3. 初中　4. 高中 5. 中专或技校 6. 大专 7.大学或大学以上	□	□	□	□
407 这个孩子现在（最后）的职业： 1. 专业技术 2. 行政管理 3. 商业或服务业 4. 农业、养殖业、渔业 5. 工人 6. 业主或企业家 7.军人 8.从未工作过（如做家务、上学等） 9.其他（请注明＿＿＿＿）	□	□	□	□
408 这个孩子现在的婚姻状况是： 1. 已婚且和配偶同住 2. 离婚或因婚姻问题分居 3. 因其他原因分居（如在外打工） 4. 丧偶 5. 从未结婚	□	□	□	□
409 您现在和这个孩子一起住吗？1. 是 2. 否（请跳问 411）	□	□	□	□
410 您为什么和这个孩子一起住？（从下面选出所有原因，是填 "1"，不是填 "0"，答完请跳问 419） 1. 身体不好需要孩子照顾 2. 为您提供住房 3. 给孩子提供经济、家务上的帮助或为孩子提供房子 4. 帮助照顾孙子女 5. 为了家庭的亲情与和睦 6. 传统的风俗习惯 7. 其他（请说明＿＿＿＿）	1 □ 2 □ 3 □ 4 □ 5 □ 6 □ 7 □	1 □ 2 □ 3 □ 4 □ 5 □ 6 □ 7 □	1 □ 2 □ 3 □ 4 □ 5 □ 6 □ 7 □	1 □ 2 □ 3 □ 4 □ 5 □ 6 □ 7 □

询问的问题：	第一个孩子	第二个孩子	第三个孩子	第四个孩子
411 这个孩子现在住在哪里？ 1. 本村（跳问 413）2. 本乡（镇） 3. 本县（区）　4. 本市 5. 本省　6. 外省　7. 国外	□	□	□	□
412 这个孩子现在住的地方是： 1. 乡村 2. 乡镇上 3. 城市	□	□	□	□
413 您与这个孩子在过去 12 个月里见面的次数是： 1. 几乎天天见面 2. 每周至少一次 3. 一个月几次 4. 每月一次 5. 一年几次 6. 很少见面	□	□	□	□
414 这个孩子最后离家大约是在什么时间？	□□年 □□月	□□年 □□月	□□年 □□月	□□年 □□月
415 您不和这个孩子住在一起的主要原因是：（选出所有主要原因，是填"1"，不是填"0"） 1. 工作方面的原因 2. 家庭原因，比如孩子结婚了 3. 上学 4. 当兵 5. 孩子想自立 6. 其他原因（请说明＿＿＿）	1 □ 2 □ 3 □ 4 □ 5 □ 6 □	1 □ 2 □ 3 □ 4 □ 5 □ 6 □	1 □ 2 □ 3 □ 4 □ 5 □ 6 □	1 □ 2 □ 3 □ 4 □ 5 □ 6 □
416 在过去 12 个月中，这个孩子是否与您在他或您的家中，居住时间超过 1 个月？ 1. 是 2. 否（跳问 419）	□	□	□	□
417 这期间共和您同住了多长时间？（几个月零几周零几天？）	□□月 □周 □天	□□月 □周 □天	□□月 □周 □天	□□月 □周 □天
418 这个孩子为什么和您一起住？　（选出所有原因，是填"1"，不是填"0"） 1. 身体不好需要孩子照顾 2. 为您提供住房 3. 给孩子提供经济、家务上的帮助或为孩子提供房子 4. 帮助照顾孙子女 5. 为了家庭的亲情与和睦 6. 传统的风俗习惯 7. 其他原因（请说明）	1 □ 2 □ 3 □ 4 □ 5 □ 6 □ 7 □	1 □ 2 □ 3 □ 4 □ 5 □ 6 □ 7 □	1 □ 2 □ 3 □ 4 □ 5 □ 6 □ 7 □	1 □ 2 □ 3 □ 4 □ 5 □ 6 □ 7 □

下面的问题只询问大于或刚好 16 岁的子女

询问的问题：	第一个孩子	第二个孩子	第三个孩子	第四个孩子
☆419 从各方面考虑，您觉得和这个孩子（感情上）亲近吗？ 1. 不亲近　2. 有点亲近 3. 很亲近	☐	☐	☐	☐
☆420 总的来讲，您觉得自己和这个孩子相处得好吗？ 1. 不好　2. 还可以　3. 很好	☐	☐	☐	☐
☆421 当您想跟这个孩子讲自己的心事或困难时，您觉得他愿意听吗？ 1. 不愿意　2. 有时愿意 3. 愿意	☐	☐	☐	☐
422 在过去的 12 个月里，这个孩子有没有给过您（或与您同住的、仍健在的配偶）钱、食品或礼物？ 1. 有　2. 没有（跳问 424）	☐	☐	☐	☐
423 给您的这些财物共值多少钱？ （如果能给出确定的钱数，请在第一行空格中填写；否则请选出一个范围，填在第二行的空格中） ①50 元以下　②50～99 元 ③100～199 元　④200～499 元 ⑤500～999 元　⑥1000～2999 元 ⑦3000～4999 元　⑧5000～9999 元 ⑨10000 以上	☐☐☐☐☐元 ☐	☐☐☐☐☐元 ☐	☐☐☐☐☐元 ☐	☐☐☐☐元 ☐
424 这个孩子在干农活或料理家里生意方面给了你多少帮助？ 1. 几乎全部　2. 超过一半 3. 大约一半　4. 少于一半 5. 没有帮忙　6. 没有农活和生意	☐	☐	☐	☐
425 在过去 12 个月中，您（或与您同住的、仍健在的配偶）有没有给过这个孩子钱、食品或礼物？ 1. 有 2. 没有（跳问 427）	☐	☐	☐	☐

询问的问题：	第一个孩子	第二个孩子	第三个孩子	第四个孩子
426 给他（她）的这些财物值多少钱？ （如果能给出确定的钱数，请在第一行空格中填写；否则请选出一个范围，填在第二行的空格中） ①50 元以下　②50～99 元 ③100～199 元　④200～499 元 ⑤500～999 元　⑥1000～2999 元 ⑦3000～4999 元⑧5000～9999 元 ⑨10000 以上	□□□□□元 □	□□□□□元 □	□□□□□元 □	□□□□□元 □
427 他（她）有几个活着的孩子？ （没有填"00"跳问下个孩子或433）	□□	□□	□□	□□
428 他（她）最小的孩子有多大？	□□	□□	□□	□□
429（如果有两个或多个孩子）他（她）最大的孩子有多大？	□□	□□	□□	□□
430 您和他（她）的孩子一起住吗？（任何一个）1. 是的 2. 没有	□	□	□	□
431（若该子女没有 16 岁及以下的孩子请跳问下一个孩子或433）在过去的 12 个月中您有没有照顾过这些 16 岁及以下的孙子女？ 1. 有 2. 没有（跳问下个孩子或者433）	□	□	□	□
432 您照看这些孩子的时间是： 1. 每天从早到晚 2. 每天有段时间（但不是全天） 3. 每星期至少一次 4. 每月几次 5. 大约每月一次 6. 很少	□	□	□	□

☆433 如果您病了，您最愿意哪个孩子（不小于 16 岁）照料您？请写出孩子的顺序号　　□□

第五部分：老人的观念

（您同意下面各段话的观点吗？）　　　　　　　　　1. 同意　　2. 不同意

☆501 父母年老时，孩子应该给他们提供经济帮助，让他们安度晚年。	☐
☆502 当孩子需要时，父母应该帮他们照料子女（老人的孙子女）。	☐
☆503 老年人在经济上应该独立，不要依靠自己的孩子。	☐
☆504 当父母年老时，孩子应该和他们住在一起。	☐
☆505 为了帮助年迈的父母，长大成人的子女应该住得离他们近一点。	☐
☆506 儿子是父母年老时最好的依靠。（养儿防老）	☐

第六部分：A 心理福利

（您在过去一周里有下面的感觉吗？）　　　　　1. 没有　2. 有时　3. 经常

☆601A （过去一周里）您觉得自己心情很好吗？	☐
☆602A （过去一周里）您觉得寂寞（孤单）吗？	☐
☆603A （过去一周里）您觉得心里很难过吗？	☐
☆604A （过去一周里）您觉得自己的日子过得很不错吗？	☐
☆605A （过去一周里）您觉得不想吃东西吗？	☐
☆606A （过去一周里）您睡不好觉（失眠）吗？	☐
☆607A （过去一周里）您觉得自己不中用了吗？	☐
☆608A （过去一周里）您觉得自己没事可做吗？	☐
☆609A （过去一周里）您觉得生活中有很多乐趣（有意思的事情）吗？	☐

第六部分：B 生活满意度

下面我们将询问您一些您对于自己现在生活的看法：　　　1. 是　　2. 不是

☆601B 和大多数人相比，您的生活比他们要好？	☐
☆602B 您对自己的生活满意吗？	☐
☆603B 您发现自己做的事情有意思吗？	☐
☆604B 这几年是您这一生中最好的日子吗？	☐
☆605B 如果能够再来一次的话，您是不是也不愿意改变您过去的人生？	☐
☆606B 您觉得自己做的大部分事情枯燥吗？	☐
☆607B 您觉得自己老了，日子过得没意思（很累）吗？	☐
☆608B 您觉得自己的一生大部分是符合自己的愿望的吗？	☐

第七部分：老人在生活上得到的帮助

701 在过去的 12 个月中，有没有人因为您身体不好帮助您做家务（比如打扫卫生、洗衣服、洗碗）？	1. 有（填写表 A）2. 没有（跳问 702）	☐
702 在过去的 12 个月中，有没有人因为您身体不好在生活起居上（如洗澡、穿衣）帮助您？	1. 有（填写表 A）2. 没有（跳问 703）	☐

表 A

下面哪些人给过您帮助？ 01. 儿子　02. 女儿　03. 儿媳 04. 女婿　05. 姐妹　06. 兄弟 07. 孙子女　08. 孙媳妇或孙女婿 09. 配偶　　10. 其他亲属 11. 朋友　　12. 邻居 13. 服务机构　14. 雇别人 15. 其他	如果是子女或其配偶，请填写子女的顺序号；若是孙子女或其配偶，请填写他们父母的顺序号。	这人帮您做家务吗？ 1. 每天都做 2. 每周至少一次 3. 每月几次 4. 很少	这人帮助照料您的生活起居吗？ 1. 每天都做 2. 每周至少一次 3. 每月几次 4. 很少
1 ☐☐	☐☐	☐	☐
2 ☐☐	☐☐	☐	☐
3 ☐☐	☐☐	☐	☐
4 ☐☐	☐☐	☐	☐
5 ☐☐	☐☐	☐	☐
6 ☐☐	☐☐	☐	☐
7 ☐☐	☐☐	☐	☐
8 ☐☐	☐☐	☐	☐
9 ☐☐	☐☐	☐	☐
10 ☐☐	☐☐	☐	☐

☆703 总的来说，您对自己得到的帮助满意吗？（若 701 和 702 题均选择"2"则不用回答本题）	1. 很满意　　2. 满意　　3. 不满意　　4. 很不满意	☐
704 在过去的 12 个月中，您有没有在家务上给其他人提供帮助？	1. 有（填写表 B）　　　2. 没有（跳问 705）	☐
705 在过去的 12 个月中，您有没有在生活起居上给别人提供帮助？	1. 有（填写表 B）　　2. 没有（跳问 801）	☐

表 B

您帮助过下面那些人? 01. 儿子　02. 女儿　03. 儿媳 04. 女婿　05. 姐妹　06. 兄弟 07. 孙子女　08. 孙媳妇或孙女婿 09. 配偶　10. 母亲 11. 父亲　12. 其他亲戚 13. 朋友　14. 邻居 15. 其他非亲属	如果是子女或其配偶,请填写子女的顺序号;若是孙子女,请填写他们父母的顺序号。	您帮这人做家务吗? 1. 每天都做 2. 每周至少一次 3. 每月几次 4. 很少	您帮助照料这人的生活起居吗? 1. 每天都做 2. 每周至少一次 3. 每月几次 4. 很少
1　☐☐	☐☐	☐	☐
2　☐☐	☐☐	☐	☐
3　☐☐	☐☐	☐	☐
4　☐☐	☐☐	☐	☐
5　☐☐	☐☐	☐	☐
6　☐☐	☐☐	☐	☐
7　☐☐	☐☐	☐	☐
8　☐☐	☐☐	☐	☐
9　☐☐	☐☐	☐	☐
10　☐☐	☐☐	☐	☐

第八部分：经济来源：（下面我想询问一些您的收入方面的问题）

801 在过去 12 个月中,您（及您的配偶）从工作中净收入了多少（钱和物）?	☐☐☐☐☐☐元
802 在过去 12 个月中,您（及您的配偶）的退休金或养老金（钱/物）总共有多少?	☐☐☐☐☐☐元
803 在过去 12 个月中,和您住在一起的孩子或其他亲属给您（及您的配偶）的财物值多少钱?	☐☐☐☐☐☐元
804 在过去 12 个月中,不和您住在一起的孩子或其他亲属给您（及您的配偶）的财物有多少钱?	☐☐☐☐☐☐元
805 在过去 12 个月中,您（您的配偶）从其他方面得到的收入值多少?	☐☐☐☐☐☐元
☆806 总的来说,您对自己现在的经济状况满意吗?	1. 很满意　　2. 满意　　3. 不满意 4. 很不满意	☐

第九部分：认知能力测试

我想问您几个需要您记忆的小问题，希望您不要介意。

问题	选项	
☆901 请问您住在哪个村子里？（回答村名）	1. 正确　　2. 不正确	☐
☆902 请问您知道端午节是农历几号吗？（五月初五）	1. 正确　　2. 不正确	☐
☆903 请问您知道今年农历是什么年吗？（羊年）	1. 正确　　2. 不正确	☐
☆904 请问您告诉我：20 减去 3 还剩多？	再减 3 剩多少？	☐
	再减 3 剩多少？	☐
	1. 正确　　2. 不正确	☐

（如果忘记上次答案，请提示答案但即使这次答对了也不算对，再后面答对了才算对，如果在上次错误答案的基础上本次答案对了就算本次正确。）

问题	选项	
☆905 请问您知道现在的总理是谁吗？（温家宝）	1. 正确　　2. 不正确	☐
☆906 现在我说五个词，您仔细听一下：鹅 电视 走路 家 喝水（不要解释，念完后留 30 秒记忆时间）请重复我说过的五个词。（不管顺序，只要说对就算，填写重复正确词的个数）		☐

问者记录：

1. 这份问卷：　　　　　　　　　　　　　　　　　　　　☐

  A. 全部完成

  B. 大部分完成

  C. 小部分完成

  D. 被访者拒绝接受访问（原因_____）

  E. 被访者由于存在身体或精神障碍没有接受访问（原因_____）

  F. 由于其他原因未进行访问（原因说明 _____ ）

2. 访问过程中有其他人在场吗？　　　　　　　　　　　　☐

  A. 有　　　B. 没有（跳到 5）

3. 如果有其他人在场，他（他们）是谁？

  A. 配偶　　　　　　　　　　　　　　　　　　　　☐

2. 子女，请填写这个孩子的顺序号_____　　　　　　☐

    这个孩子的顺序号_____

这个孩子的顺序号_____

3. 儿媳或女婿，请填写她丈夫（他妻子）的顺序号_____ □

　　　　　她丈夫（他妻子）的顺序号_____

　　　　　她丈夫（他妻子）的顺序号_____

4. 其他亲戚 □

5. 其他人（非亲属） □

4 这些人帮助回答过问题吗？ □

　　　A. 经常代答　B. 只在有限几个问题上代答　C. 没有代答过

5. 你认为被访问者理解你提出的问题吗？ □

　　　A. 完全理解　B. 理解　C. 大部分能够理解　D. 不太理解

6. 被访问者愿意回答你提出的问题吗？ □

　　　A. 非常愿意　B. 愿意　C. 基本愿意　D. 不愿意

后 记

　　中国正面临着快速老龄化和"民工潮"的人口结构转变的双重压力。一方面，由于生育率和死亡率的持续降低，中国人口进入了快速老龄化阶段；另一方面，年轻劳动力人口从农村向城镇地区大量迁移，使人口特征和家庭结构发生重大转变。尤其是由于农村地区社会和医疗保障的缺乏，家庭仍然是老年人主要的养老支持来源，大规模的城乡迁移造成成年子女与其老年父母的分离增多，可能破坏传统的养老安排，并进而影响到农村地区留守老人的福利状况。中国这一前所未有的人口结构转变，对于人口和社会发展提出了新的要求，这些影响包括社会保障制度、劳动力资源、医疗体制、家庭结构和代际关系、社会财富的分配、社会公平等诸多方面。特别是，人口老龄化问题说到底是一个社会可持续发展问题，因为可持续发展的本质是社会中代与代之间的可持续性的接替、协调和资源与成果共享的问题。年龄结构的老年化是代际之初改变，其重要的社会含义是代与代之间经济关系、分配制度、文化价值和家庭关系的变化。因此，在当前建设和谐社会的发展目标下，关注社会弱势群体、促进社会公平要求深入研究老龄化及老年人的福利状况，探讨和解决经济社会转型带来的代际公平的新问题及其原因，设计针对老年人福利和代际公平的促进策略，最终实现人口、经济、社会、资源的和谐和长期可持续发展。

　　本项目课题组一直致力于老年人福利状况的研究。通过与美国南加州大学 Davis 老年研究学院建立的实质性的学术合作研究关系，开展了美国国立卫生院（National Institute of Health，NIH）基金资助项目"The Well-Being of Older People in Anhui Province, China"。针对目前农村成年劳动力外流进一步加剧农村老龄化，对以家庭为核心的传统代际支持模式提出挑战的背景下，2000 年以来在安徽省巢湖市进行了四期入户跟踪调查，对劳动力外流背景下农村老年人的代际支持和生活状况进行了研究。同时，与加拿大维多利亚大学社会学系就生命历程分析以及老年家庭调查实践等方面也展开深入合作。此外，本研究方向也受到国家自然科学基金项目（项目号70803039）和国家社会科学基金项目（项目号 09CRK002）的资助。

在项目研究的基础上，我们形成并发表了中英文论文和研究报告 20 余篇、博士论文论文 3 篇，研究成果多次在国内外学术会议上交流。本书就是在已发表论文的基础上，结合其他研究资料撰写而成的。本书以社会性别为视角，应用系统工程分析思路，针对传统农村养老的性别化方式，提出劳动力外流下中国农村家庭代际支持性别分工模式，从老年父母和成年子女两个角度，分析中国农村老年人家庭代际支持性别分工现状、动态变化，影响机制及其后果。研究为提高女性的社会经济地位和在家庭中的地位，缩小儿子和女儿在家庭养老中的性别差异，改变传统的代际支持性别分工进行积极探索，提出有益的思路。下一步我们将以社会性别理论、代际支持理论、生命历程理论等作为研究的方法论指导，在前期研究的基础上继续将研究深化，从个体、家庭、社会三个层面深入系统地研究劳动力外流背景下农村老年人家庭代际支持的动态模式及其影响因素和相关后果。

研究过程中得到安徽省巢湖市人口和计划生育委员会给予的大力支持和协助。西安交通大学人口与发展研究所朱楚珠教授以及课题组同仁张文娟、丛臻、左冬梅、王萍等，对本书的完成作出了重要贡献。在项目调查过程中，调查地的一些负责计划生育干部和农民以及西安交通大学人口与发展研究所的一些研究生直接参与了调查。没有他们的指导、帮助和艰苦的努力，调查很难进行，我们也不可能收集到丰富的第一手数据。书稿付梓之际，特此致谢。

图书在版编目（CIP）数据

当代农村家庭养老性别分工/宋璐，李树茁著.—北京：
社会科学文献出版社，2011.2
（西安交通大学人口与发展研究所学术文库）
ISBN 978 - 7 - 5097 - 1982 - 4

Ⅰ.①当⋯ Ⅱ.①宋⋯ ②李⋯ Ⅲ.①农村 - 老年人 -
性别 - 抚养 - 研究 - 中国 Ⅳ.①D669.6

中国版本图书馆 CIP 数据核字（2010）第 230910 号

西安交通大学人口与发展研究所·学术文库
当代农村家庭养老性别分工

著　者／宋　璐　李树茁

出　版　人／谢寿光
总　编　辑／邹东涛
出　版　者／社会科学文献出版社
地　　　址／北京市西城区北三环中路甲 29 号院 3 号楼华龙大厦
邮政编码／100029
网　　　址／http：//www. ssap. com. cn
网站支持／（010）59367077
责任部门／财经与管理图书事业部　（010）59367226
电子信箱／caijingbu@ssap. cn
项目负责人／周　丽
责任编辑／明安书
责任校对／杨怀怀
责任印制／董　然　蔡　静　米　扬

总　经　销／社会科学文献出版社发行部
　　　　　　（010）59367081　59367089
经　　　销／各地书店
读者服务／读者服务中心　（010）59367028
排　　　版／北京步步赢图文制作中心
印　　　刷／北京季蜂印刷有限公司

开　　　本／787mm×1092mm　1/16
印　　　张／17
字　　　数／276 千字
版　　　次／2011 年 2 月第 1 版
印　　　次／2011 年 2 月第 1 次印刷

书　　　号／ISBN 978 - 7 - 5097 - 1982 - 4
定　　　价／49.00 元

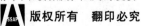